大学生体质健康的理论与实践研究

窦 丽 著

北京理工大学出版社
BEIJING INSTITUTE OF TECHNOLOGY PRESS

版权专有　侵权必究

图书在版编目（CIP）数据

大学生体质健康的理论与实践研究 / 窦丽著 . —北京：北京理工大学出版社，2020.12
ISBN 978 – 7 – 5682 – 9233 – 7

Ⅰ. ①大… Ⅱ. ①窦… Ⅲ. ①大学生 – 身体素质 – 健康教育 – 研究 Ⅳ. ①G807.4

中国版本图书馆 CIP 数据核字（2020）第 256846 号

出版发行 / 北京理工大学出版社有限责任公司
社　　址 / 北京市海淀区中关村南大街 5 号
邮　　编 / 100081
电　　话 /（010）68914775（总编室）
　　　　　（010）82562903（教材售后服务热线）
　　　　　（010）68948351（其他图书服务热线）
网　　址 / http：// www.bitpress.com.cn
经　　销 / 全国各地新华书店
印　　刷 / 唐山富达印务有限公司
开　　本 / 787 毫米 ×1092 毫米　1/16
印　　张 / 19　　　　　　　　　　　　　　　　　　责任编辑 / 徐艳君
字　　数 / 436 千字　　　　　　　　　　　　　　　文案编辑 / 徐艳君
版　　次 / 2020 年 12 月第 1 版　2020 年 12 月第 1 次印刷　　责任校对 / 周瑞红
定　　价 / 98.00 元　　　　　　　　　　　　　　　责任印制 / 施胜娟

图书出现印装质量问题，请拨打售后服务热线，本社负责调换

前言 PREFACE

健康是一个永恒的话题。随着"健康中国"战略的实施,健身已经逐渐成为人们日常生活的重要组成部分,"我运动、我健康"的主动健康生活方式也为人们广泛认同和接受。

然而,运动是把双刃剑,运动得当受益匪浅,运动不当有损健康。那么,哪种运动最合适自己?相信许多热爱运动又不懂运动规律的人都会问这样一个问题。其实,科学健身必须因人而异,不同体质健康状况、不同运动能力以及不同兴趣爱好的人,选择健身的项目、内容、时间、强度、频率都不尽相同。科学健身也必须因时而异,同一个人,在生命的不同时期,处于健身的不同阶段,其健身计划也不尽相同。无论进行哪种健身运动,选择合适的运动强度和运动量都非常关键。

大学阶段掌握科学健身的原理,具备自我运动和自我运动监督的能力,健身的延期效益可能持续终身,决定着学生未来终身健康生活方式的养成和保持。本书以大学生健身为切入点,为大学生提供一个科学健身指导平台,将科学运动理论运用于健身实际中,满足大学生实现自我运动和自我运动监控需求,减少盲目健身引发的运动损伤或伤害,在健康的自我评估,科学检测和评价身体成分、身体机能、身体素质和运动习惯的基础上,指导大学生健身爱好者制订健身计划,突出自主、个性、精准化健身,使健身安全科学,收益最大化。

本书围绕当前大学生体质健康不容乐观的现状,深度剖析了大学生体质健康下降的原因,提出构建我国大学生健康生活方式与体质健康促进的模型,为我国大学生体质发展提供理论依据和支撑,同时也为高校结合自身实际进行体育教学改革,制定大学生体质健康促进制度与政策以及切实可行的行动路径提供政策、方法和路径的借鉴。提出利于大学生体质健康促进的方法,依据国际最新科学健身理念和方法,结合大学生体质健康的不同水平、年龄和心理特点,设计适合不同体能水平学生的健身素材和训练计划,图文并茂,从运动、营养、卫生等方面阐述了健康评估与体能测试、科学运动与健康饮食、健康行为养成与体质健康促进等系列主题。分别阐述了体质健康不同组成的提高方法,指导学生不断提高心肺耐力、肌肉力量与耐力水平,提高身体柔韧性,改善姿态、身体成分,防止超重肥胖,为大学生进行科学自主锻炼和健康管理提供方法指导,提高健身的实效性、安全性、科学性、自主性。

本书理论性与指导性并存,通俗易懂,选择测试指标简单、有效、易操作的测评项目,学生自主测试即可完成评估。对于健身素材,选取多角度展现关键环节,由大学生高水平运动队员示范。本书的内容按照科学运动的逻辑顺序编写,通过科学的知识和专业的指导,可以帮助大学生和其他健身爱好者选择合适的健身运动,进行科学的健身。让每一位健身者掌握健身的科学知识,具备自我运动的能力,自己可以开具一份自我运动处方,受益终身。

本书在撰写过程中参考和借鉴了大量的有关体质健康与体能测评训练等方面的书籍资料,在此向这些专家及学者致以诚恳的谢意。由于时间仓促,经验有限,本书内容不足之处在所难免,恳请广大读者和行业专家不吝赐教,随时进行批评指正!

作者简介

窦丽，女，1979年—，江苏扬州人。南京林业大学体育教育部副教授，体质健康指导中心主任，南京市优秀体育教师。2001年获扬州大学教育学学士学位，2004年获扬州大学理学硕士学位。获FMS国际初级认证，国家运动处方师认证。主要从事运动康复保健和体质健康促进研究。在《体育科学》《中国运动医学杂志》《中国康复医学杂志》等学术期刊发表论文20余篇，副主编教材3部，主持教育部人文社会科学基金1项，省级课题1项，校级课题6项，以骨干参与省部级课题2项。

致　谢

摄影：窦丽　刘锐
模特：
牟雨玺，南京林业大学2017级林学院本科生。曾任南京林业大学健美操啦啦操队长，林学院学生会副主席。获2018、2019年江苏省大学生健美操啦啦操比赛花球自选甲组冠军、花球规定甲组冠军，获2018—2019学年南京林业大学"优秀运动员"称号，2019—2020学年被授予"校级优秀学生干部"称号。
刘锐，江苏泰州人，南京林业大学2015级材料科学与工程学院本科生。1995年出生，曾服役于东部战区野战部队。
夏乐源，南京林业大学2017级材料科学与工程学院本科生。1999年出生于新疆阿克苏市，跆拳道国家二级运动员。
照片拍摄地：南京林业大学体育馆、田径场。
项目：
南京林业大学2019年度教学质量提升工程项目（2019ktjx033）；
教育部人文社会科学研究青年基金项目（19YJC890008）。

免责声明：本书内容旨在为大众提供有用的信息。所有文本、图形和图像仅供参考，不能用于特定疾病或症状的医疗诊断建议或治疗。所有读者在针对任何一般性或特定的健康问题开始某项锻炼之前，均应向专业的医疗保健机构或医生进行咨询，作者和出版商都已尽可能确保本书技术上的准确性以及合理性，并特别声明，不会承担由于使用本出版物中的材料而遭受的任何损伤所直接或间接产生的与个人或团体相关的一切责任损失或风险。

目录 CONTENTS

第一章 体质健康与科学健身 ··· 1

　　第一节　体质健康及其影响因素 ··· 1
　　第二节　体质健康的评价标准研究 ··· 7
　　第三节　科学健身理念与原则 ·· 17

第二章 自我健康的筛查和评估 ·· 25

　　第一节　运动前的健康筛查 ·· 25
　　第二节　静态姿势评估 ·· 36
　　第三节　身体功能动作筛查 ·· 41

第三章 健康体能测试 ·· 56

　　第一节　测试环境与禁忌证 ·· 56
　　第二节　身体成分测试 ·· 59
　　第三节　心肺机能测试 ·· 70
　　第四节　肌肉力量与耐力测试 ·· 77
　　第五节　柔韧性测试 ·· 85
　　第六节　平衡测试 ·· 90
　　第七节　速度、灵敏性测试 ·· 92

第四章 科学健身前的计划与准备 ·· 96

　　第一节　健身目标与计划 ·· 96
　　第二节　健身计划的 FITT 原则 ··· 102

第三节　计划实施与运动获益 ··· 105
第四节　健身前的准备 ·· 107

第五章　提升心肺耐力的理论与实践 ·· 114

第一节　心肺耐力概述 ·· 114
第二节　心肺耐力训练的原理 ·· 115
第三节　心肺耐力的训练 ··· 120

第六章　增强肌肉力量与耐力的理论与实践 ······································ 125

第一节　肌肉力量和耐力的基础 ··· 125
第二节　肌肉力量和耐力的训练原理 ··· 129
第三节　常见肌肉力量与耐力训练动作 ······································ 136

第七章　身体柔韧性与不良姿势 ·· 180

第一节　柔韧性与健康 ·· 180
第二节　柔韧性训练方法 ··· 183
第三节　不良姿态的拉伸练习 ·· 199

第八章　提高平衡能力的理论与实践 ·· 204

第一节　平衡概述 ··· 204
第二节　提高平衡力的训练 ·· 206

第九章　提高速度与灵敏性的理论与实践 ·· 220

第一节　速度的概述 ·· 220
第二节　速度的训练方法 ··· 222
第三节　灵敏性的训练 ·· 227

第十章 提升核心稳定性的理论与实践 ······ 233

第一节 核心稳定性内涵 ······ 233
第二节 核心稳定性评估 ······ 238
第三节 核心稳定性训练 ······ 240

第十一章 营养、运动与科学减脂 ······ 254

第一节 宏量营养素 ······ 254
第二节 微量营养素 ······ 260
第三节 平衡膳食与膳食营养评估 ······ 263
第四节 科学减脂 ······ 269
第五节 减脂运动计划示例 ······ 275

参考文献 ······ 286

第一章 体质健康与科学健身

适量的健身活动有益于体质健康，不适宜的健身活动会产生健康风险，学习和掌握科学运动的基本知识，是个体保持健康的第一步。本章通过对体质健康及其影响因素的分析、体质健康的评价标准的解读，引导学生树立正确的健康观，了解科学评价体质健康的要素，认识定期参加体质测定是个体实现科学健身的重要环节。通过介绍近年来大学生体质健康的现状和存在的问题，详细阐述国际科学健身的新理念，引导学生树立体质健康管理意识，养成良好的健康素养。

第一节 体质健康及其影响因素

一、健康

一位体育哲人说："一个人的健康等于1，其他等于0。"健康如此重要，那么问大家一个问题，你觉得自己健康吗？可能有不少人立刻会说："我既不发烧又不头疼，我当然健康。"如果你是这样理解健康的，那么你就要好好理解一下什么是健康了，因为只有你正确理解了什么是健康，才能进一步去保持健康。

人们对健康最初的认识就是没有疾病，但随着科学和社会的发展，人们对健康的认识更加全面，健康的内涵与外延不断发展和完善，从中国道家、儒家倡导的天人合一、形神合一健康观，到无病即健康的单纯健康观，再发展到三维、四维、五维的现代健康观。

三维健康观：1948年，世界卫生组织首次提出健康的定义，健康不仅是免于疾病和衰弱，而且是保持体格、精神和社会方面的完美状态。

四维健康观：1986年，世界卫生组织重申了健康的定义，健康不仅是没有疾病，而且包括躯体健康、心理健康、社会适应良好和道德健康。

随着生物—心理—社会医学模式的建立，进入21世纪后，学者们提出了五维健康观，认为健康不仅包括四维健康，还应包括生态健康，人们对健康的认识从传统的生物学领域扩展到社会学领域。最近，美国运动医学会提出了"动态健康"概念。由此可见，随着社会的发展，健康的概念随着社会的进步而演变着，人们对健康的评价也应具有与社会发展相适应的动态性。

世界卫生组织还提出了关于健康的10个标准（见表1-1），这10条标准充分体现了健康所包含的躯体、心理、道德和社会适应能力四个方面的内容。由此可见，我们在关注自己身体健康的同时，还要努力保持良好的心理状态，并与他人友好相处，才会精力充沛、乐观、开朗，才能健康地学习和生活。因人的年龄段、性别、民族和地域的差异，健康的标准也不尽相同，具体还要因人、因时、因地制宜地拟定适宜的标准。

表 1-1 世界卫生组织衡量健康的 10 条标准

1	精力充沛，对工作不感到过分的疲劳与紧张
2	乐观积极，乐于承担责任
3	善于休息，睡眠好
4	应变能力与适应环境能力强
5	有一定的抵抗力，能抵抗一般性疾病
6	体重适当，身体匀称
7	眼睛明亮，反应敏锐
8	头发光泽，无头皮屑
9	牙齿清洁、无龋齿、不疼痛，牙龈颜色正常，无出血现象
10	肌肉丰满，皮肤富有弹性

二、体质

体质是人的生命活动和劳动工作能力的物质基础，是人体的质量，它是在遗传性和获得性的基础上表现出来的人体形态结构、生理功能和心理因素的综合的相对稳定的特征。

体质强弱主要反映在五个方面，一是身体形态发育水平，二是生理功能水平，三是身体素质和运动能力，四是心理发育水平，五是对内外环境的适应能力（见表 1-2）。这五个方面相互依存，相互影响，相互制约，从而构成了人的不同水平的体质。遗传是人的体质发展变化的先天条件，物质条件是决定人的体质发展的基本因素。而身体锻炼则是增强体质最积极最有效的手段，毛泽东主席早在中华人民共和国成立之初就提出"发展体育运动，增强人民体质"，其主导思想就是想通过体育达到增强体质的目的。

表 1-2 构成体质的不可分割的五个因素

身体形态发育水平	主要包括体格、体型、体姿、身体成分、营养状况等
生理机能水平	主要包括机体的新陈代谢状况和各器官系统的功能效能等
身体素质和运动能力	主要包括速度、力量、耐力、灵敏性、协调性、柔韧性，以及走、跑、跳、投、攀爬等身体的基本活动能力
心理发育水平	主要包括智力、情感、行为、感知觉、个性、性格、意志等
对内外环境的适应能力	主要包括对自然环境、社会环境、各种生活紧张事件的适应能力，对疾病和其他有碍健康的不良应激源的抵抗能力和抗病的能力

总之，评价一个人体质水平，应根据以上几个方面全面综合地进行评价。人们常常从体格、体能和适应能力三方面（见图1-1）来衡量人的体质状况。

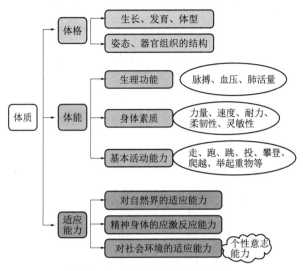

图1-1 体质的综合评价指标

体质形成、发展和消亡的过程具有明显的阶段性，表现出从最佳功能状态，到严重疾病，再到功能障碍等各种不同阶段的体质水平。理想体质是指人体应具有良好的质量，在遗传潜力充分表现的基础上，经过后天的努力达到人体形态机能、身体素质和运动能力、心理和社会适应能力的全面发展，并且处于相对良好的状态，可参照表1-3中理想体质的主要标志。

表1-3 理想体质的主要标志

1	身体健康，主要脏器无疾病
2	身体形态发育良好，体格健壮，体型匀称
3	呼吸系统、心血管系统和运动系统具有良好的生理功能
4	有较强的运动能力和劳动工作能力
5	心理发育健全，情绪乐观，意志坚强，有较强的抗干扰、抗刺激能力
6	对自然和社会环境有较强的适应能力

三、体质健康强弱的影响因素

世界卫生组织提出，一个人的健康和寿命15%取决于遗传因素，17%取决于环境因素，8%取决于卫生服务因素，60%取决于个人的生活方式（见图1-2）。

体质是人类生产和生活的物质基础，遗传是人的体质发展变化的先天条件，对一个人的体质的强弱有影响，同时体质与体型、相貌、性格、机能、疾病、寿命有许多方面的关系，但遗传对体质的影响，只是提供了可能性，而人的体质的强弱，最终还有赖于后天的环境、营养、体育锻炼、卫生保健条件等，特别是体育锻炼，是增强体质最积极、最有效的途径。

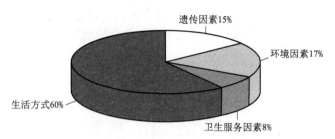

图 1-2　影响健康和寿命的因素

1. 环境因素

环境对人类健康影响很大，无论是自然环境还是社会环境，人类一方便享受它的成果，另一方面接受它带来的危害。自然环境包括气候、海拔、环境污染等。近年来出现的雾霾天气、水污染、土壤污染、噪声污染都直接对人类健康产生影响；还有自然界的病毒等，如 SARS 病毒、禽流感病毒、新型冠状病毒，直接威胁人类的生命。再看社会环境，虽然社会制度确立了与健康相关的政策、法律和法规，但仍出现一些危害人类健康的事件，如食品安全问题，毒奶粉、地沟油直接伤害人类健康，还有转基因食品、工业排放的废水废气问题，都跟我们每个人的健康息息相关。其中一些环境因素直接影响我们的健康，如饮食营养、空气、饮用水等，还有一些因素间接影响我们的健康，如个人价值观、社会人际等。

2. 卫生服务因素

决定健康的因素十分复杂，卫生服务是其中极为重要的一种。世界卫生组织把卫生服务分为初级、二级和三级。初级卫生服务就是预防疾病。目前，提倡治未病，也就是防病。由美国提出的"Exercise is medicine"（"运动即良医"）的理念，已经在全世界推广；我国提出的体医结合、体医融合，也是健康中国建设的重要内容。例如：当发现自己出现网瘾、抑郁等不健康心理的时候，一定要求助心理咨询中心，学会自我保健。

3. 生活方式

生活方式是影响体质健康的主要因素，它是人们的生活行为习惯，涉及衣、食、住、行、劳动、工作、学习、读书、文化娱乐各个方面。大量流行病学研究表明，大多数严重危害人们生命与健康的慢性病，如高血压、冠心病、糖尿病，都与不良生活方式密切相关。不良生活方式主要包括抽烟、酗酒、熬夜、饮食不规律、不良心理、运动不足等多个方面。在这些不良生活方式中，营养对健康的影响较大，其次是运动不足。

（1）营养不当。营养水平是决定体质强弱的重要因素，膳食结构合理，饮食习惯科学，对保持适当的营养水平、维护和增强体质有促进作用。科学、合理的饮食营养应包含摄入充足的必需营养、适当增加营养两个方面。长期营养不良或营养不当，如偏食等，会影响体内成分，导致身体内分泌失调，激素等发生变化，从而影响体质，乃至引起疾病。合理饮食能改善体质，增强机体免疫力。科学研究表明，人体免疫系统活力的保持主要靠食物的摄入，食物中的某些成分能协助刺激免疫系统，增强免疫能力，如果缺乏这些营养素，将会严重影响身体的免疫系统机能。

（2）运动不足。随着社会经济和科技的进步，当前人类的生活方式和行为习惯发生了巨大改变。久坐不动，以车代步，基本活动大幅减少，这是事实。国际运动科学的一项全球调研显示，在中国，人们的运动量与 1991 年相比，减少了 45%，预计到 2030 年将减少

51%。我国发布的数据显示,我国经常锻炼的成年人仅有 19%,超过 80% 的成年人处于运动不足的危险中。这些数据说明什么?说明我们身体的运动逐步减少,肌肉功能在慢慢退化,也许在不久的未来,我们人类的四肢又要退回原始状态。运动不足的危害,最直接的影响是导致个体的体质下降,从而影响整个国民体质,使医疗支出大量增加,进而影响国家经济。而且缺少运动对青少年的影响更明显,会导致肥胖。少年强则中国强,青少年肥胖率逐年攀升将影响整个国民体质。因此对于青少年而言,积极运动,增强体质,不仅是为自己,也是为国家的未来。

四、人体健康的四大基石

通过对影响体质健康的因素分析,我们不难看出,影响人类健康的问题是多么的严峻,而且迫在眉睫。虽然过去危害人们健康的主要传染病不少已被消灭或控制,但一些慢性非传染性疾病,如心脑血管病(高血压、脑卒中、冠心病)、恶性肿瘤、糖尿病等已成为威胁人们生命与健康的常见病、多发病。由于这些疾病的发生与个人不健康的生活方式有密切关系,因此又称为"生活方式病"。预防这些疾病的根本办法是提倡自我保健,改变不良行为习惯,建立科学、文明、健康的生活方式。因此,1992 年,世界卫生组织在著名的《维多利亚宣言》中首次针对严重影响人们健康的不良行为与生活方式,提出了健康四大基石的概念,即合理膳食、适量运动、戒烟限酒、心理平衡,具体内容见表 1-4。做到这 4 点便可解决 70% 的不健康行为问题,它能使高血压发病率减少 55%,脑卒中、冠心病发病率减少 75%,糖尿病发病率减少 50%,肿瘤发病率减少 1/3,平均寿命延长 10 年以上。从整体上说,它可使危害人类健康最严重的慢性非传染性疾病减少一半以上,并可使生活质量大大提高,而花费在健康保健上的费用不及医疗费用的 1/10。因此,健康生活方式虽然很简单,但效果非常大。希望大家从自我做起,养成健康的生活方式。

表 1-4 人体健康的四大基石

一、合理膳食	合理膳食的核心是保持膳食平衡,即保持食入和排出的平衡,使体重处于正常水平,既不肥胖也不消瘦,方法是按每天的实际消耗确定进食量
1. 每天膳食的"一二三四五"	a. 500 g 牛奶:牛奶的钙及氨基酸易被人吸收; b. 300~400 g 主食:具体多少因个人的劳动量、体重、性别、年龄而定; c. 3~4 份高蛋白:一份高蛋白相当于 50 g 瘦肉,或 100 g 豆腐,或一个大鸡蛋,或 25 g 黄豆,或 100 g 鱼虾; d. 记住四句话:有粗有细(营养全面),不甜不咸,三四五顿(少食多餐),七八分饱; e. 500 g 蔬菜及水果:补充每日所需维生素和膳食纤维
2. 每天餐桌上的"红黄绿白黑"	a. 红指红葡萄酒、西红柿,每天一个西红柿能使前列腺癌减少 45%,番茄红素抗氧化、抗衰老,少量红葡萄酒助健康; b. 黄指橄榄油、蜂蜜、黄色蔬菜,橄榄油对心血管有好处,蜂蜜增强人体抵抗力,胡萝卜素改善视力; c. 绿指绿茶及绿叶蔬菜,茶多酚防癌,产茶区的肿瘤发生率低,绿叶蔬菜中的维生素 k 保护血管和骨骼;

续表

2. 每天餐桌上的"红黄绿白黑"	d. 白指燕麦粉、燕麦片，美国1963年发现燕麦有保健作用，有恒定、良好的强血脂作用； e. 黑指黑木耳，每日吃5～15 g，黑木耳有明显的抗血小板聚集（相当于小剂量的阿司匹林）、抗凝、降胆固醇作用
二、适量运动	科学运动的核心是适量，适量的关键在于"度"，其精髓是有氧运动，如步行、太极拳等
运动的"三五七原则"	三指每天步行3 km，时间在30 min以上，最好一次走完；五指每周运动5次以上，只有规律性运动才能有效，不能三天打鱼两天晒网；七指运动后心率加年龄约为170，身体差的人年龄加心率等于150
三、戒烟限酒	戒烟越早越好，控制饮酒量。烟民比非烟民看上去老5岁以上，患癌症风险高15倍，患肺气肿风险高16倍，患支气管炎风险高10倍，患心脏病风险高2倍……据报道，适量饮酒有助于血管扩张，减少血小板凝集，预防心脑血管疾病，红葡萄酒还含有少量抗氧化剂，有抗衰老的作用，还可帮助消化，防止便秘
四、心理平衡	心理平衡是心理健康的重要组成部分，是人体健康的基础和重要保证。有研究表明，人类65%～90%的疾病与心理上的压抑感有关。紧张、愤怒和敌意等不良情绪不仅有损人体健康，还可导致早衰和死亡。应该正确对待自己，正确对待他人，正确对待社会，心中常有爱心，常怀感激之情

五、体质与健康的关系

体质与健康两者密切相关，不可分割，但也不能相互替代，两者从不同侧面反映人类在生物、心理、社会和道德等层面上的基本特征。体质是健康的物质基础，健康是体质的外在表现。健康是一种动态平衡，那么维持这种动态平衡的能力就是体质。一个人的体质水平在维护健康、预防慢性病中有重要作用，优秀的体质水平是通向完美健康的重要保障。体质健康名称中，体质作为健康的定语，是避免与三维的健康概念混淆，强调与体育活动密切相关的身体健康。

通过表1-5和表1-6可对健康状况进行自我评价。

表1-5 健康状况自我认知量表

目的：自我评价健康状况时，请在适合自己的描述程度上打√，并把所得分值填入"得分"栏中。分别计算出表中各个维度的得分					
序号	描述	完全同意	同意	不同意	完全不同意	得分
1	大多数情况下我心情愉悦	4	3	2	1	
2	有良好的社会价值感	4	3	2	1	
3	我不会经常感到有压力	4	3	2	1	
		情绪健康得分				
4	对于当前发生的事情我很清楚	4	3	2	1	
5	我很乐于表达自己的观点	4	3	2	1	
6	我对自己的事业发展充满兴趣	4	3	2	1	

续表

序号	描述	完全同意	同意	不同意	完全不同意	得分
		智力健康得分				
7	我身体健康	4	3	2	1	
8	我能完成工作中所需的体力活动	4	3	2	1	
9	我能完成业余生活中的体力活动	4	3	2	1	
		身体健康得分				
10	我有很多朋友并积极参加社会活动	4	3	2	1	
11	我与家人联系密切	4	3	2	1	
12	我对自己的社会地位充满自信	4	3	2	1	
		社会功能健康得分				
13	我精力充沛	4	3	2	1	
14	我感到自己与周围世界密切联系	4	3	2	1	
15	我的生命具有使命感	4	3	2	1	
		精神健康得分				
		总分				

得分说明：健康状况自我认知量表共15个条目，又分为5个维度，每个维度包括3个条目，各维度得分等于组成这个维度条目得分总和，总分等于全部15个条目得分总和。最后，根据各维度得分和总分对自己的健康状况等级进行评价。

表1-6 健康状况分级表

健康等级	健康状况各维度得分	总分
优	10~12	50~60
良	8~9	40~49
及格	6~7	30~39
不及格	<6	<30

第二节 体质健康的评价标准研究

一、体质健康评价标准制定的重要依据

体质健康全面测试和评价的方法在不断地探索和研究。最初人们对身体进行测量和评

价时，主要是测量肌肉力量。20世纪初，心血管系统成为身体机能评价指标，同时还包括力量、心率、血压等指标。20世纪中叶，又增加了柔韧性方面的评价指标。随着社会的发展，人们越来越认识到形态对人体健康的重要性。一定的形态结构，必然表现为一定的生理功能，因此将形态指标作为体质健康评价的一个方面。另外，现代医学和运动生理学的研究结果表明，良好的心肺功能可以预防心血管疾病，特别是冠心病的发生，强健的肌肉是完成人体各种运动所必需的，腹部肌肉力量差、腿后部肌肉伸展性差是引起腰背部疼痛的主要原因，柔韧性可防止在活动中损伤，适宜的身体成分组成避免由肥胖导致的各种疾病。所以，这几个方面的良好状态提供和保证了人们安全从事运动的能力，是影响人体健康水平的重要因素，同时也是影响人们学习和工作乃至提高未来生活质量的重要条件。

综合所有这些研究成果，国内外体质健康指标由"运动技术指标"向"健康相关指标"转变，一致认同将心肺功能、肌肉力量与耐力、身体柔韧性、身体成分和身体素质这几个方面的评价指标应用于国民体质健康的评价中。身体成分可以通过简单的身高、体重、腰围、臀围等指标反映，心肺功能可以通过中长跑、台阶测试、肺活量、心率等指标反映，身体柔韧性可以通过体前屈、背伸等指标反映，肌肉力量与耐力可以通过引体向上、仰卧起坐、立定跳远、俯卧撑等指标反映。

与健康相关的体质是指对促进健康和防治疾病有特殊作用的体质。健康相关体质评价结果是制定运动处方或科学健身指导方案的重要依据。健康相关体质指标包括四个方面，分别是身体成分、心肺耐力、肌肉力量和耐力以及柔韧性。各指标的意义及作用见表1-7。

表1-7 健康相关体质指标

指标	意义	作用	测试
身体成分	反映身体肥胖程度的重要标志	肥胖是影响健康的极其重要的危险因素	体重指数（BMI）、腰围、腰臀比、皮褶厚度、体脂率
心肺耐力	反映人体循环或呼吸系统在持续工作/运动时的供氧及利用氧的能力	低心肺耐力水平是全因死亡率和心血管相关死亡率的独立风险因素，称为"第五大生命体征"	最大摄氧量
肌肉力量和耐力	反映肌肉长时间进行重复或持续工作/运动的能力	低肌肉力量是全因死亡率的独立危险因素	握力、背力、俯卧撑、仰卧起坐、纵跳等
柔韧性	反映各个关节的活动幅度及关节结缔组织的弹性伸展能力	防止在活动中损伤	坐位体前屈等

与技能相关的体质指标包括灵敏性、速度性、平衡性、协调性、爆发力、反应时，具体组成要素见表1-8，强调发展身体素质和提高运动表现或成绩。例如，足球运动员需要力量、灵敏性和速度，体操运动员需要力量、柔韧性、灵敏性等，技能相关体质指标与所从事的运动项目有关。

表1-8 技能相关体质指标

指标	定义	运动项目示例
速度	在短时间进行运动的能力	赛跑和足球运动员需要良好的步频和步长
平衡性	在静止或运动状态下维持平衡的能力	滑水、平衡木是非常需要平衡能力的活动
协调性	利用机体的感觉器官顺利、准确地完成某种运动的能力	打高尔夫球、打棒球是非常需要协调性的运动
爆发力	用最快的速度将能量转换为力量的能力	如掷铁饼和标枪是非常需要爆发力的项目
反应时	从刺激出现到反应开始的时间	乒乓球和短跑是非常需要反应时的项目
灵敏性	在一定的空间中运动时，快速、准确完全改变身体的能力	滑雪和摔跤是最需要灵敏性的项目

不管是与健康相关的体质还是与技能相关的体质都与个人的性格、目标、需要完成的任务有关，每个人体质水平的发展依赖于每个人的个体差异，例如一个业余网球运动员与马拉松运动员需要的体质水平不同，70岁的爷爷与10岁的孙子相比所需要的体质水平也是不同的。每个人都根据个体的需求努力达到或保持体质的最佳水平，对总体健康有益，或者在特殊的体育运动中有突出表现。

二、我国国民体质健康标准简介

结合《全民健身计划纲要》的实施，1996年我国制定和施行了《中国成年人体质测定标准》，在全国各省市、各部门中推行，对推动我国成年人的健身活动起到了很好的作用。为适应人们的体质特点和社会发展的需要，结合2000年国民体质监测工作，在《中国成年人体质测定标准》的基础上，制定《国民体质测定标准》，也就是现行的国民体质测定标准。《国民体质测定标准》的制定是我国首次建立涵盖四个年龄段人群，幼儿（3~6岁）、儿童青少年（学生，7~22岁）、成年人（20~59岁）和老年人（60~69岁）四个组的体质测定标准，构建了"全民健身体系和面向大众的体育服务体系"（见表1-9）。2005年，国家体育总局公布了《普通人群体育锻炼标准（试行）》，与《学生体质健康标准（试行方案）》《军人体育锻炼标准》《公安民警体育锻炼达标标准》等一起，构成一个综合的、更加完整的国家体育锻炼标准，实现了体育锻炼标准的新发展和突破，为政府部门在21世纪推行国民体质监测制度提供必要的科学依据，对推动群众体育工作的开展、科学指导群众进行体育锻炼具有重要作用。

表1-9 《国民体质测定标准》年龄划分表

人群	年龄范围	年龄段划分	执行标准
幼儿	3~6岁	3~5岁每0.5岁为一组	《国民体质测定标准》幼儿部分
儿童青少年	7~22岁	7~18岁每1岁为一组；19~22岁每2岁为一组	《国家学生体质健康标准》
成年人	20~59岁	每5岁为一组	《国民体质测定标准》成年人部分
老年人	60~69岁	每5岁为一组	《国民体质测定标准》老年人部分

《国民体质测定标准》主要以百分位数法为主，主要包括身高标准体重评价表、体重指数评价表、其他各单项指标评价表、体质综合评级表。5 等级评分表示为：1 分、2 分、3 分、4 分和 5 分。划分的等级表示被评价者某项指标在整体中所处位置（该整体为受试者所在年龄段和性别人群），评分越大状况越好。对机能、素质指标单项评分设立了最低限制线，即机能、素质测试值低于第 3 百分位数不给予评分，以此激励人们在测试中真实发挥自身能力。身体形态（身高、体重）不设最低线。

针对 7~22 岁青少年学生，执行《国家学生体质健康标准》，体质健康评价指标还涵盖了与学校体育密切相关的身体素质，如 50 m 跑、立定跳远等。我国这些评价标准均从身体形态、身体机能和身体素质等方面综合评定体质健康水平，是促进个体体质健康发展、激励个体积极进行身体锻炼的教育手段。

三、我国学生体质健康评价制度及各阶段标准比较

（一）我国学生体质健康评价制度

中华人民共和国成立 70 多年来，党和国家一直非常关心和重视广大学生的身体健康，国家教育、体育等有关部门从鼓励和推动学生积极参加体育锻炼，增强学生体质的目的出发，在不同时期先后制定了《劳卫制》《国家体育锻炼标准》《大学生体育合格标准》《中学生体育合格标准》《小学生体育合格标准》及初中毕业生升学体育考试办法等一系列制度，并于 2002 年开始在全国试行《学生体质健康标准（试行方案）》。这些制度的制定和实施，对于增强学生体质，促进我国学校体育工作具有积极作用，其突出地表现在以下三个方面：

（1）对于贯彻落实《体育法》《全民健身计划纲要》和《学生体育工作条例》，促进和保证体育课教学，以及早操、课间操和课外活动的开展起到了重要的促进作用；

（2）有利于学生按照要求参加体育锻炼，促进学生身体素质的发展和自觉参加体育活动行为习惯的养成；

（3）通过这些标准的测试和评价，有效地促进了学校体育工作的展开，对于学校体育评价发挥了重要的作用，是学校体育总体评价的重要内容。

我国学生体质健康评价制度的演变和发展（见表 1-10），是与我国不同时期社会、经济、科技、文化和教育的发展水平相适应的，是与全国提高青少年的身体健康素质、满足国家对受教育者的全面发展和培养人才战略的基本要求相一致的。《国家学生体质健康标准》是在新的历史条件下，根据社会发展的变化要求，面对新的情况、新的问题所采取的积极措施。中华人民共和国成立以来，《劳动卫国体育制度条例》《国家体育锻炼标准》《学生体质健康标准（试行方案）》的制定、颁布和实施，促进了学生体质健康测量与评价制度的发展和完善，为新的标准积累了丰富的经验，了解这些标准的演变和发展，以及当时的社会背景，将有利于正确认识并实施《国家学生体质健康标准》。

表 1-10 我国学生体质健康评价制度的演变和发展

阶段	执行标准
1951—1963	《劳动卫国体育制度条例》

续表

阶段	执行标准
1964—1974	《青少年体育锻炼标准》
1975—2001	《国家体育锻炼标准》
2002—2006	《学生体质健康标准（试行方案）》
2007—2013	《国家学生体质健康标准》
2014 年至今	《国家学生体质健康标准（修订版）》

（二）《国家学生体质健康标准》的颁布与实施

《国家学生体质健康标准》的颁布与实施，是积极贯彻落实《中共中央国务院关于深化教育改革全面推进素质教育的决定》和《国务院关于基础教育改革发展的决定》的一项重要举措，是学校教育树立"健康第一"的指导思想，切实加强学校体育工作的具体措施。2002 年至今，学生体质健康标准从试行到全面实施，共经历了四个阶段。第一阶段，2002—2004 年是标准的试行阶段。2002 年 7 月教育部、国家体育总局联合颁布《学生体质健康标准（试行方案）》（以下简称《2002 版标准》）及其实施办法，部分学校进行了试点工作。第二阶段，2004—2007 年是试行标准的全面执行阶段。2004 年开始，在全国全面实施、执行该试行方案。第三阶段，2007—2013 年是标准正式颁布执行阶段。2007 年 4 月，教育部、国家体育总局在认真总结试行工作的基础上，根据新形势对《2002 版标准》进行了修改和完善，颁布《国家学生体质健康标准》（以下简称《2007 版标准》）及其实施办法。第四阶段，2014 年至今是标准修订版的执行阶段。教育部依据国家相关文件和近年来监测的情况，于 2014 年 7 月 7 日颁布了新的《国家学生体质健康标准（修订版）》（以下简称《2014 版标准》），并执行至今。

1. 各阶段标准比较

（1）各阶段标准的比较（以大学部分为例，见表 1 - 11）。

表 1 - 11 不同阶段颁布标准的比较

比较类别	《2002 版标准》	《2007 版标准》	《2014 版标准》
测试项目数量	共 6 项（3 个必测 3 个选测）	共 6 项（3 个必测 3 个选测）	共 8 项（8 个必测）
评分权重	身高标准体重 15%	身高标准体重 10%	体重指数 15%
	肺活量体重指数 15%	肺活量体重指数 20%	肺活量 15%
	速度类 30%	速度类 20%	速度类 20%
	耐力类 20%	耐力类 30%	耐力类 20%
	其他 20%	其他 20%	力量 10%
			柔韧 10%
			其他 10%

续表

比较类别		《2002 版标准》	《2007 版标准》	《2014 版标准》
测试对象分组		大学为一组	大学为一组	大一大二为一组 大三大四为一组
评价等级	优秀	86 分及以上	90 分以上	90 分以上
	良好	76～85 分	75～89 分	80～89.9 分
	及格	60～75 分	60～74 分	60～79.9 分
	不及格	59 分及以下	59 分及以下	59.9 分及以下
加分项		早操、课外活动、运动员等级等最高加 5 分，体育课缺课 1/10 则整个标准最高记为 59 分	长跑不及格或体育课缺课 1/10 则整个标准最高记为 59 分	男生引体向上和 1 000 m 各附加分 10 分，女生仰卧起坐和 800 m 跑各附加 10 分
总分		100	100	120

（2）大学生身体素质部分单项及格等级的标准比较见表 1-12。

表 1-12　大学生身体素质部分单项及格等级的标准比较

大学女生							
标准	分组	50 m	800 m	立定跳远	1 min 仰卧起坐	坐位体前屈	
《2007 版标准》	大学组	9″0	4′23″	158 cm	28 个	1.7 cm	
《2014 版标准》	大一大二组	10″3	4′34″	151 cm	26 个	6.0 cm	
	大三大四组	10″2	4′32″	152 cm	27 个	6.5 cm	
大学男生							
标准	分组	50 m	1000 m	立定跳远	引体向上	坐位体前屈	
《2007 版标准》	大学组	8″1	4′33″	214 cm	11 个	3.0 cm	
《2014 版标准》	大一大二组	9″1	4′32″	208 cm	10 个	3.7 cm	
	大三大四组	9″0	4′30″	210 cm	11 个	4.2 cm	

由表 1-13 可知，《2014 版标准》从身体形态、身体机能和身体素质等方面综合评定学生的体质健康水平，各组别的测试指标均为必测指标。身体形态指标的评价由身高体重修订为体重指数，更加合理。各评价指标的权重进行了重新分配，尽量调整了各指标的均衡占比。

表 1-13　大学生体质健康标准的评价指标和权重比较

测试	权重	评价指标		权重	测试
《2014 版标准》（测 8 项）			《2007 版标准》（测 6 项）		
必测	15	体重指数	身高标准体重	10	必测
必测	15	肺活量	肺活量体重指数	20	必测

续表

测试	权重	评价指标		权重	测试
		《2014版标准》（测8项）	《2007版标准》（测6项）		
必测	20	1 000 m跑（男）、800 m跑（女）	1 000 m跑（男）、800 m跑（女）、台阶试验	30	选测一项
必测	10	仰卧起坐（女）、引体向上（男）	坐位体前屈、仰卧起坐（女）、引体向上（男）、握力体重指数	20	选测一项
必测	20	50 m跑	50 m跑、立定跳远	20	选测一项
必测	10	坐位体前屈			
必测	10	立定跳远			

2. 评价等级和分值范围划分比较

标准中单项与总分的评价等级划分为4个等级，分别为优秀、良好、及格和不及格，单项分与综合分值采用百分制。由这3版标准的比较可知，《2014版标准》降低"及格"标准，扩大及格率，理论上减少不及格率，降低学生对"不毕业"的担心，提高"良好"标准，降低良好率，维持"优秀"标准。为了有效地突出《2014版标准》的导向作用，对评分表中评价等级对应的理论百分位数做了较大幅度的调整（见表1-14）：原则上保持10%的学生达到优秀，即单项得分为90～100分；提高达到"良好"的标准，降低良好率，比《2007版标准》减少25%，得分为80～89.9分；降低及格线，扩大及格率，比《2007版标准》增加30%，得分为60～79.9分；降低不及格率，即有10%的人得分在59.9分以下。百分位数与比例是理论上的设计值，其目的是进一步强化《2014版标准》的导向性，即如果学生不积极地参加体育运动是很难达到良好以上水平的。为了保护广大学生参加体育活动的积极性，通过降低及格线来提高学生参加体育活动的兴趣，取消设置最低标准的规定，发挥《2014版标准》的鼓励作用。

表1-14 《国家学生体质健康标准》百分位数比较与调整表

评价等级	理论等级评价	理论百分数	《2002版标准》		《2007版标准》		《2014版标准》	
			百分位数	比例	百分位数	比例	百分位数	比例
优秀	上	P90	P85	15%	P90	10%	P90	10%
良好	中上	P89～P75	P84～P55	30%	P89～P50	40%	P89～P75	15%
及格	中	P74～P11	P54～P4	50%	P49～P15	35%	P74～P10	65%
不及格	下	P10～P3	P3及以下	5%	P14及以下	15%	P9及以下	10%
毕业不及格		P2及以下						

（三）现行学生体质健康标准及相关政策介绍

1. 标准介绍

我国于 2014 年颁布《2014 版标准》，全国各级各类学校强制执行，对象为 6~22 岁青少年。《2014 版标准》中没有伤残青少年的测试标准，凡是伤残青少年都可以申请免测。《2014 版标准》从身体形态、素质、功能和运动能力 4 个方面综合评价青少年学生的体质健康水平，采用常模参照的百分位数评价方式，可以给出个体测试各项目得分和处于测试群体中的等级，分为优秀、良好、及格与不及格 4 个等级。测试成绩可以反映个体在该群体中的相对位置，学生可以通过分数知道自己与其他同学成绩的差异，但无法通过自己所处的位置评价自己的健康风险，因此出现有些学生体质测试分数高却存在健康风险的可能，而有些健康体质状况良好学生的体质测试分数不一定很高。

2. 标准信息化管理

我国的体质健康管理系统开发比较晚，2002 年试行学生体质健康标准，随之推出学生体质健康标准智能服务系统单机版，主要用于各个学校体质测试数据的上报和汇总统计。经过几年的不断升级，我国学生体质健康标准数据管理与分析系统单机版和网络版数据库已成为世界上最大的学生体质健康数据库，可容纳每年 2 亿多学生的体质健康数据和结果。我国体质健康管理系统的功能偏重于对数据的宏观统计与分析，实现了对数据的信息化管理，但是对学生体质健康的反馈与监督等功能有待拓展和提高，特别是运动处方系统的设计形式比较单一，有待进一步开发和完善。学生体质健康网（http：//www.csh.edu.cn/）是目前我国学生体质健康的管理平台，每年各级各类学校将每一位学生的体质测试数据上报数据库。我国青少年体质监测信息化研制与使用、学生智能体质健康监测仪器的研发与使用逐步发展。通过电子产品及网络化的终端将体质监测、体力活动和健康服务深度融合在一起，是目前发展的趋势，学生通过手机端 App 即可预约、查询体测数据，随着物联网科技的发展和应用，实现无人化、自动化体质测试已经成为现实。

近年来，国家和地方政府先后出台了多项青少年体质健康促进政策措施，试图遏制由静坐时间较长、体力活动缺乏所带来的青少年学生超重、肥胖以及身体素质下滑的问题。2006 年 12 月，教育部、国家体育总局、共青团中央提出"阳光体育"的概念。2007 年，国家发布中央 7 号文件，全面启动"全国亿万学生阳光体育运动"计划，鼓励学生走向操场、走进大自然、走到阳光下。这次全国性行动计划从国家层面推动我国青少年的健康发展，随后在全国各地不同程度地开展了体力活动与健康促进的实践探索。如江苏省于 2012 年颁布了《学生体质健康促进行动计划》，提出了具有针对性的体育与健康促进发展的行动规划，明确了青少年学生"健康促进"工作实施的具体方案；2015 年，由教育部等部门共同推进的校园足球工作，到目前为止已经实现了建设 2 万所校园特色学校的目标。校园足球的教学、竞赛、训练体系和政策保障体系初步形成，师资队伍建设、场地规划也都在按部就班地推进。特色学校每周都有 1 节体育课教授足球，并经常性地开展校内比赛。这些活动计划的开展标志着我国青少年体力活动与健康促进逐步从制定健康公共政策的理论探索转向推动具体行动计划的实践与实施。随着"健康中国"战略深入推进，相关的教育政策和制度设计已经将学生体质健康教育纳入教育现代化和教育办学水平的评估指标体系之中。

四、国外青少年体质健康标准介绍

美国现行的 FitnessGram 体质健康测试标准在全国学校推行，大部分学校已经执行，该标准是由库珀有氧中心联合其他部门研制，对象是 3~18 岁的普通青少年。美国还构建了 Brockport health related fitness test（Brockport 健康体质测试），为残疾青少年提供适合其残疾特征的个性化测试与服务。鉴于近年来美国青少年儿童体力活动缺乏导致的日益严重的超重和肥胖问题，测试关注健康体质指标，选择身体成分、有氧能力、肌肉功能和身体柔韧性内容中与身体健康密切相关的指标，综合评价青少年儿童的健康体质水平；评价方法采用的是标准参照的模式，即直接通过健康体质指标与健康风险建立关联，并考虑到生长发育特征构建评价标准，根据标准的切点值设立健康区、待提高区和健康风险区 3 个区间。测试者通过测试后对照标准就可以知道自己潜在的患病风险，能真正知晓自己的健康风险，进而可以根据健康风险制订针对性的教育或训练计划。在测试后青少年儿童无须与他人比较，主要关注自己个人目标的达成情况，以期达到适合其年龄和性别特征的最佳健康体质状态。

早在 20 世纪 70 年代，计算机信息管理技术就应用于美国青少年体质健康测试管理系统，主要是解决批量打印体质报告的问题，实现体质测定后的反馈功能，于是第一代体质健康测试报告的软件管理系统诞生。FitnessGram 管理系统的功能比较全面，生成的测试报告包括学生本人和父母两个版本，并且有前几次测试的数据作为对比。测试报告根据评价标准设定了不同颜色的范围，让学生更直接了解自己的健康状况，给父母的报告还包括提供一份个性化的身体活动、饮食等建议以及各项指标测试含义，便于家长准确了解孩子的健康状况和提出改善方法，帮助学生设定个人目标，制订健身计划，养成良好的锻炼及饮食习惯。

近年来，美国在青少年体质监控、健康测定和运动监控方面推出的应用电子产品，如手机 App、网络化指导、运动腕表、可穿戴设备等处于世界前列，特别是以运动腕表为代表的可穿戴设备已经被广泛应用于青少年体质健康监测中，提高了监测和运动时的安全性。在残疾青少年体质健康监测领域，信息化应用更受青睐，如针对视障青少年的带语音计步器的身体功能监测仪；手机 App 监测心率、耗氧量、能耗量、呼吸交换率，调控个体健身方案；化学和生物电子混合生物传感技术电子装备的应用克服了传统电子生理技术忽视人体生物指标化学信息的缺点，能科学准确地监测青少年的运动负荷和能量代谢等特征，呈现出青少年体质健康综合监测评价的新趋势，即已经不再局限于标准的测试和评估，而是发展日常化的监控和体力活动促进，实现体质监测生活化、日常化，随时随地监控体质健康状况。表 1-15 提供了中美青少年体质测试标准的比较。

表 1-15 中美青少年体质测试标准的比较

项目	中国	美国
现行测试标准	强制执行《国家学生体质健康标准》	推广执行 FitnessGram 标准
适用人群	6~22 岁	3~18 岁
测试指标体系	身体形态、身体机能、身体素质、运动能力	身体成分、有氧能力、肌肉功能和身体柔韧性
评定标准	常模参照评价：优秀、良好、中等、及格、不及格	标准参照评价：健康区、待提高区、健康风险区

续表

项目	中国	美国
伤残学生测试	免测	Brockport 残疾青少年健康体能测试
经费来源	各学校自行解决	学校申请执行可以获得经费资助
实施情况	每年 9~12 月测试并将数据上报教育部数据管理系统	申请学校向所在教育行政区上报年度测试数据和年度实施报告
标准实施评估	没有具体评估	有一套较完善的评估体系，包括过程性评估和结果评估
指导手册	侧重于组织实施、测试方法、体质提高方法	侧重于健康理念、家校沟通能力、测试方法、实施评估方法
管理系统	体质数据管理和宏观分析	个体体质评测结果反馈沟通、个体体力活动
体力活动行为测试	无	包含 ActivityGram 和一个包含 3 个问题的 7d 体力活动回顾

五、体质健康测试的重要性

做运动或运动计划前必须了解自己的健康状况，是否有运动的禁忌证，以及目前的身体素质功能状态，包括心肺功能、肌肉力量、柔韧性、体脂含量等等。通过健康筛查可以明确自己在开始运动之前是否需要医生的推荐，通过体质健康测试，可以清楚地了解自己体质健康的状况，明白自己的薄弱项目，健身计划里就必须包括这些弱项的训练来提高或保持你的健康水平。不同健身阶段后进行测试，还可帮助监测自己的体质与健康状况的变化程度，作为一种激励工具，也可以作为设定目标的一个因素，这些都有助于在新的一年里有的放矢地设定自己的健身目标，有针对性地选择健身策略，制订切实可行的健身计划。因此体质健康测试是个体实现科学健身的重要环节。

体质健康测试有别于医院的体检。医院体检主要对病症的有无做判断，帮助人们检测是否有疾病或患病的程度，而体质测试则倾向于身体本身的质量检测，为体能做定量分析，并科学地指导健身运动，其作用更多地体现在疾病预防和身体机能改善方面。相对于大多数生理功能正常，身体主要脏器无疾病的人来说，进行体质测试预评估更有实际意义。

这些测试很简单，大部分可以自己完成。比如做一个平衡测试、柔韧性测试，或者俯卧撑测试，这些在家就可以完成。对于学生而言，学校每年组织《国家学生体质健康标准》测试，分别对学生的身高、体重、肺活量、坐位体前屈、立定跳远、50 m 跑、引体向上（男）、1 min 仰卧起坐、800 m 跑（女）、1 000 m 跑（男）进行测试，最后可以根据各项测试的数据，对照评分标准，通过身高体重可以计算出体重指数，从而了解自己身体的肥胖或偏瘦程度。通过肺活量、长跑的成绩可以大致了解自己的心肺耐力情况，通过仰卧起坐、引体向上、立定跳远可以了解自己身体肌肉力量和爆发力的情况，通过坐位体前屈可以了解自己的身体柔韧度情况。根据测试结果，可以很清楚地知道自己的身体弱项，再根据弱项制订能够发展身体素质的计划，选择恰当的运动执行。

测试和评价涉及身体形态和身体成分、心血管系统功能、肌肉的力量和耐力以及身体的柔韧性这四个方面。测试和评价所涉及的四个方面，和终身健康的每个特点状况有密切联系，每一项测试内容又都反映了身体健康素质的一个或多个要素。测试和评价标准根据年龄、性别不同而有差异，因此评价的结果是自己的事，不要同他人比较，应着眼于自己的进步和提高。测试和评价的结果不只是看拿了多少分，更是对体质健康现状的分析，其结果是可信的，可作为设定健身目标的依据和自我评价的基点。

第三节　科学健身理念与原则

一、科学健身新理念

美国著名流行病学专家 Steven Blair 指出：缺乏运动和体力活动将成为 21 世纪最大的公共卫生问题。研究表明，久坐的生活方式和严重的运动不足是导致体能明显下降、人体抵抗能力减弱、患病危险概率增加的重要因素。根据世界卫生组织全球体力活动建议和多国体力活动指南，科学健身应包括适量运动、静坐少动间断和增加日常体力活动三个部分。

（一）适量运动

适量运动是指每周进行 150 min 以上中等强度的有氧运动，或 75～150 min 较大强度运动，同时进行 2～3 次/周的抗阻练习和 2～3 次/周的柔韧练习，并在健身计划中融入平衡和核心稳定的练习。

1. 有氧运动

有氧运动是指以躯干、四肢等大肌肉群参与为主的，有节奏、时间较长、强度低、能够维持在一个稳定状态的身体活动。在整个运动过程中，呼吸心跳加快，人体吸入氧气量基本满足体内氧气的消耗量，达到生理上的动态平衡，没有缺氧情况存在。有氧运动的特点是有节奏、不中断、持续时间较长，如快走、慢跑、有氧健身操、骑自行车、广场舞等都属于有氧运动。中等强度的有氧运动，用主观感觉判断是身体微微出汗的程度，步行速度 110～120 步/min，运动中的心率是个人最大心率的 64%～76%。一些剧烈的运动，如篮球、网球、羽毛球等，包含短时间大强度间歇性运动，对于健康的促进同样有利，它们还能帮助锻炼运动技能，并有助于健康的体重管理。每周进行 3 次即可改善心肺能力，并有效控制体脂率。有氧运动不仅是所有活动的基础，而且能保持心脏的良好状态，这有助于预防许多健康问题。

2. 柔韧练习

柔韧性是指肌肉关节进行最大幅度运动的能力。通过对自身肌肉、韧带、肌腱等结缔组织进行牵拉，使它们在一定的范围内被拉长，来改善我们身体的柔韧性。柔韧性是健身计划的基石，柔韧性差则限制了运动范围，会导致使用其他肌肉来补偿运动，从而引起肌肉失衡，影响姿势、表现和运动效率。健身中融入柔韧性练习（在任何年龄）可以改善姿势，使运动更有效率，还能有效缓解背部疼痛。柔韧性练习在运动后进行效果更佳。一般健身者每周 2～3 次，建议每种伸展运动持续 10～30 s，每次做 2～3 组，有紧张感但不感到疼痛为宜。

3. 阻力训练

阻力训练是以提高肌肉力量为目的而进行的各种力量练习，肌肉力量可表现为绝对力量、相对力量、肌肉耐力和爆发力几种形式。阻力训练提高肌力和耐力，增加肌肉质量，提高力量。健身计划中加入阻力训练是很有必要的，因为强壮的肌肉会产生强壮的肌腱，而肌腱会使骨骼变得强壮而致密，这反过来又降低了患骨质疏松症的风险。20 岁以后，成年人每 10 年就会失去 2~3 kg 的肌肉，阻力训练将有助于阻止肌肉的损失，重建肌肉。针对全身主要肌群每周进行 2~3 次，每组重复 8~10 次，1~4 组的力量练习可以改善肌肉力量，每组重复 10~15 次可改善肌肉耐力。

4. 平衡

平衡是控制身体在空间中的位置的能力。它包括本体感受，身体接收来自环境的信息（比如从椅子上站起来），并将这些信息发送给大脑。这些信息告诉肌肉该怎么做，这样它们就能适应变化，保持平衡。当这个系统超载时，就会失去平衡。无论是站着（静态平衡）还是移动（动态平衡），身体都在不断地做出调整，以防止摔倒。虽然大部分人可能认为良好的平衡只对体操运动员或花样滑冰运动员很重要，但定期的平衡训练可以改善姿势和协调性，提高运动和表现，并有助于防止受伤和摔倒。可以在准备活动部分或力量训练部分融入平衡训练，或单独进行练习，每周 2~3 次。

5. 核心力量与稳定

核心肌肉负责伸展、弯曲和旋转躯干，这些肌肉层决定了人体姿势。加强和调节这些肌肉可以减少背部疼痛和脊髓损伤的机会，提高运动能力，并改善协调和平衡。因此，所有的健身计划都应该有一个坚实的核心工作基础。

（二）静坐少动间断

静坐少动行为（Sedentary Behavior，也可译为久坐行为）是指能量消耗在低于 1.5 METS[①]的觉醒状态，如坐着、躺着、看电视和其他形式的基于屏幕的娱乐活动。世界卫生组织 2004 年全球健康危险因素调查数据表明，缺乏身体活动是紧排在高血压、吸烟和高血糖之后的导致全球死亡原因的第四大危险因素，全球 6% 的人类死亡是缺乏身体活动造成的。强有力的证据表明，静坐少动行为与全因死亡率密切相关，呈现直接的剂量—效应关系。静坐少动时间越长，死亡风险越大；静坐少动行为与心血管疾病死亡率呈现直接的正相关，静坐少动时间越长，发生心血管疾病的风险越高，死亡率越高。静坐少动行为所带来的代谢问题和对长期健康的影响不同于体力活动不足的影响，国内外研究表明，静坐少动行为独立于运动行为，即使是体力活动达到推荐量的人群，减少静坐少动时间仍然是必要的，静坐少动总时间越长，死亡和患慢性病的风险越大。改变这一行为最有效的方式是至少每小时站立或从事其他形式的较低强度的体力活动 1~5min。

（三）增加日常体力活动

体力活动（Physical Activity，PA），也可称为身体活动，是指骨骼肌收缩导致机体能量

---

① MET 表示代谢当量，音译为梅脱，1MET 相当于每千克体重每分钟消耗 4.4×10^4 焦耳能量的活动强度。

消耗明显增加的各种活动。根据日常生活背景,体力活动常被分为职业性、交通性、家务性和休闲性四大类。体育活动是指有计划、有组织和重复进行的,以保持和提高健康和体适能为目的的体力活动。竞技体育运动和体育锻炼都是从属于体力活动的概念,体育活动是体力活动的一个重要组成部分,而不是全部。在日常生活中应保持适度体力活动,多行走、打球、打扫卫生、做家务等。例如:可以减少坐电梯,改成爬楼梯;乘坐公交或地铁上学上班时,提前一站下车,选择步行去学校或单位,减少开车的机会等等。这些都可以有效增加日常体力活动。

二、科学健身的益处

每周150 min 中等强度或75 min 高强度,即每周 8～10 METS·h 的身体活动总量的健康效应包括以下几个方面:

(一) 提高心肺耐力

心肺耐力(Cardiorespiratory Fitness)综合反映人摄取、转运和利用氧的能力。它牵涉到心脏泵血功能、肺部摄氧及交换气体能力、血液循环系统携带氧气至全身各部位的效率,以及肌肉等组织利用这些氧气的功能。适量的运动可以有效提高人体肺通气量,增强心脏泵血能力,提高红细胞携带氧气的能力,促进血液循环。体力活动水平与心肺耐力呈正相关,通过提高体力活动水平可改善心肺耐力,从而降低疾病和死亡风险(见图1-3)。在人群健康指导与体力活动干预中,心肺耐力的训练和提高是一项重点关注目标,我国国民体质测定、学生体质测试,国外健康体适能测试中均体现心肺耐力这一指标。

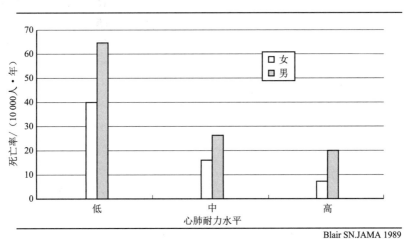

Blair SN.JAMA 1989

图 1-3 心肺耐力与全因死亡率(ACLS)

(二) 提高骨密度

骨科与运动物理治疗杂志的荟萃分析表明,适量运动一方面能让关节得到锻炼,关节滑液流动性增加,营养作用提升,关节的韧性、抗压能力都能得到提高;另一方面能提高运动器官的机能,使管状骨变粗,骨密质加厚,骨小梁排列密集,骨结节粗隆增大等。如坚持参加体育活动的人,骨密质可增厚1.5～8 mm。所有这些变化均赋予骨骼坚固、密实、抗压性强等特性。

(三) 预防慢性疾病

大量的科学研究证实，有规律、定期、定量的身体活动，已经被证明能有效治疗和预防慢性病。美国相关的运动与糖尿病的研究就表明，规律的定期运动对 2 型糖尿病的治疗效果，比单纯标准化地用胰岛素降糖治疗的效果还要好一倍以上。在预防疾病方面，研究也发现，一个经常运动的 80 岁老人，其死亡风险要比一个缺乏运动的 60 岁的人还低。定期运动，还能使心脏病和高血压发病率降低 40%，卒中风险降低 27%，2 型糖尿病风险降低 58%。当前，随着身体活动与疾病关系研究的深入，运动已被证实可以治疗和预防包括糖尿病、心脏病、肥胖、高血压等 40 种以上的慢性病（见表 1-16）。所以说，运动就像药物一样，对疾病有明确的治疗作用，其主要机理是运动降低动脉粥样硬化危险因素。

表 1-16 科学运动是减少慢性疾病风险的有效策略

因素	冠心病	糖尿病	高血压	血脂异常	腰痛	肥胖	骨质疏松	癌症
年龄	↑	↑	↑	↑	↑	↑	↑	↑
性别	M>F[a]	F>M	F>M[b]	F>M[b]	F=M	F>M	F>M[b]	
家族史	↑	↑	↑	↑			↑	↑
经济状态	↓	↓	↓	↓	↓	↓		↑
酗酒			↑				↑	↑
吸烟	↑		↑	↑			↑	↑
营养								
钠盐摄入			↑					
钙及维生素 D 摄入							↓	
脂肪及胆固醇摄入	↑		↑	↑		↑		↑
总胆固醇摄入		↑						
摄入≥消耗						↑		
体力活动	↓	↓	↓	↓	↓	↓	↓	↓
柔韧性					↓			
肌肉力量					↓		↓	
骨密度							↓	
其他疾病								
神经性厌食							↑	
糖尿病	↑							
高血压	↑							
血脂异常	↑							
肥胖超重	↑	↑	↑	↑	↑			

注：↑表示上升；↓表示下降。

(四) 其他及新研究证据

1. 改善心理健康

规律的体力活动不仅可以降低临床抑郁症的风险，还可以减轻患有或没有临床抑郁症者的抑郁症状。规律的体力活动可减轻焦虑症状，包括慢性焦虑症状以及许多人不时感受到的焦虑情绪。有力的证据还表明，通过规律的体力活动可以改善感知的生活质量。

2. 运动改善睡眠

身体活跃的人睡得更好，感觉更好，功能更好。2018 年美国的一份《科学报告》表明，除了预防疾病，定期进行体力活动还有其他许多益处，帮助个人更好地睡眠，感觉更好，更轻松地完成日常任务。强有力的证据表明，中度到较大强度的体力活动（Moderate-to-Vigorous Physical Activity，MVPA）可以提高睡眠质量，可以减少入睡所需的时间和减少醒来再次入睡的时间，还可以增加深度睡眠时间以减少白天嗜睡。单次体力活动可以在一段时间内促使执行功能明显改善；执行功能包括大脑帮助组织日常活动和规划未来的过程，诸如一个人的计划和组织能力、自我监控和抑制或促进行为、启动任务和控制情绪等任务都是执行功能的组成部分。

3. 对特定人群的影响

体力活动能够改善所有年龄段的人的身体机能，使他们能够在不过度疲劳的情况下进行日常生活。对于老年人来说，改善身体机能不仅可以降低跌倒和跌倒相关损伤的风险，还可以提高他们保持独立生活的能力，延缓痴呆，降低患上某些癌症的风险；年轻人和中年人可以因为身体功能的改善提升日常生活能力，更容易完成日常生活中的体力活动，如爬楼梯或携带重物等；体力活动改善 3~5 岁儿童的骨骼健康和体重状况，改善 6~13 岁儿童的认知功能；孕妇、产妇进行体力活动获益也极为显著，生活质量提高。

4. 新的研究证据（脑健康与衰老）

体力活动改善大脑，可以改善认知的组成部分，包括记忆、处理速度、注意力和学习成绩。常年坚持适当运动/体力活动可以减缓脑萎缩、增加大脑灰质，减少增龄原因的认知障碍或老年性痴呆症的发病率。研究表明，体力活动活跃的儿童青少年，学业成绩、注意力等高于体力活动不活跃的青少年。

体力活动延缓衰老。研究发现，每周 16 min 的运动，对延缓衰老效果不大，每周 100 min 的运动可延缓衰老 5~6 年，每周 180 min 的运动可延缓衰老 9 年。体力活动延缓衰老的新机理从基因角度权威解释，运动能增加染色体端粒的长度，染色体端粒长度可预测寿命，端粒长度越长寿命越长。

三、运动中的风险

运动是把双刃剑，一方面科学运动能增进人体健康，另一方面不当的体育运动对人体具有一定的危险性，包括运动损伤、诱发心血管疾病，甚至造成死亡。在一些运动项目中，高强度的体能训练或竞赛对人体的心血管系统有较高的要求，同时对人体的肌肉和骨骼系统也产生一定的危险。归纳运动中发生的风险，可分为两大类：一类是运动中的健康风险，另一类是运动中的损伤风险。

(一) 运动中的健康风险

运动中的健康风险是指，运动诱发原有疾病或在运动中可能出现的疾病，如心血管疾病发作、低血糖等。其中，运动诱发心血管疾病发作是最严重的的健康风险。

1. 运动中可能出现的心血管病症

运动中可能出现的心血管病症有：心绞痛—心肌缺血；心律失常—心肌缺血；血压过高或过低；晕厥；夹层动脉瘤；脑出血；猝死等。研究表明，35岁以上者运动中心血管疾病发生的主要原因是冠心病，其病理基础就是动脉粥样硬化，剧烈运动时心脏收缩频率和冠状动脉搏动幅度的增加导致冠脉的扭曲，运动中冠脉扭曲、斑块脱落、脱水、血栓形成、板块下出血均有导致心肌缺血、梗死的可能。隐性冠心病的人，运动可诱发心律失常、急性心肌梗死或猝死。35岁以下者先天性心血管异常（Marran综合征）、心肌病理性肥大、冠状动脉畸形等是运动中心血管疾病风险的主要病理因素。

2. 运动中健康风险的发生概率

大量的研究表明，心血管系统正常的健康个体从事中等强度的规律运动不会引起心血管意外事件的发生，中等强度运动/体力活动诱发心血管意外风险是非常低的，YMCA（基督教青年会）报道死亡率和发病率分别是 1/280 万人次·h^{-1} 和 1/225 万人次·h^{-1}。对于已诊断或隐匿性心血管疾病个体，在较大强度体力活动/剧烈运动的时候诱发心肌梗死或运动猝死的风险快速地上升。在普通人群中，据估算每 100 000 人中约有 7 例死亡和 56 例心肌梗死发生。临床研究表明，有明确诊断的冠心病人在较大强度（60%～84% HRR，或者 77%～93% HRmax，其中 HRR 指心率储备，HRmax 指心率强度）运动时发生心血管事件的概率增加 100 倍。经常参加体育运动的人中等强度的运动是安全的，大运动量时发生猝死的危险性也很低，发生猝死危险性较高的是那些偶尔参加较大强度或大运动量的人，这些人在进行力竭运动时发生猝死的危险性会增加 7.4 倍。

(二) 运动中的损伤风险

1. 常见轻损伤

运动中主要是发生肌肉、骨骼、关节损伤。较常见的轻伤是扭伤、拉伤、水泡、瘀伤和擦伤，更严重但不常见的损伤包括脱臼和骨折。身体部位受伤最常见的是皮肤、脚、脚踝、膝盖和腿部肌肉，头部、手臂、躯干、内部器官（如肝脏和肾脏）受伤的可能性较小。

2. 劳损

劳损就是过度运动导致的损伤，当重复一个动作太多以至于身体遭受磨损和撕裂的时候就会发生。比如胫骨疼，表现为小腿前部的酸痛，这是过度使用而导致的小肌肉撕裂或肌肉痉挛。如打篮球经常处于半蹲位，如果姿势不正确就会出现髌骨劳损。大多数人在进行中等强度身体活动时肌肉、骨骼和关节损伤的可能性很小，体质健康水平高的人发生损伤风险的可能性明显低于体质健康水平低的人。

(三) 运动中风险防范

1. 运动中风险的主要诱因

运动中风险的诱因包括：准备活动和整理活动不充分，较大强度运动或不当运动（如动作幅度过大)。例如运动时应避免弯腰、低头、屏气的动作,当用这些不当姿势运动时,血压会明显升高或波动。人体不同种类的关节允许不同类型的运动。例如,滑膜关节允许自由活动;铰链关节(如膝关节和肘关节)只允许屈曲和伸展;球窝关节(如臀部和肩膀)允许额外的活动,如旋转;软骨关节(如背部的椎骨)只允许有限的运动。关节使用不当,运动时产生的力量就会对关节或身体其他部位造成伤害,不同类型的损伤可以影响不同类型的组织。身体疲劳后运动,如熬夜、醉酒、长途旅行等会使身体机能下降,此时进行运动,运动中损伤风险会增大,尤其是心血管疾病的风险将大大增加。

2. 运动中风险防范

提高健康意识和健康风险防范的知识,了解健康风险评估,运动前应评估身体状态,进行体质测定,运动时遵循科学运动的原则,运动中学会自我监督,通过心率、主观感受等监测运动量,运动后做适当的整理放松运动,了解运动后适当补充营养的知识。学会健康管理与养成健康的生活方式,全面减少运动风险。

四、科学健身的基本原则

(一)超负荷原则

体力活动最基本的规律是超负荷,它表明,通过体力活动产生健身和健康效益的唯一方法是要求身体比平时做得更多,增加身体的需求——超负荷——迫使它去适应。

超负荷原则是基于人体机能对运动负荷刺激的基本反应与适应规律而提出的。简单说来,在给机体施加一个较大运动负荷的初期,机能反应较强烈,训练效果也比较明显,但随着机体对该训练负荷的逐渐适应,机能反应便会越来越低,训练效果也越来越不明显。在此情况下,若要继续提高运动水平,则必须适度增加运动负荷,以期引起新一轮次的反应及适应过程。依此周期不断循环,即为超负荷的基本内涵。更确切地说,所谓超负荷,实质上是指循序渐进地增加负荷,使人的机能水平在不断进行的反应—适应过程中逐渐提高到最高。

(二)循序渐进原则

按照循序渐进原则,运动量和强度应该逐渐增加。一段时间后,身体会适应体力活动的增加(负荷),并且此时会觉得体力活动变得更容易。当这种情况发生时,就可以逐渐增加运动量。

图1-4显示了发展体能所需的最小负荷,这个量是最基本的训练门槛。在适宜运动区域进行体力活动可以促进健康,发展体能。这种正确的体力活动范围称为健身目标区域,通常简称为目标区域。从所有训练的门槛开始,有一个上限叫作目标上限。低于这个门槛的锻炼是不足以产生效益的,超过目标上限的锻炼(过度锻炼)会增加受伤和疼痛的风险,产生的效果可能不理想。如果在运动时感到疼痛,可能是负荷过重或太快,身体无法适应。

图1-4 适宜运动区域

(三) 特异性原则

特异性原则表明，同种类和数量的体力活动会对身体产生不同的好处。例如，经常跑步可以提高心肺耐力水平，但柔韧性并未得到提高；经常做拉伸运动可以提高柔韧性，但心肺耐力并未得到提高。如果想提高肌肉力量，那么还需要在健身运动中使用更多的抗阻训练。此外，对特定身体部位的锻炼，如跑步可以使腿部肌肉得到锻炼，身体其他部位肌肉，如背部、胸背、肩膀、手臂则可以选择特定的训练动作进行相应的肌肉锻炼。

第二章 自我健康的筛查和评估

测试和评估是保持健康的重要组成部分，通过测试和评估可以揭示自身目前的体质健康状况。对于健身运动，这些测试的结果可以提供个人健康基线，作为一个起点，可以帮助我们建立目标，监控进展，以及提供动力。筛查和评估的第一部分是健康筛查，通过自我筛查工具——身体活动准备问卷进行，医学检查包括心脏、血压、脉搏、身体组成和腰围测量等，确定是否存在心血管疾病危险因素，是否存在运动禁忌证等，从而让健身者决定在参加正式运动计划之前是否要咨询专业医疗机构专家或在专业人士指导监督下运动。第二部分是身体姿态和功能动作评估，通过姿态评估和动作筛查可以发现健康问题和身体疼痛的问题，这样可以先解决姿态问题和疼痛问题，减少运动中受伤的风险，确保运动的安全。

第一节 运动前的健康筛查

你有没有在运动中受过伤？你知道如何为运动做好准备，以免受伤，安全参与运动吗？可能你听到过一些关于优秀跑者、运动员死于心脏病的消息，如果他们定期进行健康筛查和分级运动测试，这个问题可能会得到解决。运动前进行筛查能排除有运动禁忌证的人群，增加运动安全；健康检查中的信息有助于明确运动前是否需要咨询医生，确定心脏病的危险因素，以及在开始运动计划之前可能需要健康专家推荐的健康和损伤风险区域。筛查结果直接运用于运动计划制订。

（1）健康筛查的目的：为确定个体是否存在与运动相关的心血管事件的风险。在参与运动之前，个体应该进行健康筛查，通过筛查了解年龄、症状和（或）危险因素等增加疾病风险的原因，鉴别出潜在的禁忌证并增加健康相关体质测试的安全性。

（2）筛查的因素：包括表现、体征、症状和（或）多种心血管、肺部疾病的危险因素以及代谢性疾病和其他状态（如妊娠、运动系统损伤）。有医学禁忌证状者在其症状减弱或得到控制前参加运动应咨询医生是否可以参加运动；有一种或多种临床疾病或状况者应参加有医疗监护的运动计划。

（3）健康筛查工具：有两种简单的工具可用于进行健康筛查：一种是身体准备问卷，另一种是心血管病风险因素评估。医学筛查的方法或流程由专业人士决定。

自我健康筛查流程见图2-1。

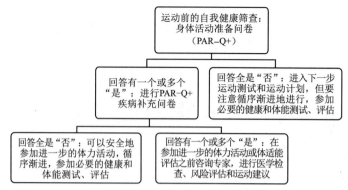

图 2-1 自我健康筛查流程

一、身体准备问卷（自我筛查工具）

身体活动准备问卷（PAR-Q+），是目前国际上公认的在运动测试和运动前必须进行调查的问卷，适用年龄 15~69 岁。问卷由 7 个问题构成，用于识别那些少数不适宜做体力活动或者需经医生建议最适合的活动的人群。对多数健康人来说，体力活动应该不会构成问题或危机，但如果你想参加比现在更大负荷的运动，也请仔细阅读表 2-1 的 PAR-Q+ 问卷，并如实地回答"是"或"否"。以下问题，如果回答全部是"否"，则可以进入下一步运动测试和运动计划，但要注意循序渐进地进行，参加必要的健康和体能测试、评估。以下问题，如果回答有一个或多个"是"，则需要继续填写 PAR-Q+ 疾病补充问题的问卷表 2-2，属于危险因素的，需要向相关的专业医生咨询，待消除健康危险因素后再进入下一步运动测试和运动计划训练。当然，在准备运动的时候，还应该考虑任何当前个人的健康问题。例如，患有短期急性疾病（如感冒或流感发烧）、女性生理期应暂缓运动，待缓解后再开始运动。如果要参加校际运动或其他类似强度的项目，比如运动竞赛或其他严格的体能挑战，则要进行体检。医学检查可以帮助我们预防未来的健康问题。

表 2-1 2014 PAR-Q+问卷

	请认真阅读以下 7 个问题并根据真实情况选择"是"或"否"	
1	医生是否告诉过你患有心脏病或高血压	是☐ 否☐
2	在日常生活中或当你进行体力活动时是否出现过胸痛	是☐ 否☐
3	是否确诊患有其他慢性疾病（除心脏病或高血压外），请填写疾病名称	是☐ 否☐
4	在过去 12 个月中，你是否因为头晕而失去平衡或失去知觉？如果你的头晕与过度通气（包括进行较大强度运动时）有关，请回答"否"	是☐ 否☐
5	你是否正在服用治疗慢性疾病的药物？请填写药物名称及其治疗的疾病	是☐ 否☐
6	目前（或在过去的 12 个月内）是否存在运动时加重的骨、关节或软组织（肌肉、韧带或肌腱）问题？如果你过去有问题，但现在并不影响你开始进一步的运动，请回答"否"。请填写存在的问题	是☐ 否☐
7	你是否曾经听医生说过你只能在医务监督（有专业人士监督或仪器监测）下进行体力活动	是☐ 否☐

表 2 – 2　2014PAR – Q + 疾病补充问题

1	是否有关节炎、骨质疏松症或腰背问题？ 如果回答为"是"，继续回答问题 1a～1c；如果回答为"否"，跳到问题 2	是□　否□
1a	是否在药物或其他医学治疗后仍然无法很好地控制病情？ （如果你目前并没有服用药物或进行其他治疗，请回答"否"）	是□　否□
1b	是否有引起疼痛的关节问题、近期骨折或由骨质疏松症或癌症引起的骨折、椎体移位（如：滑脱），和/或峡部裂/峡部缺陷（脊柱背侧的椎骨弓裂纹）？	是□　否□
1c	是否定期注射或服用类固醇药物超过 3 个月？	是□　否□
2	是否患有癌症？ 如果回答为"是"，继续回答问题 2a～2b；如果回答为"否"，跳到问题 3	是□　否□
2a	是否有已确诊的肺部/支气管、多发性骨髓瘤（血癌）、头部和颈部的癌症？	是□　否□
2b	目前是否正在接受癌症治疗（如：化疗和放疗）？	是□　否□
3	是否有心脏或心血管疾病？包括冠状动脉疾病、心力衰竭、确诊的心律失常。 如果回答为"是"，继续回答问题 3a～3d；如果回答为"否"，跳到问题 4	是□　否□
3a	是否在药物或其他医学治疗后仍然无法很好地控制病情？ （如果你目前并没有服用药物或进行其他治疗，请回答"否"）	是□　否□
3b	是否存在需要治疗的心律失常？（如：心房颤动、室性早搏）	是□　否□
3c	是否有慢性心力衰竭？	是□　否□
3d	是否有确诊的冠状动脉（心血管）疾病，且在最近的 2 个月中没有参加规律的体力活动？	是□　否□
4	是否有高血压？ 如果回答为"是"，继续回答问题 4a～4b；如果回答为"否"，跳到问题 5	是□　否□
4a	是否在药物或其他医学治疗后仍然无法很好地控制血压？ （如果你目前并没有服用药物或进行其他治疗，请回答"否"）	是□　否□
4b	无论服药与否，安静血压是否都大于 160/90 mmHg？① （如果不知道安静血压是多少，请回答"是"）	是□　否□
5	是否患有代谢性疾病？包括 1 型和 2 型糖尿病、糖尿病前期。 如果回答为"是"，继续回答问题 5a～5e；如果回答为"否"，跳到问题 6	是□　否□
5a	是否在饮食控制、药物治疗或其他医学治疗后仍然经常无法很好地控制血糖水平？	是□　否□
5b	是否经常在运动和/或日常生活活动后出现低血糖症状和体征？低血糖的症状包括颤抖、紧张、异常烦躁、异常出汗、眩晕或轻度头晕、精神错乱、说话困难、虚弱或嗜睡	是□　否□
5c	是否有糖尿病并发症的症状或体征（如：心脏或心血管疾病和/或眼部、肾脏并发症，或足部感觉障碍）？	是□　否□
5d	是否有其他代谢性疾病（如：当前存在的妊娠糖尿病、慢性肾脏疾病或肝脏问题）？	是□　否□

---

① 1 mmHg = 133.3 Pa。

续表

5e	近期是否打算参加对你来说强度非常高（或较大强度）的运动？	是□	否□
6	是否有精神问题或学习障碍？包括老年痴呆症、痴呆、抑郁症、焦虑症、饮食紊乱、精神异常、智力残疾、唐氏综合征？ 如果回答为"是"，继续回答问题 6a~6b；如果回答为"否"，跳到问题 7	是□	否□
6a	是否在药物或其他医学治疗后仍然无法很好地控制病情？ （如果你目前并没有服用药物或进行其他治疗，请回答"否"）	是□	否□
6b	你有唐氏综合征或影响神经、肌肉的背部问题吗？	是□	否□
7	你有呼吸道疾病吗？包括慢性阻塞性肺病、哮喘、肺高压。 如果回答为"是"，继续回答问题 7a~7d；如果回答为"否"，跳到问题 8	是□	否□
7a	是否在药物或其他医学治疗后病情仍然无法控制？ （如果你目前并没有服用药物或进行其他治疗，请回答"否"）	是□	否□
7b	是否曾经听医生说过你的血氧水平在休息或运动时偏低，和/或你需要进行支持性吸氧治疗？	是□	否□
7c	如果你有哮喘，现在是否有胸闷、喘息、呼吸困难、持续咳嗽（每周超过 2 天）的症状，或者你在最近的一周是否用过两次以上的抢救药物？	是□	否□
7d	是否曾经听医生说过你的肺部血管血压高？	是□	否□
8	是否有脊髓损伤？包括四肢瘫和截瘫。 如果回答为"是"，继续回答问题 8a~8c；如果回答为"否"，跳到问题 9	是□	否□
8a	是否在药物或其他医学治疗后仍然无法很好地控制病情？（如果你目前并没有服用药物或进行其他治疗，请回答"否"）	是□	否□
8b	是否经常出现安静血压偏低并引起头晕、眩晕或晕厥的情况？	是□	否□
8c	是否曾经听医生说过你有突发性高血压（自主神经功能紊乱）？	是□	否□
9	是否发生过中风？包括短暂性脑缺血发作或脑血管事件。 如果回答为"是"，继续回答问题 9a~9c；如果回答为"否"，跳到问题 10	是□	否□
9a	是否在药物或其他医学治疗后仍然无法很好地控制病情？ （如果你目前并没有服用药物或进行其他治疗，请回答"否"）	是□	否□
9b	是否有步行或活动障碍？	是□	否□
9c	在过去 6 个月内是否有过中风或神经/肌肉损害？	是□	否□
10	是否有以上未列出的其他疾病，或是否有两种或两种以上的疾病？ 如果回答为"是"，继续回答问题 10a~10c；如果回答为"否"，直接阅读"基于你的健康状况的推荐"	是□	否□
10a	在过去的 12 个月内，是否发生过由头部受伤导致的晕厥、晕倒或失去知觉的情况？或最近的 12 个月内是否曾经确诊过脑震荡？	是□	否□
10b	是否有未列出的疾病（如：癫痫、神经系统疾病、肾脏问题）？	是□	否□
10c	目前是否同时存在两种或两种以上的疾病？请填写疾病及其治疗药物的名称：_____	是□	否□

续表

> 基于你的健康状况的推荐:
> 如果所有的疾病补充问题你都回答为"否",说明你可以安全地参加进一步的体力活动。
> ➢ 咨询注册运动专家,请他帮你制订一个安全、有效的体力活动计划以达到目的。
> ➢ 循序渐进:从每周 3~5 次 20~60 min 低到中等强度的有氧运动和力量训练开始,逐步增加到每周 150 min 或更长时间的中等强度运动。
> ➢ 如果你的年龄超过 45 岁,且没有规律的较大强度到最大强度运动的习惯,请在参加这类强度较大的运动前咨询注册运动专家。
> 如果疾病补充问题中你有一个或多个回答为"是":
> ➢ 在参加进一步的体力活动或体适能评估之前咨询专家。填写专门设计的筛查问卷并进行运动咨询。如填写 www.eparmedx.com 上的 ePARmed-X+问卷,和/或在注册运动专家的帮助下填写该问卷并获得更多的帮助。
> 如果有以下任何情形,请暂缓开始进一步的运动:
> ➢ 急性疾病期间,如严重感冒或发烧,请在病情缓解后再开始运动。妊娠期:在开始运动前咨询医生、注册运动专家,并填写 eARNed-X+问卷。
> ➢ 如果你的健康状况改变,请在开始任何体力活动前咨询医生或注册运动专家。

使用该问卷时应完全遵照完整的原文,不允许进行任何改变。问卷作者和合作方、合作组织及其代理机构不承担体力活动者和/或使用 PAR-Q+ 和 PARMed-X+ 问卷者的责任。如果对问卷填写有疑问,请在开始体力活动前咨询医生。

参与者声明

- 完成 PAR-Q+ 问卷者,请阅读下面的声明并签字确认。
- 未达到法定年龄者需要进行咨询或得到医生许可,请父母、监护人和医生同时在下方签字。

本人已经阅读、完全理解并认真填写此问卷,认可此声明自签署之日起 12 个月内有效,当本人健康状况改变时失效。本人知晓委托人(如雇主、社团/体适能中心、医生或其他签名者)可同时得到该问卷的复印件存档。因此,委托人必须遵守地方、国家的个人健康信息存储法规,确保委托人对私人信息进行保密,并不会滥用或错误公开此信息。

姓名: 日期:
签名: 证明人:
父母/监护人/医生签名:
问卷出处:

1. Jamnik VK, Warburton DER, Makarski J, Mckenzie DC. Shephard R, Stone J, and Gledhill N. Enhancing the Effectiveness of Clearance for Physical Activity Participation: Background and Overall Process. APNM 36 (S1): S3-S13, 2011.

2. Warburton DER, Gledhill N, Jamnik VK, Bredin SSD, McKenzie DC, Stone J, Charlesworth S, and Shephard Ru. Evidence-based Risk Assessment and Recommendations for Physical Activity Clearance: Consensus Document. APNM 36 (S1): S266-5298, 2011.

版权归 2014 PAR-Q+ 合作方 OSHF 所有,2014-08-01。

二、医学史和心血管病风险因素评估

运动前医学史包括过去现在的所有信息,这些信息可以确定和控制心血管疾病,预防运动中心血管事件的发生。大家可以根据下文中表格内容,对照自身医学史情况,如果有任何一项冠心病危险因素,建议在运动或运动测试前应进行冠心病危险因素评估。部分人群在参加不习惯的或较大强度的体力活动时,运动相关的风险事件,如猝死、急性心肌梗死会明显增加,因此在进行体力活动前需要进行危险分层,如果是中高危人群,那么在运动测试或运动前需要进行必要的医务监督。

(一)危险分层的标准

表2-3为心血管疾病的危险分层和危险因素及其判断标准。根据表2-4的判断标准,计算危险因素的个数。低危:无疾病,无症状,或体征≤1个危险因素。中危:无疾病,无症状,或体征≥2个危险因素。高危:有症状或体征,或有已经确诊的疾病。

表2-3 心血管疾病的危险分层

影响因素	危险分层	
	男性<45岁; 女性<55岁	男性≥45岁; 女性≥55岁
无症状或1个危险因素	低危	低危
≥2个危险因素	中危	中危
患有心血管、肺脏或代谢性疾病中的1个,或有1个以上心血管、肺脏、代谢性疾病的症状或体征	高危	高危

参考表2-4动脉粥样硬化冠心病危险因素及其判断标准,可以判断出自己是否存在冠心病危险因素,其中危险因素a属于正性危险因素,这些因素促进冠心病发生发展。根据表中所列标准,对危险因素进行个数的统计。危险因素b是负性因素,高密度脂蛋白胆固醇对于冠心病的发生具有抑制作用,当个体高密度脂蛋白胆固醇≥60 mg/dL(1.55 mmol/L)时在统计危险因素个数中减去1个危险因素。

表2-4 动脉粥样硬化冠心病危险因素及其判断标准

危险因素a	判断标准
年龄	男性≥45岁,女性≥55岁
家族史	心肌梗死、冠状血管重建,父亲或其他男性亲属55岁前猝死;母亲或其他女性亲属65岁前猝死
吸烟	吸烟或戒烟不足6个月或吸二手烟
静坐少动的生活方式	至少3个月没有参加每周至少3次,每次至少30 min的中等强度体力活动(40%~60% VO_2R)
肥胖	BMI≥30 kg/m^2,或男性腰围>102 cm,女性腰围>88 cm

续表

危险因素 a	判断标准
高血压	收缩压≥140 mmHg 和/或舒张压≥90 mmHg，至少进行两次测量确定，或者正在服用降压药
血脂异常	低密度脂蛋白胆固醇≥130 mg/dL（3.37 mmol/L），或高密度脂蛋白胆固醇<40 mg/dL（1.04 mmol/L），或正在服用降脂药物。血清总胆固醇≥200 mg/dL（5.18 mmol/L）
糖尿病	空腹血糖≥126 mg/dL（7.0 mmol/L），或口服糖耐量试验（OGTT）2h 血糖≥200 mg/dL（11.1 mmol/L），或 HbA1C≥6.5%
负性危险因素 b	判断标准
HDL-C	≥60 mg/dL（1.55 mmol/L）

注：引自《ACSM 运动测试与运动处方指南（第十版）》。其中，HbA1C：糖化血红蛋白；VO_2R：储备摄氧量。

（二）根据危险分层的建议

确定自身当前的体力活动水平，有无运动习惯，目的是更好地确定是否已经适应了规律的体力活动的用力程度，对于还没有适应者运动可能会对其心血管系统产生过度的负荷，并增加心血管疾病并发症的风险。有无运动习惯可以根据以下标准判断：有运动习惯者需进行了至少每周三天，每天 30 min，中等强度的有计划的系统性的体力活动持续至少三个月，否则判断为无运动习惯。个体当前运动习惯分两种情况，一种是无规律运动，另一种是有规律运动。

建议的运动强度标准为 3 种，分别是：

低强度运动：30%~39% HRR 或 VO_2R；2~2.9 METs，RPE[①]9~11，心率和呼吸略加快。

中等强度运动：40%~59% HRR 或 VO_2R；3~5.9 METs，RPE 12~13，心率和呼吸明显加快。

较大强度运动：60% HRR 或 VO_2R；≥6 METs，RPE≥14，心率和呼吸显著加快。

以下列出的一些病症需要进一步医学检查后在医生监督下健身锻炼：糖尿病、肺气肿、肝硬化、静脉炎、心脏疾患、血压异常、关节肿胀、虚弱眩晕、贫血症、癫痫症、哮喘、低血糖症、出血倾向、精神疾病、支气管炎、消化道溃疡、癌症、肠炎、甲状腺疾病、痛风、关节炎、体脂率（女子）>30%、体脂率（男子）>25%。依据自身的运动习惯，结合危险分层表 2-5，对照以下 6 种情况进行运动或运动进阶，以减少运动中心血管事件。

---

① RPE（Rating of Perceived Exertion）代表本体感觉的运动强度。

表 2-5 危险分层的预期运动强度建议

危险分层	运动强度	运动前的医学检查	运动前的运动测试	运动测试时的医生监督
低危	中等强度	不必要	不必要	不必要
	较大强度	不必要	不必要	不必要
中危	中等强度	不必要	不必要	不必要
	较大强度	推荐	不必要	不必要
高危	中等强度	推荐	推荐	推荐
	较大强度	推荐	推荐	推荐

（1）当前没有运动习惯个体且没有心血管、代谢、肾脏疾病史及其症状或体征的健康参与者可以不进行医学检查，即刻开始低到中等强度的运动计划，由中等强度进阶更高强度需要遵循运动处方原则。

（2）当前没有运动习惯但有确诊的心血管、代谢、肾脏疾病且无相应症状的参与者，需要在开始任何强度的系统性运动计划前进行医学筛查。经过医学筛查后，才可以开始一些低到中等强度的运动，并在耐受后根据 ACSM 指南逐步进阶。

（3）当前没有运动习惯但有症状的参与者，应该进行医学筛查，不管有没有疾病，如果症状或体征发生在日常生活活动时，则需要立即进行医学筛查。经过医学筛查后，可以开始一些低到中等强度的运动，并在耐受后根据 ACSM 指南逐步进阶。

（4）有运动习惯个体且没有心血管、代谢、肾脏疾病史及其症状或体征的健康参与者可以继续当前强度的运动计划，适宜进阶强度，无须医学检查。

（5）有运动习惯但有确诊的心血管、代谢、肾脏疾病，但无相应症状的参与者，可以继续中等强度运动，不需要医学筛查。进阶强度推荐医学检查。

（6）有运动习惯但有症状的参与者，应该暂停运动，进行医学筛查。

三、危险因素测试

（一）血压

血压是血液在血管壁上循环所产生的压力，血压是主要的生命体征之一。

1. 测量

一般测量肱动脉血压。测量心脏收缩时动脉的压力称为收缩压，测量心脏肌肉在两次跳动之间休息和重新供血时动脉的压力称为舒张压。在检查血压之前，确保膀胱排空，并且感到舒适和放松。脱下任何紧袖衣物，休息 2~10 min。测量时手臂应该与心脏水平，双脚平放在地板上。将袖口紧贴肘部弯曲处 1 英寸①处，并按照血压计上的指示操作。正确测量血压的姿势见图 2-2。

---

① 1 英寸 = 2.54 cm。

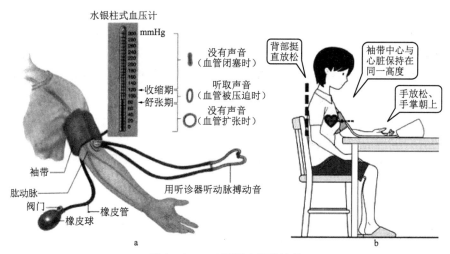

图2-2 正确测量血压的姿势

2. 标准

正常18岁以上成人血压标准见表2-6。如果收缩压≥140 mmHg，或者舒张压≥90 mmHg，请咨询医生。适当的运动可以降低血压。低血压的诊断具有高度的个性化，同样的血压对于一个人而言是低血压，但对于另一个人而言却可能是健康的，通常是收缩压小于90 mmHg，舒张压低于60 mmHg，或者两者兼而有之。

表2-6 血压标准

类别	收缩压/mmHg	舒张压/mmHg
正常血压	<120	和<80
正常高值	120~139	和（或）80~89
高血压	≥140	和（或）≥90
1级高血压（轻度）	140~159	和（或）90~99
2级高血压（中度）	160~179	和（或）100~109
3级高血压（重度）	≥180	和（或）≥110
单纯收缩期高血压	≥140	和<90

注：当收缩压和舒张压分属不同的级别时，以较高的分级为准。

3. 血压的应用

如果安静状态下，血压比平时高20%左右且持续两天以上，可视为身体机能下降或过度疲劳。

（1）运动中血压：一般情况下运动中收缩压随运动强度的加大而升高，舒张压不变，或有轻度的上升或下降。

（2）运动后血压：运动后血压恢复较快，表明身体机能较好，运动后收缩压明显上升，舒张压也上升或血压反应与强度刺激不一致，恢复时间延长等，说明身体机能状况不佳。

4. 影响血压的因素

吸烟/烟草产品（安静和运动血压上升）、咖啡因（血压对咖啡因的反应非常不确定，主要取决于之前摄入的量,因此,应该在测量血压前避免服用咖啡因)、心理压力(安静和运动血压上升)、身体姿势(卧位血压下降;从卧位转变成坐位或站位血压上升)、一天当中的时间(早晨的血压下降,下午或晚上的血压上升或无显著变化)、药物(安静和运动血压——血压对药物的反应非常不确定,而且只可能对特殊药物做出反应,有可能上升、下降或无显著变化)。

(二)心率

心率是每分钟心跳的次数(bpm),是一项简单但非常有价值的健康指标,可反映心肺功能。

1. 静息心率

静息心率即清晨空腹状态下测量的心率,可以作为衡量心脏健康的标志。心血管系统越健康,静息心率就越低,因为心脏本身会变得更强壮,更有效地输送血液,心脏不必快速收缩工作泵血。静息状态下,正常成人的心率为 60~80 次/min(bmp)。

身体健康的人静息心率增加可能意味着过度训练。研究表明,每周进行 5 次,每次 30 min 的中等强度的有氧运动,或每周进行 3 次,每次 30 min 的高强度有氧运动,可以降低静息心率,每周最多可降低一次。根据美国心脏协会的研究,计算静息心率的最佳时间是早上起床前。许多因素会使心率增加,如压力、尼古丁、疾病和炎热的天气,因此心率测量必须在一定的生理条件下进行。

2. 安静心率测量

安静心率是静坐 10 min 后测得的心率。有许多方法可以用来测量心率,如触诊、听诊、多普勒超声监测和电子监测等,心电图测量心率是黄金标准。动脉脉搏与心率一致,可以通过感觉血液流过动脉时引起的动脉规律性的收缩扩张来确定心率,最常用的有两个位置:桡动脉(见图 2-3)和颈动脉(见图 2-4)。要测量脉搏,请按下列步骤进行:

用食指或中指指尖找脉搏,因为拇指有自己的脉搏。找到手腕内侧拇指底部的桡动脉脉搏,或者颈动脉两侧的脉搏。从 0 开始,感知到第一次脉搏记为零,数 10 s 的脉搏乘以 6,可以用来估算每分钟心跳次数,也可以采用 15 s 乘以 4,30 s 乘以 2 的方法来估算。使用表 2-7 评估静息心率。

图 2-3 桡动脉

图 2-4 颈动脉

表 2-7 成人静息心率

名称	心率	症状
正常心率	60~100 bpm	
窦性心动过速	≥100bpm	常见于正常人激烈运动、情绪激动、吸烟、饮酒、喝茶和咖啡等，也可见于发热、休克、贫血、甲亢、药物等
窦性心动过缓	<60bpm	常见于健康的青年人运动员、老年人、体力劳动者及睡眠状态，也可由病理性疾病、服药引起

3. 影响心率测量的因素

吸烟/烟草产品（安静心率↑，运动心率↔或↑）、咖啡因（安静和运动心率↔或↑——服用咖啡因的反应不一定，取决于以前服用的量，因此，应该在测量心率前避免服用咖啡因）、极端的环境温度（热环境下的安静心率和运动心率↑；冷环境下心率的变化非常不稳定，主要取决于人们的身体成分、环境适应性和代谢情况）、高原（在海拔超过 1200 m 的高原上的心率↑）、心理压力（安静和运动心率↑）、食物消化（安静和运动心率↑）、身体姿势（卧位的心率↓，从卧位转变成坐位或站位的心率↑）、一天当中的时间（早上的心率↑，下午或晚上的心率↔或↑）、药物（安静和运动心率↑、↔或↓——心率对药物的反应非常不一致，而且只可能对特殊的药物做出反应）。↑ = 上升；↓ = 下降；↔ = 没有显著变化。

4. 心功指数

根据测得的安静时的心率和血压，可计算布兰奇心功指数，该指数能全面地反映心脏和血管的功能。布兰奇心功指数在 110~160 为心血管功能正常，平均值为 140。如果超过 200，可能是机体功能状态不良、过度训练等的表现，或有心血管系统疾病，应做进一步临床检查。

$$布兰奇指数 = \frac{心率 \times (收缩压 + 舒张压)}{100}$$

（三）血脂

1. 检测指标

血脂是血浆中的胆固醇、甘油三酯和类脂（磷脂、糖脂、固醇、类固醇）的总称，广泛存在于人体中。血清脂质检测，可作为脂质代谢紊乱及相关疾病的诊断标准。通常检测的指标，包括总胆固醇（TC）、甘油三酯（TG）、高密度脂蛋白胆固醇（HDL-C）和低密度脂蛋白胆固醇（LDL-C）四项。

2. 参考标准

TC < 5.2mmol/L；TG < 1.7mmol/L；HDL-C ≥ 1.0 mmol/L；LDL-C < 3.4 mmol/L。

3. 意义

总胆固醇常作为动脉粥样硬化预防、患病估计和疗效观察的参考指标。

甘油三酯受生活习惯、饮食、年龄的影响，在个体内及个体间的波动较大，必须空腹 12 h 后静脉采血测试，才能减少饮食因素的影响。甘油三酯的升高，常见于肥胖症、糖尿病、原发性高脂血症、痛风、高脂饮食、大量酗酒后等。

低密度脂蛋白在动脉内膜下积聚容易形成动脉粥样硬化，所以它是导致动脉粥样硬化的重要原因，因此，临床常用其判断发生冠心病的危险性，LDL-C 水平的升高与冠心病发病呈正相关。

高密度脂蛋白可将沉积在血管壁上的胆固醇转运至肝脏清除,所以其具有抗动脉粥样硬化的作用,是一种很强的逆转心血管疾病危险因素的保护因子,与冠心病的发病率呈负相关。HDL-C 的降低常见于动脉粥样硬化、糖尿病、慢性肾衰竭和肾病综合征等,可用于评价患冠心病的危险性。

(四)血糖

正常情况下,体内糖的分解与合成处于动态平衡中,血糖浓度相对稳定,是体内能量的主要来源。通过血糖测试可以了解糖代谢的情况,这是目前诊断糖尿病的主要依据,也是判断病情的主要指标。血糖检测分为空腹血糖和餐后 2 h 血糖。血糖的正常标准见表 2-8。

表 2-8 血糖的正常标准

单位:mmol/L

静脉血	正常	糖尿病前期	糖尿病
空腹血糖	3.9~6.1	6.1~7.0	≥7.0
餐后2h血糖	<7.8	7.8~11.1	≥11.1

1. 血糖升高

生理性血糖升高,常见于餐后 2 h 以内或高糖饮食、剧烈运动、情绪激动等,但一般不会超过 10.0 mmol/L。

病理性血糖升高,见于各种糖尿病、内分泌疾病(如甲状腺功能亢进症、巨人症、皮质醇增多症等)、应激性高血糖(如心肌梗死、大面积烧伤等)、肝脏和胰腺疾病;此外,一些药物也可影响血糖。

2. 血糖降低

空腹血糖低于 3.9 mmol/L 时为血糖降低,当低于 2.8 mmol/L 称为低血糖。生理性血糖降低,常见于饥饿、剧烈运动和妊娠期。病理性血糖降低常见于胰岛素过多、抗胰岛素激素分泌不足和慢性消耗性疾病,如严重营养不良等。

(五)肥胖

BMI 和腰围测试的方法见第三章身体成分的测试。

第二节 静态姿势评估

一、姿势评估的重要性

姿势是指身体相对于重力的排列和定位。无论是站着、走路、玩耍、睡觉还是工作,重力都会对关节、结缔组织和肌肉施加影响,影响健康。

良好的姿势可以减轻关节的压力,帮助肌肉正常工作,防止背部疼痛,减少疲劳,有助于保持良好的外表。因此,正确的姿势是评估中非常重要的因素。没有良好的姿势,就不能保持身体健康或有效地工作。确定肌肉的不平衡（哪些需要拉伸，哪些需要加强）在设计健身计划时是至关重要的。

静态姿势评估是识别肌肉失衡的基本工具。静态姿势评估可能无法确切地指出肌肉失衡问题是结构性（生物力学）的，还是不良的肌肉募集模式造成的，然而，能够指出必须进一步检查的问题区域，比如圆肩、头部前伸为特征的上交叉综合征，腰椎前凸、骨盆前倾为特征的下交叉综合征以及足部过度外翻（扁平足）、膝关节屈曲、内旋内收为特征的旋前变形综合征。通过姿势评估，更有可能成功地选择出有效地减轻这些不良姿势或功能紊乱的干预措施，最终能无痛地完成功能性任务。

二、肌肉失衡

肌肉失衡是肌肉之间或肌肉群之间功能关系的不利改变。关节排列的改变有很多诱因，它包括肌筋膜的质量和功能，以及肌肉-肌腱功能的改变。无论何种原因，身体总能持续地适应变化，尝试产生系统所要求的功能结果。然而，这种适应会导致肌肉失衡、功能紊乱，最终导致组织损伤和病理状态。在持续适应的过程中，肌肉-肌腱单元将会按照应激源要求被拉长或缩短。这可能导致稳定肌群在稳定关节时效率降低，因为它们并非处于最佳的排列状态。肌肉失衡是某些特定类型的肌肉间缺少平衡的一种状态，这种趋势会呈现出系统性的表现，某些肌肉比较容易缩短（紧张），而其他肌肉更容易被拉长（无力）。紧张和无力的肌肉组合会改变正常的动作模式，这将导致关节生物力学的改变并最终引起退化。表 2-9 列举了容易发生缩短或拉长的肌肉。

表 2-9 容易发生缩短或拉长的肌肉

容易缩短的肌肉（需要拉伸）	容易拉长的肌肉（需要增加力量）
斜方肌上束、胸锁乳突肌、肩胛提肌、大圆肌	颈伸屈肌、三角肌后束、冈下肌、小圆肌、斜方肌中/下束
背阔肌、胸大肌、胸小肌、竖脊肌、腰方肌	前锯肌、多裂肌、菱形肌
梨状肌、股直肌、阔筋膜张肌、腰大肌	腹内斜肌、腹横肌、臀大肌/中肌
腘绳肌、髋内收肌、比目鱼肌、腓肠肌	股内侧肌、胫骨后肌、胫骨前肌

引自：Janda V. Muscles and Motor Control in Low Back Pain：Assessment and Management [M]// Twomey L. T, ed al. Physical Therapy of the Low Back. Edinburgh：Churchill Livingstones, 1987：253-278。

三、引起姿势失衡的因素

不良的姿势不仅会影响身体的运动和效率，还会影响消化和呼吸。不良的姿势是多种因素共同作用的结果，如：职业压力、肌肉不平衡（肌肉太弱或不灵活）、体重过重、床垫太软或太硬、跌倒或意外、不良的工作空间、不合适的鞋和脚的问题。

引起静态姿势失衡的因素，归纳起来主要包括以下 3 种：

1. 习惯性动作模式

日常生活中人们养成了不良姿势（不良坐姿、站姿等），如长期伏案工作导致颈部和手臂的功能紊乱，或习惯性使用身体一侧活动，使人的身体持续处于不平衡状态，如单侧背包，引起身体两侧的不平衡，出现高低肩等。

2. 重复性动作改变正确的动作模式

长期过度使用某一肌肉进行重复性动作，如长期静坐少动，引起髂腰肌的持续缩短和紧张，导致肌肉失衡。有一些运动项目，如游泳运动长期进行导致胸肌发达，而出现圆肩体态，如篮球运动时保持屈膝屈髋状态时膝关节内扣，此时股四头肌可能会由于过度使用而造成肥大，长期如此会导致髌骨关节疼或出现炎症反应。还有一些健身人士，经常关注和锻炼某一特定的肌肉群，而忽视其他肌肉的训练，也会导致肌肉失衡。

3. 损伤引起的动作模式改变

关节损伤后尚未恢复而进行运动，若有损伤则会导致组织受限，活动度不足，因而身体会通过代偿机制，通过动员其他不该运动的肌肉参与运动，从而导致肌肉失衡，甚至出现新的疼痛和损伤。

四、静态姿势评估

最简单的静态姿势评估是视觉评估。被测试者自然站立，穿着紧身的衣服，放松到正常的姿势，由检查者观察或者拍照片从前面、侧面、后面的角度评定。根据 NASM 设计的静态评估检查点，主要包括身体 4 个主要的关节区域：足部和踝部；膝关节；LPHC 腰盆髋复合体；头部/颈部。具体见表 2-10。

表 2-10 静态姿态评估

正面观	检查要点
	肩部：水平，无上提或圆肩； 头部：中立位，无前倾或旋转； 　　　耳朵水平； 　　　肩膀水平； 　　　臀部水平； 　　　手臂两边肘部和腰部之间的距离相等
侧面观	检查要点
	足部和踝部：中立位、腿与脚底呈直角； 膝关节：中立位，无屈曲或过伸； LPHC：盆骨为中位，无前倾或后倾； 肩部：正常的后凸曲线，不过度圆肩； 头部：中立位，无过度伸展（向前伸出）； 　　　下巴平行于地板； 　　　耳线与肩膀成一条直线； 肩部直接越过臀部（不是向前）； 胸部向上

后面观	检查要点
	足部和踝部：脚跟朝前，双脚平行无过度旋前； 膝关节：中立位，无内收或外展； LPHC：盆骨水平，且与髂后上棘连线在同一水平； 肩部/肩胛骨：水平，无上提或前伸（内侧边基本平行，3~4英寸宽）； 头部：中立位，既不前倾也不旋转

五、姿势变形综合征

1. 上交叉综合征

上交叉综合征（见图2-5）的特点是：头部前伸、圆肩、上肢肌肉失衡。主要由久坐办公姿势不良导致。因为经常伏案工作，所以会导致肩部的肌肉变得紧张，从而造成肩颈酸痛，严重的还会压迫颈椎神经，引起头痛和手臂麻木。由于颈部的曲度变小了，大脑的供血量不足，导致人整天提不起精神。还会因为呼吸不顺畅和摄氧量的减少，使体内的废物在排出时受到阻碍，容易在体内堆积毒素，严重影响身体的机能。

上交叉综合征的肌肉不平衡表现为肩颈和胸肌部分肌肉紧张，而部分肌肉被拉长无力，减少了肩部伸展、肩关节外旋，增加了颈椎伸展、肩胛骨上提，具体见表2-11。这些不平衡可能会造成头痛、肩袖撞击等问题。通过松解紧张的肌肉，适当强化被拉长的肌肉力量，会改善该姿势变形。具体纠正训练动作见柔韧性训练。

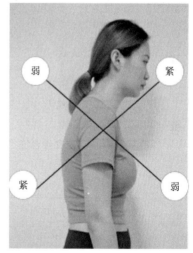

图2-5 上交叉综合征

表2-11 上交叉综合征肌肉不平衡

缩短的肌肉	拉长的肌肉
斜方肌上束	颈伸屈肌
肩胛提肌	前锯肌
胸锁乳突肌	菱形肌

续表

缩短的肌肉	拉长的肌肉
斜角肌	斜方肌中束
背阔肌	斜方肌下束
大圆肌	小圆肌
肩胛下肌	冈下肌
胸大肌/胸小肌	

2. 下交叉综合征

下交叉综合征（见图2-6）的特点是：腰椎前凸、骨盆前倾、下肢肌肉失衡。骨盆前倾在生活中其实很常见，很多人都有，有些人更加容易出现这个问题，如职业司机、军人、老师、穿高跟鞋的人、肥胖的人等。为什么这些人会更容易骨盆前倾呢？因为久坐久站对腰部的负担很大。人体是一个很聪明的结构，而骨盆在人体结构中起承上启下的过渡作用，当坐或站的时间长了，身体为了保持平衡，减轻腰部压力，髂腰肌以及股四头肌中的股直肌会缩短，竖脊肌也缩短。所以一般骨盆前倾的人背看起来很直，出现腰椎过度前凸，而让臀部看起来很翘的假象。

下交叉综合征的肌肉不平衡表现为竖脊肌、髂腰肌等缩短紧张，而腹肌、臀大肌等拉长无力，减少了髋部伸展的动作，增加了腰部伸展的动作，具体见表2-12。这些不平衡可能会造成腘绳肌拉伤、膝前疼痛、下腰背疼痛等问题。通过松解紧张的肌肉，适当强化被拉长的肌肉力量，会改善该姿势变形。具体纠正训练动作见柔韧性训练。

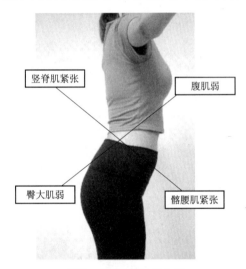

图2-6 下交叉综合征

表2-12 下交叉综合征肌肉不平衡

缩短的肌肉	拉长的肌肉
腓肠肌	胫骨前肌
比目鱼肌	胫骨后肌
屈髋肌群	臀大肌
髋内收肌	臀中肌
背阔肌	腹横肌
竖脊肌	腹内斜肌

3. 旋前变形综合征

旋前变性综合征（见图2-7）的特点是：膝外翻（X形腿）、足部外翻、扁平足、下肢肌肉失衡。膝关节往内扣而身体的重心会转移到足部的内侧缘，足部有旋前的姿态，出现踝关节的疼痛和跟腱周围炎。足部问题很容易使膝关节由朝向第二第三脚尖的位置，改成为朝内，这种叫作膝外翻。膝外翻会带来疼痛，关节不稳；而膝部的偏离会进一步影响到髋关节的排列，髋关节会被拉到屈曲、内收以及内旋的形状，更导致肌肉的不平衡；髋部力量不均带来的行走步态异常，最终可能会造成髋关节炎。

旋前变形综合征的肌肉不平衡表现为腓肠肌、髋内收肌群和阔筋膜张肌变紧，而臀大肌、臀中肌相对会变弱，减少了足部内翻、足背屈的动作，增加了膝关节内收内旋、足旋前的动作，具体见表2-13。这些不平衡可能会造成足底筋膜炎、下腰背痛、胫后肌腱炎、髌骨肌腱炎等问题。通过松解紧张的肌肉，适当强化被拉长的肌肉力量，会改善该姿势变形。

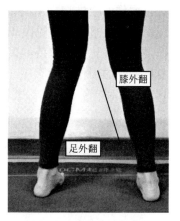

图 2-7　旋前变形综合征

表 2-13　旋前变形综合征肌肉不平衡

缩短的肌肉	拉长的肌肉
腓肠肌	胫骨前肌
比目鱼肌	胫骨后肌
腓骨肌群	股内侧肌
髋内收肌	臀中肌/臀大肌
髂胫束	髋外旋肌
屈髋肌群	
股二头肌短头	

第三节　身体功能动作筛查

一、FMS 简介

FMS 是 Functional Movement Screen 的缩写，翻译成中文是"功能性动作筛查"，由美国学者 Gray Cook 等设计。FMS 是由 7 个测试动作构成的一种简单的、量化的动作质量评价方法，可以广泛用于各种人群的基础运动能力（灵活性和稳定性）评价。7 个动作分别是：深蹲、跨栏上步、直线弓步蹲、肩关节灵活性、主动直腿上抬、躯干稳定性俯卧撑、旋转稳定性。

这些测试动作均源于生活中各式各样的动作。动作是我们进行日常生活、体育运动的载体，有正确与错误之分，如果你在日常生活中或体育运动时重复错误的动作，极易导致身体损伤。举个例子，在日常生活中，你是如何去搬起一个重物的？如果像图 2-8 所示那样，那么每次你的腰椎将会承受很大的压力，长此以往，你的腰椎就会受损，疼痛就离你不远了。正确的搬重物姿势见图 2-9。在体育锻炼时也一样，比如你在完成一个平板支撑时的动作是否正确比你能坚持多久更为重要，因为你的动作不正确，坚持这个动作越久，那么你的身体受到的损伤越大。

图 2-8　错误的搬重物姿势　　　　　　图 2-9　正确的搬重物姿势

FMS 的重要理念就是"Move well move often"，也就在运动之前，首先要将动作做对，再多做。因为一旦你的动作模式存在问题，那么就会表现为功能受限，出现姿势异常，长久以往，疼痛便出现，如果在运动中，发生急性损伤的风险就增高。因此，完成动作的质量比完成动作的数量更重要。

二、FMS 测试的目的和意义

FMS 可以筛查出人体完成基本动作时存在的对称性或不平衡性问题，发现薄弱环节。比如，可以发现是否存在高低肩，还可以发现灵活性和稳定性是否存在不足，如肩部、胸椎、髋部的灵活性均可以得到测试和评价。FMS 测试还可以发现身体是否存在疼痛，有 3 个专门的筛查疼痛的动作。

研究表明，FMS 测试与运动损伤发生有一定的关系，FMS 测试得分低于 14 分者，在运动训练或比赛中受伤的风险上升。因此建议任何健康个体在准备进行体育训练前，都需要进行 FMS 测试。先从动作模式的角度对身体基础动作完成的质量情况进行筛查，如出现"疼痛"，则需要进行康复治疗，先解决疼痛问题后再进行相应部位的运动训练，避免运动损伤的发生；如没有疼痛，则可以进行体能测试和训练。可见，FMS 测试结果是制订运动训练计划的出发点之一。

三、FMS 测试的评分

FMS 测试每个动作的评分分为四个等级，从 0 分到 3 分，每个动作满分为 3 分，总分为 21 分，得分 2 分、1 分属于动作相对表现差，0 分为不能完成动作或出现疼痛。

(1) 0 分：测试中任何部位出现疼痛。

(2) 1 分：受试者无法完成整个动作或无法保持起始姿态。

(3) 2 分：受试者能够完成整个动作，但完成的质量不高。

（4）3分：受试者能高质量地完成动作。

如果进行左右测试，则该项测试最终评分计左右侧得分最低一项分数。当最终得分小于或等于13分时，应建议受试者接受物理治疗或医学检查。

对于普通人而言，得分为14分，各项目得分为2分，且左右得分平衡时，相对运动风险较低；但对于运动员或专业健身人士而言，要根据运动项目决定，如乒乓球、网球、高尔夫等一些运动项目为单侧运动，长期从事这些项目的运动者FMS测试时左右侧得分势必会存在一些不平衡，如果两侧的得分相差2分，则需要进一步进行改善，以控制运动风险。

四、FMS 测试必备知识

1. 开展测试所需的器材（FMS 测试套件）

一支长 120 cm 左右的长杆；两支稍短的短杆；一块 2 英尺①宽 ×6 英尺长的测试板；一条弹力绳（见图 2 – 10）。

图 2 – 10　FMS 测试套件

2. 正确执行 FMS 测试必须熟知的骨骼结构或体表标志

（1）胫骨粗隆——在膝关节前面下方皮下隆起处，可触及，屈膝时更明显。

（2）髂前上棘——髂骨前上方的突起，平第二骶椎高度。

（3）外踝和内踝——外踝指腓骨下端向外的骨突，内踝指胫骨下端向内的骨突。

（4）远侧腕褶痕——自手指向身体方向最远的腕部褶痕。

（5）膝关节线——髌骨上缘和髌尖的中线。

3. FMS 测试期间的站位

观测者要做好两点：距离和走位。做好这两点有助于观察到测试过程中的左右细节。

（1）距离。需要距离受试者足够远才能一眼看清楚全局，距离太近只能注意测试的某个区域，不利于清楚地判断动作是否符合测试标准。

（2）走位。受试者有三次机会完成每项测试，因此测试人员可以在测试中四处移动。根据测试内容，最适宜的观察角度可能在受试者的侧面，也可能在受试者的正面。应该在测试过程中适当走动，转换角度。

4. FMS 测试的执行顺序

测试没有严格的顺序排列，为方便学习，我们按照以下顺序学习和测试：①深蹲；②跨

---

① 1 英尺 = 30.48 cm。

栏上步；③直线弓步蹲；④肩部灵活性；⑤主动直腿上抬；⑥躯干稳定俯卧撑；⑦旋转稳定性。

参考：Gray Cook. Functional Movement Systems：Screening，Assessment and Corrective Strategies. 2010.

五、FMS 测试动作与方法

（一）深蹲动作模式

深蹲动作模式可以非常全面地展示受试者的下肢灵活性、姿态控制能力、骨盆和核心稳定性。

1. 所需器材

长杆、测试板。

2. 测试目的

评价髋、膝、踝关节的双侧对称功能灵活性和稳定性；上举长杆过头顶的动作，测试胸椎、双肩的双侧对称功能灵活性和稳定性。

3. 口头指令

完成以下动作的过程中如果感到疼痛请告诉我。

双脚朝前，与肩同宽，挺胸站立。

双手握杆，放置头上，使肩肘成 90°角。

将长杆举起至头顶正上方。

上身挺直，双膝和长杆的姿势保持不变，尽量下蹲。

在最低点保持 1 s，然后回到原来的站立姿势。

4. 测试技巧

如有需要，受试者有三次机会完成动作。

如受试者未能达到 3 分，则将测试板垫在受试者脚跟下，让受试者再重复上述指令。

从正面和侧面观察受试者。

脚跟下垫上测试板进行测试时，包括双脚姿势在内的所有姿势必须保持与原测试一致。

5. 评分标准（见表 2-14）

表 2-14 深蹲动作模式评分标准

得分	图示
3 分： 躯干与胫骨平行或趋于与地面垂直； 股骨位于水平面以下； 双膝与双脚成一直线； 横杆在双脚正上方保持水平  	

得分	图示	
2分: 脚跟下垫上测试板后按3分标准要求完成动作		
1分: 脚跟下垫上测试板后无法按照按3分标准要求完成动作		
0分: 测试过程中任何时候,受试者感觉身体某部位出现疼痛		

（二）跨栏上步动作模式的测试与评分

跨栏上步动作模式可以暴露受试者跨步功能中的不对称性和代偿动作，检测受试者单腿站立时的稳定性和控制力。

1. 所需器材

长杆、测试板、短杆、弹力绳。

2. 测试目的

评价髋部两侧、双膝、双踝的灵活性和稳定性，骨盆和身体核心部位的稳定性和控制能力以及身体两侧在运动中的对称性。

3. 测量受试者胫骨的长度

用长杆测量地面至胫骨粗隆的高度，将弹力绳移至相同高度，或者让受试者右脚外侧靠在栏架底部，右腿与栏架的一条竖杆平齐，以此调节栏架高度。

4. 测试方法

（1）受试者双脚并拢站立，脚尖平齐，并接触测试板。

（2）调整测试绳的高度（与受试者的胫骨粗隆同高），双手握长杆水平置于肩部后颈下方并与地面平行。

（3）受试者挺直腰椎，缓慢抬起一腿跨过弹力绳后用脚跟触地，重心放在支撑腿上，并保持身体稳定。

（4）然后，跨栏腿再缓慢恢复到起始姿势。

(5) 一侧腿测试完毕，换另一侧腿进行测试，分别记录两侧得分。

5. 口头指令

完成以下动作的过程中如果感到疼痛请告诉我。

双脚并拢站直，双脚脚尖轻触测试板。

双手握住长杆，把长杆水平放在脖子后面，贴在肩膀上。

保持上身挺直，抬起右腿，跨过栏架，抬腿时注意脚尖要向上勾起，保持右脚与右侧踝、膝、髋成一条直线。

只用脚跟着地，继续保持右侧踝、膝、髋成一条直线，将右脚移回原位。

6. 测试技巧

（1）确保弹力绳齐平。

（2）开始测试时要求受试者尽可能挺直站立。

（3）为执行动作的腿评分。

（4）左右两侧的动作均需测试。

（5）如有必要，受试者左右两侧的测试最多各有三次测试机会。

（6）观察躯干是否稳定。

（7）从正面和侧面观察。

（8）确保站立腿的脚尖在完成动作过程中和完成后始终与栏架接触。

7. 评分标准（见表 2–15）

表 2–15 跨栏上步动作模式评分标准

得分	图示	
3分： 髋、膝、踝在矢状面上保持齐平； 腰椎保持不动； 长杆与栏架保持平行		
2分： 髋、膝、踝在矢状面上不能保持齐平； 腰椎移动； 长杆与栏架未保持平行		

续表

得分	图示
1分： 跨步过程中脚碰到栏架； 身体失去平衡  	

（三）直线弓步蹲动作模式

1. 所需器材

长杆、测试板。

2. 测试目的

评价髋部的稳定性和活动能力、股四头肌的柔韧性以及膝踝关节的稳定性。

3. 测试方法

测量地面至胫骨粗隆顶端中点的高度以确定受试者的胫骨长度，或通过跨栏上步动作测试时栏架竖杆的刻度获取胫骨长度。告知受试者将后脚脚尖放在平板的起始线上。根据胫骨长度，让受试者的前脚脚跟放在平板的相应标记上。多数情况下，让受试者先摆好脚部姿势再握长杆会比较容易一些。

将长杆竖置于背后，轻触头、胸椎和骶骨。受试者与前脚不同侧的手应当在颈椎处握住长杆，另一手则在腰椎处握住长杆。长杆在弓步测试的整个下压和恢复过程中必须保持垂直。

受试者须降低后膝使后膝触碰到前脚脚跟后方的板，然后恢复初始姿势，才算完成直线弓步蹲。

若受试者的动作有任何一方面未达3分标准，则评为2分。若受试者的动作有任何一方面未达2分标准，则评为1分。

4. 测试技巧

（1）评分中的左、右侧依前腿左、右而定。

（2）动作过程中长杆始终保持垂直，并与头、胸椎、骶骨接触。

（3）前脚脚跟不离开平板，恢复到初始姿势时，后脚脚跟与板接触。观察是否失去平衡。

（4）与受试者保持较近距离，以防受试者完全失去平衡。

（5）左右两侧的动作均需测试。

（6）如有必要，受试者左右两侧的测试最多各有三次机会。

5. 排除测试：踝关节灵活性测试（见图2-11）

后脚尖贴着前脚跟侧站立，使后脚踝关节向前屈。如果膝盖处于前脚内踝的后方，那么踝关节背屈不足40°，测试不通过；如果膝盖处于前脚内踝的前方，那么踝背屈活动度大于40°，测试通过。

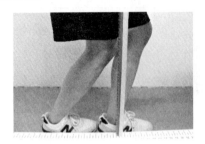 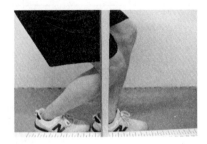

图2-11 踝关节灵活性测试

6. 评分标准（见表2-16）

表2-16 直线弓步蹲评分标准

得分	图示	
3分： 横杆始终与身体接触； 横杆保持与地面垂直； 躯干保持稳定； 横杆与双脚保持在同一矢状面； 后膝触碰到测试杆		
2分： 横杆未能始终与身体接触； 横杆未能保持垂直； 躯干出现明显摆动； 横杆与双脚未能保持在同一矢状面； 后膝无法触碰到测试杆		
1分： 身体失去平衡； 无法完成该动作		
0分：测试过程中任何时候，受试者感觉身体某部位出现疼痛		

(四）肩部灵活性动作模式

1. 测试目的

评价双侧肩关节活动范围，以及一侧肩关节的伸展、内旋和内收与另一侧的屈曲、外旋和外展的能力。

2. 测试方法

（1）测量腕横纹至中指尖之间的距离，即为受试者手的长度。

（2）受试者站立位，一只手握拳由下向上以手背贴后背部，尽力向上够；另一只手握拳由上向下以手掌贴后背部，尽力向下摸；记录两手最近点之间的距离。

（3）上下交换双手位置，重复以上测试，分别记录两次得分。

3. 排除测试：肩部撞击测试（见图2-12）

（1）测试目的：检测肩部的疼痛隐患。

（2）测试方法：

①受试者身体自然站立，将一侧手放到对侧肩上。

②保持手掌与肩的接触，尽可能地高抬肘关节。

两侧均需进行排除测试。即使受试者排除测试的评分为阳性（+），两侧的分数也都要记录，以备将来参考。若受试者在排除测试动作中感到疼痛，则评分为0分，同时应当全面评估受试者的肩部，或推荐受试者前往其他机构。

图2-12 肩部撞击测试

4. 测试技巧

（1）评分中的左、右侧依上肩膀左、右而定。

（2）若两拳最近两点的距离与手长相同，则评分为低。

（3）确保受试者双拳一次到位后没有再尽力让双手靠近。

（4）重复测试并对两侧均进行排除测试。

（5）如有必要，受试者左右两侧的测试最多各有三次机会。

5. 评分标准（见表2-17）

表2-17 肩部灵活性评分标准

得分	图示
3分： 小于1个手长	

续表

得分	图示
2分： 大于1个手长小于1个半手长	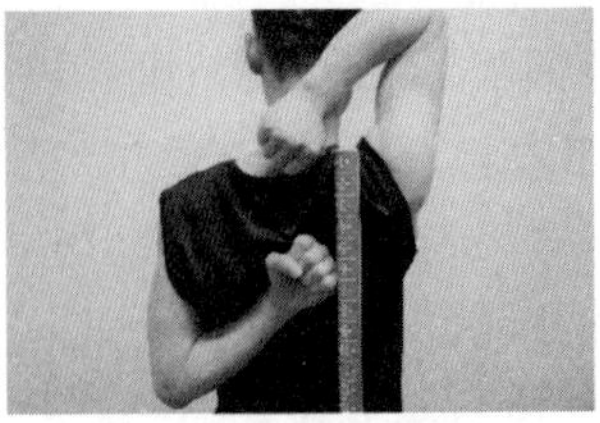
1分： 大于1个半手长	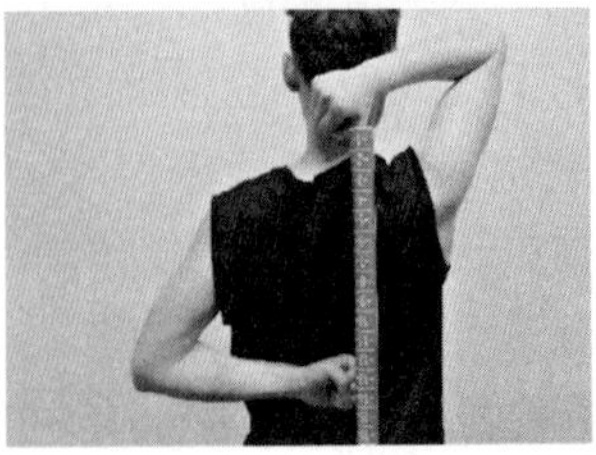
0分：测试过程中任何时候，受试者感觉身体某部位出现疼痛	

（五）主动直腿上抬动作模式

1. 测试目的

评价骨盆的稳定性和大腿后部肌群及小腿肌群的主动柔韧性。

2. 测试方法

（1）受试者仰卧，双手置于身体两侧，掌心向下，一侧膝关节下放置测试板。

（2）另一侧腿主动上抬，脚踝背屈，膝关节伸直。

（3）保持身体平直，下方腿始终与测试板接触；将测试杆放在踝关节中央，并自然下垂，观察测试杆位于下方腿的位置。

（4）一侧腿测试完毕，换另一侧腿进行测试，分别记录两次得分。

3. 测试口令

完成以下动作的过程中如果感到疼痛请告诉我。

平躺，双膝后部压在测试平板上，脚趾朝上。

两臂放在身体两边，手掌朝上。

双脚并拢，处于中立位。

受试腿保持平直，另一侧腿的膝盖后侧始终要压紧测试平板，尽可能高地抬起受试腿。

4. 测试技巧

（1）评分中的左、右侧依活动腿的左、右而定。

（2）如果膝关节线难以辨认，则通过先屈曲膝关节再伸直加以确定。

（3）确保非活动的下肢保持中立位。

（4）左右两侧的动作均需测试。

（5）如有必要，受试者左右两侧的测试最多各有三次机会。

5. 评分标准（见表2-18）

表2-18 主动直腿上抬评分标准

得分	图示
3分： 测试杆位于大腿中点上方； 踝骨垂线落在大腿中部和髂前上棘之间； 非活动下肢保持中立位	
2分： 测试杆位于大腿中点与膝关节之间； 踝骨垂线落在大腿中部和膝关节线之间； 非活动下肢保持中立位	
1分： 测试杆位于膝关节下方； 踝骨垂线落在膝关节线以外； 非活动下肢保持中立位	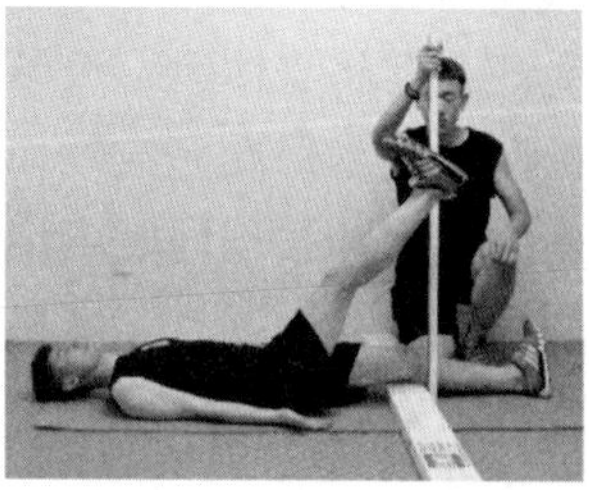
0分：测试过程中任何时候，受试者感觉身体某部位出现疼痛	

（六）躯干稳定俯卧撑动作模式

1. 测试目的

躯干稳定俯卧撑是一种特殊的单次伏地起身练习，是反映核心稳定性的一种基本方法，目的并非测量和考核上身力量，而是评价脊柱的稳定性、双侧对称性和肩带的稳定性。

2. 排除测试：伏地起身测试（见图2-13）

通过完成俯卧撑姿势伏地起身动作检查脊柱伸展。观察受试者疼痛反应，如受试者感到疼痛则记录为阳性，同时将整个躯干稳定俯卧撑测试评分记为0分，并执行更为全面的评估或推荐受试者前往医疗机构。若受试者评分为阳性，则需记录本测试的评分，以备将来参考。

伏地起身测试口头指令：

腹部贴地俯卧，双手置于肩膀下，手掌朝下；

下身不动，双肘挺直，尽力使胸部离开地面。

是否感觉到疼痛？

图 2-13 伏地起身测试

3. 测试方法

（1）面朝下俯卧，两臂伸展过头顶，双手与肩同宽（拇指末端与肩锁关节齐平）。
（2）双手下移，使拇指与额头（男性）或下颌（女性）齐平。
（3）双腿并拢，脚趾勾起撑地，双膝和肘抬离地面。
（4）保持躯干稳固，将身体以一个整体撑起做一个俯卧撑。

4. 测试技巧

（1）受试者需将身体以一个整体撑起。
（2）确保受试者每次完成动作时手部姿势不变，准备撑起时双手没有向下移动。
（3）确保胸部和腹部同时离地。
（4）如有需要受试者有三次机会完成动作。
（5）如有需要，让受试者双手摆在恰当位置，然后重复上述指令。

5. 评分方法（见表 2-19）

表 2-19 躯干稳定俯卧撑评分标准

得分	图示	
3 分： 男性受试者完成拇指与额头平齐姿势的一次动作； 女性受试者完成拇指与下颌平齐姿势的一次动作； 受试者将身体整体撑起，脊柱未弯曲		
2 分： 男性受试者完成拇指与下颌平齐姿势的一次动作； 女性受试者完成拇指与锁骨平齐姿势的一次动作； 受试者将身体整体撑起，脊柱未弯曲		

续表

得分	图示
1分： 男性受试者无法完成拇指与下颌平齐姿势的一次动作； 女性受试者无法完成拇指与锁骨平齐姿势的一次动作	 
0分：测试过程中任何时候，受试者感觉身体某部位出现疼痛	

（七）旋转稳定性测试动作模式

1. 所需器材

测试板一块。

2. 测试目的

身体旋转稳定性测试可以检测躯干在上下肢共同运动时多维面的稳定性及其两侧的对称性。

3. 测试方法

受试者四肢着地，在受试者的双膝与双手之间放置一块板，该板可以是FMS测试平板，也可以是与之大小相似的板。板与脊柱平行，双肩和髋与躯干成90°，双踝中立位脚板与地板垂直。

在开始动作前，双手应当张开，双手拇指、双膝、双脚均与板接触。受试者一侧肩前屈（向前伸臂），同时伸展同侧髋与膝关节，然后手触同侧脚踝外侧，并保持身体与板平齐，脊柱平直。

两侧肢体均需测试，如有需要，两侧均最多有三次机会。成功完成一次动作后无须再重复。

4. 排除测试：跪姿下腰伸展测试（见图2-14）

受试者四肢着地，臀部后坐坐到脚后跟上，前胸下压，触碰大腿，双手尽量向前伸，以此来检查脊柱弯曲。若受试者感觉到任何与此动作有关的疼痛，则评分为0分，并执行更为全面的评估或推荐受试者前往其他机构。若受试者排除测试结果为阳性，两侧的评分也需要记录，以备将来参考。

图2-14 跪姿下腰伸展测试

排除测试口头指令：

四肢着地，双脚放平，臀部尽量往脚跟上坐。

上身下压，趴在大腿上，双手尽可能地向前伸。

有疼痛吗？

5. 测试技巧

（1）测试评分中的左、右依活动上肢的左、右而定。

（2）确保同侧肢体保持在板上方则评分。

（3）确保动作开始时脊柱平坦，髋、肩成90°。

（4）左右两侧的动作均需测试。

6. 评分标准（见表2-20）

要求手碰到脚踝，相对来说更难一点。同时，在新版测试中得1分和3分的人更多了。

表2-20 躯干旋转稳定性评分标准

得分	图示	
3分：正确完成同侧动作，手触到脚踝		
2分：手虽触到脚踝，但有动作代偿		
1分：无法完成动作		

六、FMS测试结果的解决方法建议

对于FMS测试单个项目得0~2分的受试者，说明动作出现功能障碍，如果进行强度稍大的运动训练，则发生运动损伤的风险将大大提高。建议根据表2-21进行解决方案的训练3周后，再进行FMS测试，然后根据测试结果再进行运动或执行训练方案，以避免运动损伤的发生。对得分为0分的项目：首先，进行评估，处理疼痛问题；其次，对灵活性项目肩部灵活性和主动直腿上抬的问题进行处理，改善和提高灵活性；再次，改善稳定俯卧撑、旋转稳定性的动作，同时改善身体不对称性的动作；最后进行功能动作的整体训练。

表 2-21 FMS 测试结果解决方案建议

测试结果	建议
0 分	物理治疗、软组织放松、解决疼痛
1 分	软组织放松、增加灵活性训练、进行纠正动作训练
2 分	增加灵活性训练、进行纠正动作训练

七、FMS 筛查记录表（见表 2-22）

表 2-22 FMS 筛查记录表

姓名_____   性别_____   年龄_____
测试日期_____   身高_____   体重_____
惯用手/腿_____

序号	测试项目	原始评分		最终评分	评述
1	深蹲				
2	跨栏上步（胫骨长_____cm）	左			
		右			
3	直线弓步蹲	左			
		右			
排除测试 1	踝关节灵活性测试	左	+/-		
		右	+/-		
4	肩部灵活性（手掌长：_____cm）	左			
		右			
排除测试 2	肩部撞击测试	左	+/-		
		右	+/-		
5	主动直腿上抬	左			
		右			
6	躯干稳定俯卧撑				
排除测试 3	伏地起身测试	+/-			
7	旋转稳定性	左			
		右			
排除测试 4	跪姿下腰伸展测试	+/-			
总评分	7 项得分				

第三章 健康体能测试

人在从事体育活动前要进行健康筛查，还应对健康体能相关指标进行全面测试与评价，以便科学地制定个性化体育活动方案。在从事体育活动的不同阶段，应定期进行健康体能测试，以客观评价体育活动效果，确保体育活动安全有效。对于不同健身人群，根据健身目的的不同，还应进行运动能力测试或功能动作测评，以便在健身运动中获得最大收益。

本章节将介绍《国家学生体质健康标准》中的测试项目（大学部分），还将介绍国内外许多体质健康的测试内容，拓宽同学们对于健康体能测试的认识。同学们可以针对自己的体能情况，有选择性地对自身的健康体能进行测试和自我评估。体能测试项目包括平衡、肌肉力量和耐力、柔韧性和心肺健康。每项测试将提供评价标准，便于找出个人在这些方面的评分，这将有助于设计一个合理的健身计划，改善自身的薄弱环节，并保持自身体质的优势领域。

第一节 测试环境与禁忌证

本章介绍的健康体能各个方面的测试项目见表3-1。

表3-1 健康体能测试指标及项目

测试指标	测试项目
心肺健康	《国家学生体质健康标准》中肺活量； 《国家学生体质健康标准》中800 m/1 000 m跑； 库珀的12 min跑测试； 6 min步行测试、1英里①步行测试、5英里跑测试； 二次台阶测试、简易心功能测试
身体成分	《国家学生体质健康标准》中BMI； 腰臀比、腰围、皮褶厚度； BIA（生物电阻抗）体成分测量、水下称重、空气置换测试； 骨密度测量

---

① 1英里=1.609 km。

续表

测试指标	测试项目
柔韧性	《国家学生体质健康标准》中坐位体前屈； 肩关节柔韧性测试、髋关节柔韧性测试； 踝关节柔韧性测试、上背部柔韧性测试
肌肉力量与耐力	《国家学生体质健康标准》中立定跳远、引体向上（男）、仰卧起坐（女）； 标准俯卧撑（男）、跪姿俯卧撑（女）； 握力测试、曲臂悬垂测试； 卷腹、纵跳
平衡	闭眼单足站立测试、闭眼软垫站立测试； Romberg 静态平衡能力测试； 闭目原地踏步、平衡木行走测试
速度、灵敏	《国家学生体质健康标准》中 50 m 跑； 选择反应时、手反应时测试； 十字跳测试

在测试前，需要了解健康体能测试的禁忌证。

一、健康体能测试的禁忌证

并不是所有人都适合做健康体能测试，在决定测试之前应该判断你是否有健康体能测试的禁忌证，包括绝对禁忌证和相对禁忌证。

（一）绝对禁忌证

（1）近期安静状态下，心电图显示有严重心肌缺血；
（2）急性心肌梗死两天内或其他急性心脏病事件；
（3）可引起症状或血流动力学改变的未控制的心率失常；
（4）严重的有症状的主动脉狭窄；
（5）未控制有症状的心力衰竭；
（6）急性肺栓塞或肺梗死；
（7）急性心肌炎或心包炎；
（8）可疑或确诊的动脉瘤破裂；
（9）急性全身感染，伴有发烧，全身疼痛或淋巴结肿大。

（二）相对禁忌证

（1）冠状动脉左支狭窄；
（2）中度狭窄性心瓣膜病；
（3）电解质紊乱（低钾血症、低镁血症）；
（4）心动过速或心动过缓；
（5）肥厚性心肌病或其他形式的流出道狭窄；

（6）中度房室传导阻滞；

（7）室壁瘤；

（8）运动中加重的神经肌肉、肌肉骨骼疾病和风湿性疾病；

（9）未控制的代谢性疾病，如糖尿病、甲状腺功能亢进或黏液性水肿；

（10）慢性感染性疾病；

（11）精神或躯体障碍导致的运动能力显著下降。

相对禁忌证中，如果运动的益处大于风险，且安静时无症状，可以暂时不考虑作为运动禁忌证，可在医生监督下运动或采取较低强度的运动。

二、如何提高体质健康测试的准确性

若要提高体质健康测试的准确性，一方面要求测试组织的合理规范，另一方面要求受试者在完成运动类项目测试时要尽最大努力完成。对于组织管理方面，通过关注测试环节的细节，可以提高测试结果的效度和信度，从而更准确地了解受试者的体能状况。测试过程的细节包括给个人的任何测试前指示、测试过程的环境，以及在一个测试过程中执行多个测试时的测试顺序。

一般测试注意事项：

（1）穿宽松、舒适的衣服；

（2）至少在测试前3 h避免进食物、酒精和咖啡因；

（3）在测试前24 h喝大量的液体；

（4）避免测试当天剧烈运动；

（5）测试前晚要充分休息，保证睡眠（6~8 h）；

（6）通用测试环境：

①测试室温度最好控制在20~22 ℃，湿度低于60%；

②测试室应该是安静、通风良好；

（7）通用测试顺序：

①测试前准备好所有文件和形式；

②组织和校准所有设备；

（8）测试过程不应该匆忙地赶时间进行；

（9）对测试项目和程序讲解清楚；

（10）先对静态指标进行测试，然后做肌肉健康测试，再进行心肺耐力测试。

通过具体的测试措施，可以评估所有与健康有关的体能组成部分。这些测试和度量可以分为两组（见表3-2）。对于个人而言，安静类测试项目要求测试时放松，不受刺激，不需要付出很多努力和消耗体能，而运动类测试项目要求尽最大努力完成测试，这样才能获得准确可靠的测试数据。

表3-2 测试顺序建议

安静类测试项目	运动类测试项目
身高、体重、肺活量、视力	坐位体前屈 50 m跑、立定跳远、引体向上、仰卧起坐、长跑
先进行测试，测试时放松，不受刺激	后进行测试，尽最大努力完成测试

第二节 身体成分测试

一、身体成分介绍

身体成分是描述人体脂肪、骨骼和肌肉相对比例的指标。我们的身体是由大量的脂肪和不含脂肪的物质（肌肉、骨骼、器官和血液）组成的。正常人体内的脂肪含量保持在30%以内，65%是水，其余的包括蛋白质和无机盐矿物质。人身体内的各种成分具有合理的比例并保持相对的稳定，是健康的重要条件之一。如果出现不均衡，将会导致肥胖、营养不良、骨质疏松等疾病。

人体脂肪分为必需脂肪和非必需脂肪。必需脂肪占男性体重5%，占女性体重12%，这是激素和生育因素造成的差异。非必需脂肪主要储藏在皮下脂肪组织和内脏脂肪组织内，这种类型的脂肪要控制在一个较低的水平，这样对健康比较有利。脂肪量对于正常的激素生产、神经系统的功能、器官的保护是必不可少的，如果体内脂肪含量低于男性所需的5%和女性所需的12%，正常的身体功能就会被打乱，可能会导致严重的健康隐患。从20岁到60岁，如果不锻炼，脂肪量每10年增加1%～3%，到60岁，脂肪量则逐渐减少。

身体成分是组成体质健康的要素之一，身体成分会影响健康的多个方面，如肌肉耐力和力量、灵活性和心肺耐力等。评价人体身体成分对儿童、青少年、成年人、老人，尤其运动员都是有益的。如在跟踪评估减肥、增重和运动效果方面，可以利用身体成分信息进行比较。对于控制体重的运动项目，如体操、摔跤、健美项目，运动员通过身体成分测试，比赛期间可以将体重和脂肪含量保持在一个较低的水平，训练期间可以通过身体成分测试获得评估指导，从而避免发生损伤。对于增加肌肉质量的运动员，通过瘦体重评估可以指导训练计划。还可以评估多种疾病风险，因为体脂含量超标或肥胖（尤其是腹部），会引起2型糖尿病、高血压、高血脂、心血管疾病、某些癌症、关节疼痛等。两个人可能有相同的身高和体重，但他们的身体组成却完全不同。要确定身体的组成，必须先找到身体脂肪的百分比，脂肪百分比可以作为比较的起点。

测量脂肪量的方法有直接测量法和间接测量法。一类方法通过评价人体的体重指数、胸腰比和皮褶厚度，可以描述人体的身体成分；另一类方法是通过直接测量身体成分，获得人的体脂百分比（即脂肪组织在人体中的比例）、脂肪分布、瘦体重（即所有非脂肪组织的质量，如骨骼、肌肉和水）等指标。

二、《国家学生体质健康标准》体重指数

（一）身高、体重的测量

（1）测试目的：身高体重的测试可以评定学生身体的匀称度，评价学生身体发育水平及营养状况，通过体重指数，评价人体身体肥胖程度，这是体测中的身体形态评价指标。

（2）测试器材：智能型身高体重测试仪。

（3）测试要领：两脚自然站立在体重计的中央，躯干自然挺直，头部正直，两眼平视

前方。耳屏上缘与眼眶下缘最低点呈水平位。上肢自然下垂，两腿伸直，两足跟并拢，足尖分开约60°。足跟、骶骨部及两肩胛间与立柱相接触，成三点一线站立姿势（见图3-1）。

a　　　　　　　　　　　　　　b

图3-1　测试身高体重的站立姿势

（4）仪器操作方法：打开主机和外设，学生刷卡，识别信息后，点击"进入测试"选项。学生脱鞋，背向测试杆站立，单击"开始测试"后，测试压板沿立柱自动向下滑动至受试者的头顶，显示屏上显示的数字稳定后，语音播放测试成绩。测试结束。

（5）注意事项：

①身高体重计应放置在平坦地面，靠墙放置；

②测试中严格执行三点靠立柱，两点呈水平的测量要求；

③妨碍测量的发辫、发结要放开，饰物要取下。

（二）体重指数

（1）概念：体重指数（Body Mass Index，BMI）是国际上常用的衡量人体肥胖程度和是否健康的重要标准，它是根据身体的质量和身高来计算的，计算公式为：BMI（$kg \cdot m^{-2}$）=体重（kg）/身高的平方（m^2）。

例如：一人身高173 cm，体重76 kg，则他的BMI为：76/（1.73×1.73）=25.39。

（2）适用人群：BMI适合所有18~65岁的人使用，儿童、发育中的青少年、孕妇、乳母、老人及肌肉发达者除外。

（3）标准：BMI通过人体体重和身高两个数值获得相对客观的参数，并用这个参数所处的范围衡量身体质量，即利用身高和体重之间的比例去衡量一个人是否过瘦或过胖。根据世界卫生组织提出的标准，亚洲人的BMI若高于24.9便属于超重。亚洲人和欧美人属于不同人种，世界卫生组织的标准不太适合中国人的情况，为此我国制定了BMI参考标准（见表3-3），表3-4为中国大学生群体BMI参考标准。

表 3-3 中国人 BMI 参考标准

BMI 分类	WHO 标准	亚洲标准	中国参考标准	相关疾病发病的危险性
偏瘦	<18.5	<18.5	<18.5	低,但其他疾病危险性增加
正常	18.5~24.9	18.5~22.9	18.5~23.9	平均水平
超重	≥25	≥23	≥24	增加
偏胖	25~29.9	23~24.9	24~26.9	增加
肥胖	30~34.9	25~29.9	27~29.9	中度增加
重度肥胖	35~39.9	≥30	≥30	严重增加

表 3-4 大学生（BMI）单项评分表

等级	单项得分	大学女生	大学男生
正常	100	17.2~23.9	17.9~23.9
低体重	80	≤17.1	≤17.8
超重		24.0~27.9	24.0~27.9
肥胖	60	≥28.0	≥28.0

（4）应用：BMI 在久坐不动人群和临床应用中有一定的实用价值；BMI 用来评估 2 型糖尿病、高血压和心血管疾病的风险。

（5）不足：BMI 无法测量出人体脂肪百分比，不能说明人体的重量分布，在测量肌肉质量高于平均水平的人时，可能会导致分类不准确。

例如，图 3-2 中两位男士的身高和体重都相同，其 BMI 也相同，都为 30，评价为肥胖。但是左图男士的身体肌肉含量高，而右图男士的脂肪含量高，显而易见，肌肉很发达的人，具有显著高于一般人的体重，就会被 BMI 错判为不健康的肥胖。在抗阻训练的人群中，BMI 并不是衡量身体成分的有效工具，具有一定的局限性。因此在体测中发现自己的 BMI 大于标准值时，要明白是因为肌肉发达还是因为脂肪太多。如果你在体测中 BMI 在正常值内，也并不代表脂肪含量正常，有可能内脏脂肪超标。

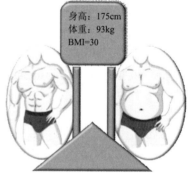

图 3-2 BMI 错判

（三）腰围与腰臀比

腰臀比（Waist-to-Hip Ratio，WHR）等于腰围与臀围的比值。腰臀比是判断身体脂肪分布的简易方法，可判定是否是中心性肥胖，这也是评价健康的一个指标。体脂肪分布可分为两种类型：向心性肥胖型（苹果形）与离心性肥胖型（梨形）。向心性肥胖是以脂肪堆积在身体躯干部位为特点（腹部肥胖），与离心性肥胖（脂肪分布在臀部和大腿）个体相比，可使高血压、2 型糖尿病、血脂异常、冠心病、早期死亡的风险增加。因此体脂肪分布类型被认为是一个预测肥胖风险的重要指标，健康风险随着腰臀比的增加而增长，且风险的标准因年龄和性别的不同而不同。例如：腰臀比大于0.95的年轻男性及腰臀比大于0.86的年轻女性健康风险非常高。对于年龄60～69岁的人来说，腰臀比大于1.03的男性及腰臀比大于0.9的女性健康也处于高健康危险。

我国成年人腰臀比值的标准：男性WHR≤0.85，女性WHR≤0.80。当男性WHR＞0.9，女性WHR＞0.8，可诊断为中心性肥胖；但其分界值随年龄、性别、人种不同而异。

临床研究证实，过多脂肪积聚于腰间与慢性疾病（如心脏病、糖尿病等）有关，故腰围可作为一种健康风险指标单独使用。表3-5是一种基于腰围的成年人危险分层的新方案，它可单独或结合BMI评价慢性病风险。

表3-5 成人腰围标准

危险分层	腰围	
	女性	男性
很低	＜70 cm	＜80 cm
低	70～89 cm	80～99 cm
高	90～109 cm	100～120 cm
非常高	＞110 cm	＞120 cm

引自：Bray GA. Don't Throw the Baby out with the Bath Water [J]. American Journal of Clinical Nutrition. 2001, 70 (3): 347-349。

围度测量可用于预测身体成分，且适用于男女及不同年龄层次的人群。经常参加体育锻炼的人，肌肉比较发达，身体各部位围度也较一般人宽（腰围除外）。如果受试者具备最初有效人群的特征且测量尺比较准确的话，围度测量的准确度是在实际身体成分的2.5%～4%以内。用带有橡皮绳的布带尺测量能减少对皮肤的压迫，从而提高测量的准确性。每一部位测量两次，并用轮流测量代替连续测量，如果两次测量值相差不到5 mm，可取其平均值。表3-6描述了常用测量位点。

表3-6 围度测试常用测量点

部位	测量位点	图示
胸围（男）	测量乳头的周长	

续表

部位	测量位点	图示
胸围（女）	测量上胸围（胸部以上）	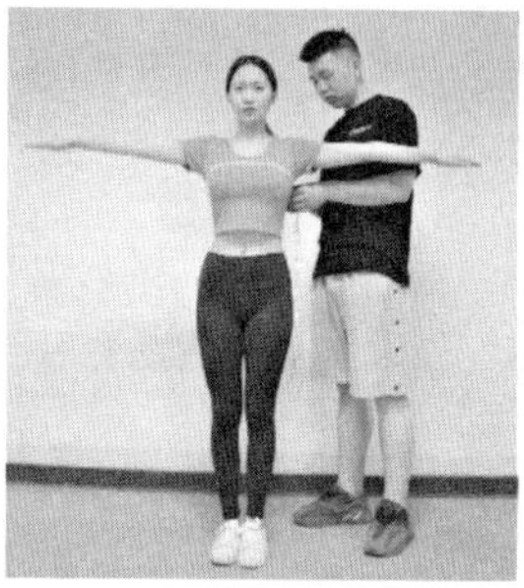
腰围	测量腰部最细部分的周长，大概在肚脐上 2.5 cm 的地方	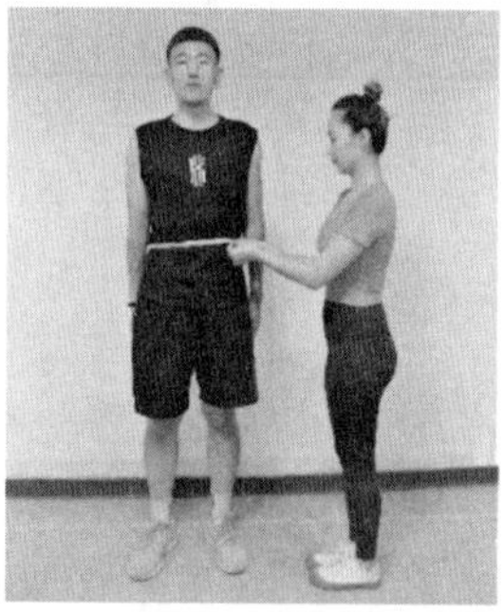
臀围	测量臀大肌最宽部分的周长，穿较薄的衣服测	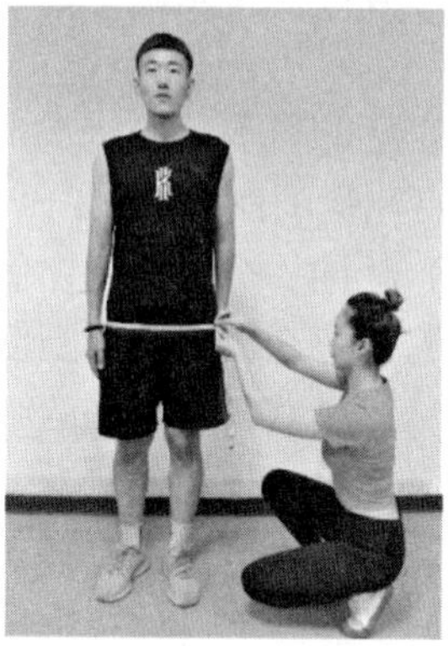
大腿围	测量髋骨和膝盖之间的周长	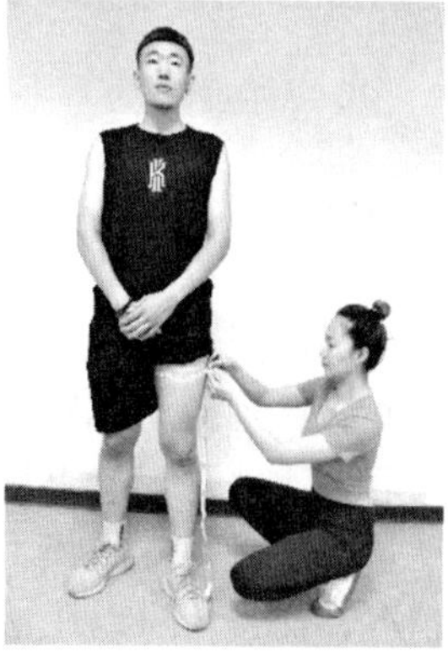

续表

部位	测量位点	图示
上臂围	测量肩膀和肘部之间的周长	

围度测量是指测量身体特定的解剖部位,包括胸部、腰部、臀部、大腿、小腿和肱二头肌。在开始一项运动计划时,定期进行测量是很重要的。首先,在最初的6~8周的运动计划中,身体的维度会变小。这是因为身体内脂肪组织消耗,而肌肉组织增加,原本脂肪的占用空间较大,运动6~8周后脂肪减少,使维度减小。大多数人把身体脂肪储存在腹部,所以腰部的围度减小就意味着身体变瘦了。对于健身目标是减肥的人而言,减脂效果测量腰围比体重更加有效。其次是手臂维度变小,更加健美(更多的肌肉)。但是,体重有可能并未减少甚至会增加一些,但这并不意味着减肥失败,因为体内肌肉含量在增加。对于一些男士,需要增加肌肉的大小,比如胸大肌和肱二头肌,周长的测量是一个很好的监测健身进展的方法。

围度测量的注意事项:
(1) 让同一个人进行评估以确保一致性;
(2) 在每个区域测量围度时保持一致;
(3) 为了获得最准确的结果,测量时穿紧身的衣服;
(4) 测量身体的右侧;
(5) 每一次测量都有标志;
(6) 胶带应与身体接触,不得压迫皮肤;
(7) 用一面镜子确保胶带是水平的。

(四) 皮褶厚度测量

皮褶厚度测量是直接测量皮肤下的脂肪量,是推断全身脂肪含量、判断皮下脂肪(紧贴皮肤下的脂肪)发育情况的一项重要指标。专业人员通过精确的皮脂厚度计(见图3-3)进行测量。皮下脂肪含量与身体脂肪总量成正比。人体的脂肪大约有2/3储存在皮下组织,通过测量皮下脂肪的厚度,不仅可以了解皮下脂肪的厚度,判断人的胖瘦情况,而且还可以用所测得的皮下脂肪厚度推测全身的脂肪数量,来评价人体成分组成的

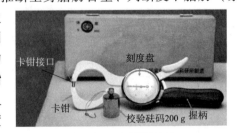

图3-3 皮脂厚度计

比例。

测量时用卡钳夹紧脂肪的不同部位,测量位点一般选3~9个部位。

测量皮褶厚度的常用部位有上臂肱三头肌部(代表四肢)和肩胛下角部(代表躯体)。肱三头肌部测量点位于上臂后方肩胛骨肩峰和肘部鹰嘴连线的中点(见图3-4)。肩胛下角部位于肩胛下角1~2 cm处,斜45°角测量(见图3-5)。

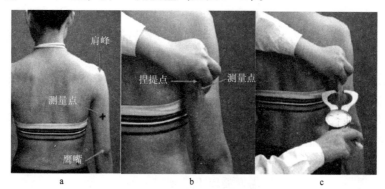

图3-4 肱三头肌部皮褶厚度的测量方法

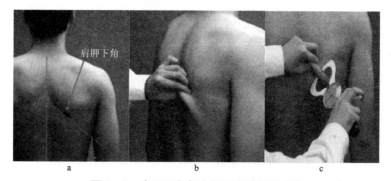

图3-5 肩胛下角部皮褶厚度的测量方法

皮褶厚度男性小于10 mm,女性小于20 mm为消瘦,男性大于40 mm,女性大于50 mm为肥胖。

还可以通过皮褶厚度推算身体密度,从而了解身体成分,见表3-7。

表3-7 长岭-铃木身体密度推算计算公式

男	年龄/岁	女
$1.0879 - 0.00151 \times S$	9~11	$1.0794 - 0.00142 \times S$
$1.0867 - 0.00133 \times S$	12~14	$1.0888 - 0.00153 \times S$
$1.0977 - 0.00146 \times S$	15~18	$1.0931 - 0.00160 \times S$
$1.0913 - 0.00116 \times S$	19岁以上	$1.0897 - 0.00133 \times S$

S:肱三头肌部、肩胛下部皮褶厚度之和。

引自:陈明达,于道中.实用体质学[M].北京:北京医科大学出版社,1993.

（五） BIA 体成分测试仪

生物电阻抗（bioelectrical Impedance Analysis，BIA）是一种通过电学方法测定人体成分的技术。其主要原理是人体的导电性与非脂肪组织成正比。测试时，微小的电流通过身体（从脚踝到手腕）以测得抗阻。非脂肪组织主要是水和电解质，是很好的导体，其阻抗就低，而脂肪的导电性不好，其阻抗就大，因此 BIA 体成分测试仪可用于测量体脂百分比和体内的水分含量。BIA 测试被认为是目前最可靠和最容易使用的测定体脂的方法之一。BIA 体成分测试仪可以手持或踩在上面。

测试前需录入个人信息，包括 ID 号、性别、身高等信息。受试者赤脚站在仪器上，双手握住分析仪器，仪器会自动分析，大约 1 min 后，身体脂肪的百分比、肌肉含量等信息就会出现在屏幕上。大部分 BIA 测试结果包括体成分分析、肌肉脂肪分析、调节目标、体型分析、节段分析、营养评估、肥胖评估、基础代谢量、身体年龄、身体总评分等，结果有 3% 的概率过高或过低。

（1）为了获得最准确的结果，需遵循以下准则：
①测试前 4 h 受试者不可进食和喝饮料；
②测试前 12 h 不可饮酒和服用利尿剂；
③测试前 30 min 膀胱放空，如脱水状态，则可以使测得的脂肪含量偏高；
④尽量避免经期参加测试；
⑤测试前不进行大强度体力活动或体育运动；
⑥测试前不可以洗桑拿浴；
⑦测试环境 20~25℃ 为宜；
⑧手脚电极正确握持，大拇指轻轻按在拇指电极上，手掌握住上下两个电极；
⑨光脚站立，前后脚掌与电极紧密接触。

（2）以下情况不适合使用 BIA 测试：
①身体内含有金属（导电物质）支架、电子仪器（心脏起搏器、脑起搏器）等，不能使用。
②有肢体残缺或假肢的不适合使用。

（六） 身体成分的其他测试方法

双能 X 线骨密度仪现在被认为是评估身体成分的最佳方法，因为它可以准确地检测出身体脂肪、骨骼、肌肉和其他身体组织。首先，高科技的 X 光机对整个身体进行三维成像；然后，计算机分析这幅图，以确定各种组织的数量，包括脂肪、骨骼和肌肉。

水下称重一直被认为是评估人体脂肪水平的最佳方法，至今仍是一种很好的实验方法。使用这种技术时，首先在陆地上称重，然后浸入一池水中，再次称重；接着测量肺活量，这是因为肺里的空气量会影响人在水中的重量；然后，根据陆地上的体重、水下的体重和肺活量，应用一个公式来确定身体的脂肪水平。

还有一种身体成分的实验室评估是使用一种叫作身体成分分析仪的机器。在这种方法中，受试者坐在一个蛋形的舱中，人的身体占据了舱内的空间，从而导致空气从舱内被移走，从舱内空气变化中获得的信息被输入一个特殊的公式来确定人身体的脂肪量。

（七）体脂百分比评价标准（见表 3-8 和表 3-9）

表 3-8 不同年龄男性体脂百分比

单位:%

百分位数	分级	年龄					
		20~29 岁	30~39 岁	40~49 岁	50~59 岁	60~69 岁	70~79 岁
99	非常瘦	4.2	7.3	9.5	11.0	11.9	13.6
95		6.4	10.3	12.9	14.8	16.2	15.5
90	极好	7.9	12.4	15.0	17.0	18.1	17.5
85		9.1	13.7	16.4	18.3	19.2	19.0
80		10.5	14.9	17.5	19.4	20.2	20.1
75	良好	11.5	15.9	18.5	20.2	21.0	21.0
70		12.6	16.8	19.3	21.0	21.7	21.6
65		13.8	17.7	20.1	21.7	22.4	22.3
60		14.8	18.4	20.8	22.3	23.0	22.9
55	一般	15.8	19.2	21.4	23.0	23.6	23.7
50		16.6	20.0	22.4	23.6	24.2	24.1
45		17.5	20.7	22.8	24.2	24.9	24.7
40		18.6	21.6	23.5	24.9	25.6	25.3
35	较差	19.7	22.4	24.2	25.6	26.4	25.8
30		20.7	23.2	24.9	26.3	27.0	26.5
25		22.0	24.1	25.7	27.1	27.9	27.1
20		23.3	25.1	26.6	28.1	28.8	28.4
15	差	24.9	26.4	27.8	29.2	29.8	29.4
10		26.6	27.8	29.2	30.6	31.2	30.7
5		29.2	30.2	31.3	32.7	33.3	32.9
1		33.4	34.4	35.2	36.4	36.8	37.2
n		1 844	10 099	15 073	9 255	2 851	522

引自：《成年人体适能评估方法表格及实施方案》，库珀研究所，2009。

表 3-9 不同年龄女性体脂百分比

单位:%

百分位数	分级	年龄					
		20-29 岁	30-39 岁	40-49 岁	50-59 岁	60-69 岁	70-79 岁
99	非常瘦	11.4	11.2	12.1	13.9	13.9	11.7
95		14.0	13.9	15.2	16.9	17.7	16.4
90	极好	15.1	15.5	16.8	19.1	20.2	18.3
85		16.1	16.5	18.3	20.8	22.0	21.2
80		16.8	17.5	19.5	22.3	23.3	22.5
75	良好	17.6	18.3	20.6	23.6	24.6	23.7
70		18.4	19.2	21.7	24.8	25.7	24.8
65		19.0	20.1	22.7	25.8	26.7	25.7
60		19.8	21.0	23.7	26.7	27.5	26.6
55	一般	20.6	22.0	24.6	27.6	28.3	27.6
50		21.5	22.8	25.5	28.4	29.2	28.2
45		22.2	23.7	26.4	29.3	30.1	28.9
40		23.4	24.8	27.5	30.1	30.8	30.5
35	较差	24.2	25.8	28.4	30.8	31.5	31.0
30		25.5	26.9	29.5	31.8	32.6	31.9
25		26.7	28.1	30.7	32.9	33.3	32.9
20		28.2	29.6	31.9	33.9	34.4	34.0
15	差	30.5	31.5	33.4	35.0	35.6	35.3
10		33.5	33.6	35.1	36.1	36.6	36.4
5		36.6	36.2	37.1	37.6	38.2	38.1
1		38.6	39.0	39.1	39.8	40.3	40.2
n		1 250	4 130	5 902	4 118	1 450	295

引自《成年人体适能评估方法表格及实施方案》，库珀研究所，2009。

(八) 骨密度测试

骨密度全称是骨骼矿物质密度，是骨骼强度的一个重要指标，反映骨质疏松程度，是预测骨折危险性的重要依据。在生理状态下，骨密度随性别、年龄不同而异，同一性别随年龄增长也发生相应的变化，35~40 岁以后骨密度出现逐渐下降趋势，女性尤为显著。身体成分中的无机盐是维持身体架构的支柱，在大脑里它是保护重要脑器官的盾牌，含蛋白质与钙质的无机盐聚合组成坚固的骨骼，但如果钙质从骨骼组织中脱落，随小便排出体外的话，骨骼的密度逐渐降低，原来钙质所占的空间空掉就会导致骨质疏松症（见图 3-6）。

骨密度的常规检测：主要是通过对人体骨矿含量测定，直接获得骨矿物质（主要是钙）

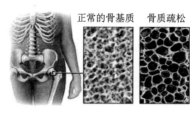

图 3-6 正常的骨基质和骨质疏松对比

的准确含量,它对判断和研究骨骼生理、病理和人的衰老程度以及诊断全身各种疾病均有重要作用。

超声波测定法:所用的仪器为超声骨密度仪。利用声波传导速度和振幅衰减能反映骨矿含量的多少和骨结构及骨强度的情况,无辐射,诊断骨折较敏感,与双能 X 线吸收测量法相关性良好。该法操作简便,安全无害,价格便宜。

双能 X 线吸收测量法(DEA):通过 X 射线管球经过一定的装置获得两种能量,即低能和高能光子峰。此种光子峰穿透身体后,扫描系统将所接收的信号送至计算机进行数据处理,得出骨矿物质含量。该仪器可测量全身任何部位的骨量,精确度高,对人体危害较小。

骨密度以 $g \cdot cm^{-3}$ 表示,是一个绝对值。在临床使用骨密度值时由于不同的骨密度检测仪的绝对值不同,通常使用 T 值判断骨密度是否正常。

世界卫生组织推荐的诊断标准:

1. T 值

实际临床工作中通常用 T 值来判断骨密度是否正常,其将受试者的骨密度与 30~35 岁健康年轻人的骨密度作比较,以得出高出(+)或低于(-)年轻人的标准差数。骨密度 T 值划分为三个阶段,各自代表不同的情况:

(1) -1 < T 值 < 1,表示骨密度值正常;

(2) -2.5 < T 值 < -1,表示骨量低、骨质流失;

(3) T 值 < -2.5,表示骨质疏松症。

2. Z 值

Z 值也是一个相对的数值,其根据同年龄、同性别和同种族分组,将相应受试者的骨密度值与参考值作比较。当出现低于参考值的 Z 值时,应引起病人和临床医生的注意。

Z 值划分为两个阶段,各自代表不同的情况:

(1) Z 值 > -2,表示骨密度值在正常同龄人范围内;

(2) Z 值 ≤ -2,表示骨密度低于正常同龄人。

Z 值正常并不能表明完全没有问题,例如老年人 Z 值正常不能代表其发生骨质疏松性骨折的可能性很小。因为同一年龄段的老年人随着骨量丢失,骨密度呈减少态势,其骨骼的脆性也进一步增加,此时更需要参照 T 值来准确判断骨密度情况。

【小结】

测量人体成分的方法有很多种:水下称重、双能 X 线吸收测量法(DXA)最准确,但需要特殊设备,适用于实验室科学研究;人体测量估算法简单易行,适用于自我测试;生物电阻抗测量法目前比较流行。

第三节 心肺机能测试

心肺机能测评包括呼吸机能测试和心血管机能测试。

一、呼吸机能测试

（一）最大肺活量测试

肺活量是指一次尽力吸气后，再尽力呼出的气体总量，它是一次呼吸的最大通气量，在一定意义上可反映呼吸机能的潜在能力。肺活量可以用来测试肺通气功能，反映人体肺的容积和扩张能力。

肺活量能够显示一个人的心肺功能，肺活量大的人，身体供氧能力更强。

肺是气体交换的中转站，机体运转每时每刻都需要消耗氧气，只有在供氧充足的情况下，各个器官才能正常工作，同时，身体代谢产生的二氧化碳也要通过肺排出体外。因此，肺活量大，吸入氧气和排出废气的能力都更强。在长时间学习、体育运动时，人体需要大量消耗氧气，此时肺活量大的人很少出现注意力不集中、头晕、胸闷等现象。在高原等缺氧状态下，肺活量大的人能够让更多的新鲜空气到达肺泡，从而在低氧的环境下获得足够的氧气。肺功能强的人呼气、吐气能力强，控制声音的能力也更强，可以说，肺功能强可以让人大脑更灵活，身体更健康。

肺活量因性别和年龄而异，男性明显高于女性。在 20 岁前，肺活量随着年龄增长而逐渐增大，20 岁后增加量就不明显了。成年男子的肺活量 3 500～4 000 mL，成年女子 2 500～3 000 mL。肺活量主要取决于胸腔壁的扩张与收缩的宽舒程度。肺活量随年龄的增长而下降，每 10 年下降 9%～27%，但长期坚持体育锻炼的人，其肺活量仍能保持正常。

（1）测试要领：见图 3-7，自然站立，正常呼吸一次，吐出全部气体后，持续慢吸气，逐渐挺胸、扩胸、抬头，屏住呼吸，迅速压紧吹嘴，以中速平稳的力量吹气，低头前屈收腹，加力吹出所有气体。

a　　　　　　　　　　　　b

图 3-7　肺活量测试要领

（2）易犯错误：测试前没有做最大吸气；吹嘴未对准自己的口型，出现漏气；吹气中途二次吸气。

(3) 评价标准：见表 3-10 和表 3-11。

表 3-10　大学生肺活量单项评价表

单位：mL

等级	大一大二组（男）	大三大四组（男）	大一大二组（女）	大三大四组（女）
优秀	4 800 及以上	4 900 及以上	3 300 及以上	3 350 及以上
良好	4 300 ~ 4 550	4 400 ~ 4 650	3 000 ~ 3 150	3 050 ~ 3 150
及格	3 100 ~ 4 180	3 200 ~ 4 280	2 000 ~ 2 900	2 050 ~ 2 950
不及格	≤2 940	≤3 030	≤1 960	≤2 010

表 3-11　国民体测标准（20~29 岁男女）

单位：mL

年龄	性别	1分（差）	2分（下）	3分（中）	4分（良）	5分（优）
20~24 岁	男	2 369 ~ 2 847	2 848 ~ 3 464	3 465 ~ 3 984	3 985 ~ 4 634	>4 634
20~24 岁	女	1 423 ~ 1 873	1 874 ~ 2 354	2 355 ~ 2 779	2 780 ~ 3 259	>3 259
24~29 岁	男	2 326 ~ 2 849	2 850 ~ 3 459	3 460 ~ 3 969	3 970 ~ 4 624	>4 624
24~29 岁	女	1 396 ~ 1 834	1 835 ~ 2 364	2 365 ~ 2 769	2 770 ~ 3 244	>3 244

(二) 时间肺活量

时间肺活量是在最大吸气后一定时间内尽快能呼出的气量。常用前 3 s（第 1 s、第 2 s、第 3 s）所呼出的气体量占肺活量的百分比来计算。因为一般在前 3 s 尽力呼出的气体量已占肺活量的 97%~99%，因此，时间肺活量是一项测定呼吸机能有效的动态指标。

(1) 测量仪器：用改良式肺活量计或肺功量计，其他同肺活量测试要求。

(2) 测量方法：受试者取站立位，口含肺功量计相通的橡皮口嘴，夹上鼻夹。打开记纹鼓，鼓速为 100 mm/min，做平静呼吸数次；然后令受试者做最大吸气后屏住气；加快鼓速为 1 500 mm/min，然后令受试者尽力最快地一口气呼出。根据标记在记录纸上的时间肺活量曲线，即可计算出第 1 s、第 2 s、第 3 s 呼出的气量。

(三) 最大通气量的测量

最大通气量指 15 s 内以尽可能快的频率做深呼吸时，所能呼出的气体总量，将所得值乘以 4 为 1 min 的最大通气量。

(1) 测量仪器：肺功量计、鼻夹。

(2) 测量方法：方法基本同时间肺活量的测定。先令受试者以较快且深的呼吸稍做练习，受试者自己认为已经适应了呼吸频率和呼吸深度后，再正式测定。根据曲线高度，计算 15 s 内呼出气体总量乘以 4，为每分钟的肺最大通气量。

(3) 评价标准：最大通气量越大，说明一个人的呼吸系统潜在的功能越强。

二、心肺耐力的评价

心肺耐力是一个人整体身体健康的标志。心肺耐力测试可监测心脏、肺和肌肉在中到高强度运动中的表现。当一个人吸气时,肺部会充满空气,其中一些氧气进入血液。富含氧气的血液随后进入心脏,心脏将血液循环到身体的各个组织和器官。在高强度或长时间的运动中,肌肉需要充足的氧气和其他营养物质才能正常工作,如果肌肉得不到足够的营养,就会导致疲劳。一个人的心肺耐力水平可以直接影响他们的身体表现。

最大摄氧量是心肺耐力的核心评价指标,最大摄氧量(VO_2max)是指当人体运动至个人极限,接近精疲力竭时,测定每分钟摄入了多少氧气,就代表着最大摄氧量。一般用最大摄氧量相对值,是按每千克体重计算的最大摄氧量,以 mL/(kg·min) 为单位。值越大,代表耐力越好。从防卫体力看,无论男女,在 $VO_2max > 42$ mL/(kg·min) 时,患慢性病概率很低。从死亡激增临界点看,女子为 31.5 mL/(kg·min),男子为 35 mL/(kg·min)。

普通人的最大摄氧量在 40~50 mL/(kg·min) 比较常见。经过较多耐力训练的人,最大摄氧量会更高。耐力运动员在 60 mL/(kg·min) 或 70 mL/(kg·min) 以上,2012 年挪威的自行车选手 Oskar Svendsen 创造了 97.5 mL/(kg·min) 的最大摄氧量纪录,可谓是相当惊人了!最大摄氧量与耐力运动的能力具有相关性。耐力运动的高手,最大摄氧量会比较高。而最大摄氧量比较高的人,也具有比较好的耐力运动潜力,但并不等于最大摄氧量高的人一定会在耐力运动中有最好的表现。因为人体运动是一个复杂的过程,摄氧能力只是其中的一个因素,其他如身体结构、力量、神经系统、技术动作、动作的经济性、训练年限等都有重要的影响。

表 3-12 和表 3-13 提供了较常用的不同年龄 VO_2max 分级标准,可以对照年龄查看不同等级水平的 VO_2max,再根据后面的测试方案,选择其中一种进行测试,然后计算自己的 VO_2max,再参照该标准,就可以了解自己当前的心肺耐力水平了。

表 3-12 不同年龄男性 VO_2max 分级标准

单位:mL/(kg·min)

百分位数	等级	20~29 岁	30~39 岁	40~49 岁	50~59 岁	60~69 岁
95	出色	66.3	59.8	55.6	50.7	43.0
90	优秀	61.8	56.5	52.1	45.6	40.3
85		59.3	54.2	49.3	43.2	38.2
80		57.1	51.6	46.7	41.2	36.1
75	良好	55.2	49.2	45.0	39.7	34.5
70		53.7	48.0	43.9	38.2	32.9
65		52.1	46.6	42.1	36.3	31.6
60		50.2	45.2	40.3	35.1	30.5
55	一般	49.0	43.8	38.9	33.8	29.1
50		48.0	42.4	37.8	32.6	28.2
45		46.5	41.3	36.7	31.6	27.2
40		44.9	39.6	35.7	30.7	26.6

续表

百分位数	等级	20~29岁	30~39岁	40~49岁	50~59岁	60~69岁
35	差	43.5	38.5	34.6	29.5	25.7
30	差	41.9	37.4	33.3	28.4	24.6
25	差	40.1	35.9	31.9	27.1	23.7
20	差	38.1	34.1	30.5	26.1	22.4
15	极差	35.4	32.7	29.0	24.4	21.2
10	极差	32.1	30.2	26.8	22.8	19.8
5	极差	29.0	27.2	24.2	20.9	17.4

表3-13 不同年龄女性 VO_2max 分级标准

单位：mL/(kg·min)

百分位数	等级	20~29岁	30~39岁	40~49岁	50~59岁	60~69岁
95	出色	56.0	45.8	41.7	35.9	29.4
90	优秀	51.3	41.4	38.4	32.0	27.0
85	优秀	48.3	39.3	36.0	30.2	25.6
80	优秀	46.5	37.5	34.0	28.6	24.6
75	良好	44.7	36.1	32.4	27.6	23.8
70	良好	43.2	34.6	31.1	26.8	23.1
65	良好	41.6	33.5	30.0	26.0	22.0
60	良好	40.6	32.2	28.7	25.2	21.2
55	一般	38.9	31.2	27.7	24.4	20.5
50	一般	37.6	30.2	26.7	23.4	20.0
45	一般	35.9	29.3	25.9	22.7	19.6
40	一般	34.6	28.2	24.9	21.8	18.9
35	差	33.6	27.4	24.1	21.2	18.4
30	差	32.0	26.4	23.3	20.6	17.9
25	差	30.5	25.3	22.1	19.9	17.2
20	差	28.6	24.1	21.3	19.1	16.5
15	极差	26.2	22.5	20.0	18.3	15.6
10	极差	23.9	20.9	18.8	17.3	14.6
5	极差	21.7	19.0	17.0	16.0	13.4

(一) 最大摄氧量测试

要想更准确地评估自己的心肺耐力水平，就需要给受试者一定的运动负荷，进行最大摄氧量测试。这种用来测定机体对运动耐受能力的实验统称为运动负荷实验（Exercise Tolerance Testing，ETT）。按照不同的测试手段，运动负荷实验分为实验室测试和场地测试。

实验室测试适用于那些需要精准了解自己最大摄氧量的人群，如耐力项目运动员、对心肺功能需要准确诊断的患者等，目前最为常用的方法是跑步机和功率自行车。进行极量或亚极量的运动负荷实验，需要在专门的实验室进行测量，在测试过程中，受试者戴上胸带、测量氧气消耗的面罩等，记录他们的心率，本书不做详细介绍。

对于普通健身者，可以通过简单的场地测试方法测量最大摄氧量，或者通过简易心肺功能试验、台阶试验评价心肺功能，但有一定误差。

场地测试一般是在给定的时间内行走或跑动最大的距离，或给定距离测试所用的最短时间，然后根据公式来推算最大摄氧量。其优点是测试设备简单，可用于多人同时进行；但对于某些体能水平低下者或有疾病的个体而言，测试中会出现血压、心率反应较强，存在一定的风险，对于这部分人群，在测试时应该在专业人员监督下进行测试。因此，场地测试不适用于静坐少动、心血管和/或骨骼肌肉并发症风险增加的人群。

在走或跑的过程中平均速度的高低为估算心肺机能提供了依据，心肺机能得分越高，心脏输送氧的能力越强。测量预定时间内跑的距离，或预定距离跑所用的时间，为评价机体的心肺耐力提供了信息。耐力跑测试和最大吸氧量具有相对较高的相关性。

1. 固定时间场地测试

（1）库珀 12 min 跑测试。该测试适用于有一定有氧能力基础的人群，对于静坐少动或刚开始健身者，需要通过慢跑等手段逐步提升自己的体能水平后再考虑进行该项测试。

该测试是在田径场或水平地面上连续跑 12 min 所完成的最大距离，单位 m。如在标准田径场进行，将 400 m 跑道 8 等分，每段距离为 50 m，或者选择 100 m 长度的平坦地面，进行往返跑。发令起跑后，记住自己跑过的圈数，当听到"停跑"信号后，即刻记下受试者所在的点。测验成绩（m）= 圈数×400 + 最后一圈的段数×50 + 最后一段所跑米数。例如：12 min 跑了 5 圈 3 段，最后一段跑了 10 m，则该受试者 12 min 跑的总距离是：5×400 + 3×50 + 10 = 2 160（m）。根据测得的最大距离，可以评价自身的心肺耐力水平。

也可以通过公式计算所得的最大摄氧量来评价自身的心肺耐力（详见表 3 – 12 和表 3 – 13）。

$$VO_2max = 35.97 × 距离（m）/1\ 609 - 11.28$$ 或

$$VO_2max = 平均跑速（m/min）× 0.2 + 3.5$$

例如：某健身者在田径场上连续跑 12 min 所得的最大距离（跑得最快时得到的距离）为 2 400 m，其速度 = 2 400/12 = 200（m/min），代入上述公式计算 $VO_2max = 200 × 0.2 + 3.5 = 43.5$ mL/（kg·min）。

（2）6 min 步行实验。实验可用于评价体能水平较低人群、老年人和某些病人（如充血性心力衰竭或肺部疾病病人）的心肺耐力水平，其测试结果独立预测发病率和死亡率。美国胸科协会发布了有关 6 min 步行实验的流程、说明和指南。尽管这是一次最大强度测试，但对于那些体能水平低或疾病人群来说，这种测试可能是接近他们最大强度的运动。如果患者 6 min 内完成的距离小于 300 m，那么与超过这一水平的个体相比，其短期存活率较低。根据 6 min 步行实验的结果，可以通过下列多元方程推算最大摄氧量，再查表 3 – 12 和表 3 – 13 进行评价。

$$VO_2max = 0.02 \times 距离（m）- 0.191 \times 年龄（岁）- 0.07 \times 体重（kg）+ 0.09 \times 身高（cm）+ 0.26 \times RPP \times 10^{-3} + 2.45$$

式中，RPP = 心率与血压的乘积。

2. 固定距离场地测试

（1）1 英里步行测试。该测试适用于所有年龄和体能水平人群，是测量受试者在最短时间的情况下能以多快的速度走完一英里。可以在田径场跑道或完全平坦的路面或跑步机上进行测试。在热身后启动秒表，尽可能快地步行 1 英里，但不要跑。并测试最后 1 min 的心率，还可在步行 1 英里结束时测 10 s 即刻的心率，但与运动中监测心率相比，可能会高估 VO_2max。测试结束时，记录步行总时间，参考评价标准见表 3 – 14。也可以根据公式计算最大摄氧量，评价自己的心肺耐力水平。

$$VO_2max = 132.853 - 0.1692 \times 体重（kg）- 0.3877 \times 年龄（岁）+ 6.315 \times 性别 - 3.2649 \times 时间（min）- 0.1565 \times 心率$$

式中：性别 = 女性 0，男性 1；标准估计误差 = 5.0 mL/（kg·min）。

表 3 – 14　1 英里步行测试评价标准

等级	年龄 18 ~ 30 岁		年龄 31 ~ 69 岁	
	男	女	男	女
出色	< 11′08″	< 11′45″	< 10′12″	< 11′40″
优秀	11′42″ ~ 11′41″	12′49″ ~ 11′46″	10′13″ ~ 11′42″	11′41″ ~ 13′08″
良好	12′38″ ~ 11′41″	13′15″ ~ 12′50″	11′43″ ~ 13′13″	13′09″ ~ 14′36″
一般	13′38″ ~ 12′37″	14′12″ ~ 13′16″	13′14″ ~ 14′44″	14′37″ ~ 16′04″
差	14′37″ ~ 13′37″	15′03″ ~ 14′13″	14′45″ ~ 16′23″	16′05″ ~ 17′31″
极差	> 14′38″	> 15′05″	> 16′24″	> 17′32″

引自：Morrow J R, Jackson A W, Disch J G, Mood D P. Measurement and Evaluation in Human Performance [M]. 3rd ed. Champaign, IL：Human Kinetics, 2005.

（2）1.5 英里跑测试。1.5 英里跑是评估完成固定距离的最短时间，受试者可走、跑或二者结合完成测试。根据测得的时间，代入下列公式计算最大摄氧量，评价心肺耐力水平。

$$VO_2max [mL/（kg·min）] = 3.5 + 483/1.5 \text{ 英里跑用的时间（min）}$$

（3）我国国民体质监测中的场地测试法。在我国学生体质健康测试中的心肺耐力测试，包括 400 m 跑（50 m × 8 往返跑）、1 000 m 跑（男）和 800 m 跑（女）。测试方法参见《国家学生体质健康标准解读》。此外，在国家体育锻炼标准测试中，采用 300 m 跑、400 m 跑、1 000 m 跑（男）、800 m 跑（女）和 3 000 m 快走测试方法，详见《国家体育锻炼标准》。

3. 二次台阶试验

国内常用的二次台阶试验是根据不同人群选择适宜的台阶高度（应在 4 ~ 40 cm，如老年人 15 cm，普通健康人 20 cm），让受试者先后以两种蹬台阶的方式（需 12 ~ 30 次/min，如 20

次/min、30次/min，每"上、上、下、下"4步为一次，见图3-8），分别上下台阶3 min。要求上台阶后膝关节要伸直，两次负荷之间可休息3~5 min。分别测试3 min末运动结束时的即刻心率（测10~15 s，再乘以6或4，换算成1 min的心率），记录为HR1和HR2，再按照下列公式计算在每一频率蹬台阶时的VO_2max，分别记录为VO_2max1和VO_2max2。

$$VO_2max\ [mL/(kg \cdot min)] = 3.5 + 0.2 \times 登阶频率 + 1.33 \times [1.8 \times 台阶高度(m) \times 登阶频率]$$

式中，登阶频率是指每分钟登台阶的次数，单位是：次/min。

再将所获得的数据代入下述公式，即可推算出最大摄氧量。

$$VO_2max = [(VO_2max2 - VO_1max1)/(HR2 - HR1)] \times (HRmax - HR1) + VO_2max1$$

式中，HRmax为年龄预测最大心率，计算方法为：220-年龄。

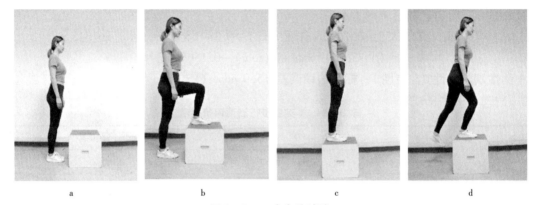

图3-8 二次台阶试验

（二）简易心功能测试

1. 30秒30次下蹲

这是瑞典体育联合会在多年的科研工作中研究出来的一种测定运动员心脏功能的简易方法。这是一个定量负荷测试，主要观察在定量负荷情况下心脏的反应。测试简便实用，现广泛应用于一般人和运动员的心血管机能指标测试。

具体方法：首先静坐5 min，测15 s脉搏数，乘以4得1 min脉搏数（$P1$），然后以1 s 1个的频率在30 s内完成30次下蹲，下蹲动作要求蹲至大腿与地面平行。最后一次站起后测15 s即刻脉搏，乘以4得1 min脉搏数（$P2$）；休息1 min后再测15 s脉搏数，乘以4得运动后1 min脉搏数（$P3$）。通过公式计算：

$$心功能指数 = \frac{P1 + P2 + P3 - 200}{10}$$

根据计算出的指数评价心脏功能，指数越小说明心脏功能越好。训练水平高者由于经常从事体育锻炼心肌机能水平提高，表现为安静时脉搏数减少，定量负荷时出现节省化现象，因此负荷后即刻脉搏上升不明显，恢复得快，那么指数必然小；指数越高，说明心脏对于定量负荷表现出反应大，恢复慢，心脏功能不佳。

所得指数小于或等于"0"则心脏功能最好；0~5为较好；6~10为中等；11~15较

差；16 以上为最差。这一标准只适用于运动员，在评价一般人的心脏机能时，应制定新的评价标准。

2. 哈佛（Harvard）台阶指数

（1）使用仪器：台阶（成年男子台阶高度 50 cm，女子为 42 cm）、秒表、节拍器。

（2）测量方法：令受试者按节拍器完成每分钟上下台阶 30 次的负荷，持续 5 min。测量受试者恢复期第 2 min、3 min、5 min 前 30 s 的脉搏次数（为 $f1$、$f2$、$f3$），用下列公式计算台阶指数：

$$哈佛台阶指数（简易）= \frac{负荷持续时间 \times 100}{5.5 \times f1}$$

$$哈佛台阶指数 = \frac{负荷持续时间 \times 100}{(f1 + f2 + f3) \times 2}$$

$$哈佛台阶指数（修正）= \frac{负荷持续时间 \times 100}{5.5 \times f1} + 0.22 \times (300 - 负荷持续时间)$$

（3）测试的注意事项：受试者每次上下台阶时腿及躯干要伸直；如因疲劳不能完成 5 min 的工作，可中途停止，测试人员记录实际负荷的时间。

简化的哈佛台阶指数评价方法为：50 以下为差，50~80 为中，80 以上为良好。如果受试者没能完成 5 min 的负荷，可按修正公式计算。哈佛台阶指数评价标准见表 3-15。

表 3-15　哈佛台阶指数评价标准

哈佛台阶指数	评价等级
<55	差
55~64	下
65~79	中
80~89	良
≥90	优

第四节　肌肉力量与耐力测试

一、上半身肌肉力量与耐力测试

上半身肌肉的力量和耐力，特别是胸部、肩膀、肱三头肌和核心肌群是健康的一个良好指标。上半身的力量和耐力对任何进行日常活动的人来说都是很重要的，比如能轻松完成提重物、拿书包或提洗衣篮等活动，而且没有受伤的风险。大多数的终身运动和竞技运动也依赖于强壮的上半身肌肉力量和耐力来帮助支撑脊柱和保持平衡。在一项运动、活动或工作中，肌肉的过度使用会导致肌肉不平衡，使身体前部的肌肉比背部的肌肉更强健，或使身体左侧的肌肉比右侧的肌肉更强健。

1. 俯卧撑

（1）测试目的：俯卧撑测试，如图 3-9 和图 3-10 所示，是一种常见的力量测试，用来评估上半身的力量和耐力。

（2）测试方法：可在室内外的地板上、平地或垫子上进行。受试者双手和双脚尖撑地，双手与肩同宽，五指分开手指向前，肘关节指向后方，两臂伸直，身体保持脊柱的平直，然后双臂弯曲，身体下落到胸部接近地面，肘部成90°，整个动作过程中身体始终保持脊柱的平直，再将双臂伸直还原成俯撑姿势，算完成一次。以一个舒适的速度（20~30次/min）继续完成动作直至做到力竭，记录正确完成动作的次数。

（3）注意事项：下落和上推时不得弓背或塌腰。对于大学男生和女生的俯卧撑测试，测试和重测试之间的相关性分别为0.95和0.91（Baumgartner et al.，2002）。

图3-9 标准俯卧撑

图3-10 改良俯卧撑

（4）评分标准：国外参照标准见表3-16，国内成人标准见表3-17。

表3-16 不同年龄、性别人群俯卧撑分级（ACSM）

单位：次

分级	年龄/岁									
	20~29		30~39		40~49		50~59		60~69	
	男	女	男	女	男	女	男	女	男	女
出色	≥36	≥30	≥30	≥27	≥25	≥24	≥21	≥21	≥18	≥17
优秀	29~35	21~29	22~29	20~26	17~24	15~23	13~20	11~20	11~17	12~16
良好	22~28	15~20	17~21	13~19	13~16	11~14	10~12	7~10	8~10	5~11
一般	17~21	10~14	12~16	8~12	10~12	5~10	7~9	2~6	5~7	2~4
差	≤16	≤9	≤11	≤7	≤9	≤4	≤6	≤1	≤4	≤1

表 3 – 17　20~39 岁男性俯卧撑评分表

单位：次

年龄/岁	得分				
	5 分（优秀）	4 分（良好）	3 分（合格）	2 分（较差）	1 分（差）
20~24	>40	28~40	20~27	13~19	7~12
25~29	>35	25~35	18~24	11~17	5–10
30~34	>30	23~30	16~22	11~15	4~10
35~39	>27	20~27	12~19	7~11	3~6

引自《国民体质测定标准》。

2. 握力的测评

（1）测试目的：握力主要反映前臂及手部屈肌群的静力力量，是上肢力量的常用指标之一。

（2）测试仪器：电子握力计或弹簧式握力计。

（3）方法与要求：受试者两脚自然分开，以方便姿势站立，一手持握力计（指针向外），手心向内，两臂自然下垂。然后以最大力量紧握握力计 1 次，各测 2~3 次，记录最大值。测试前，受试者应将握力计的把柄距离调至便于发力的位置，并将指针拨回零位。用力时不准屈臂、挥臂、弯腰或用持握力计的手接触身体其他部位。一般男子的握力相当于自身体重的 47%~48%。

研究表明，一个人的握力与其全身力量呈高度相关，能间接反映一个人的健康状况，握力增长或维持在较高水平时，健康状况就好，握力下降时，健康状况就不好。握力的大小与体重相关，一般来讲，一名身材魁梧的学生与体型瘦小的学生相比，握力会相差很大。为减少误差，可以采用握力体重指数进行评分。

握力体重指数 = 握力（kg）/体重（kg）×100

（4）握力体重指数评价标准：大学生标准见表 3–18，成人标准见表 3–19。

表 3–18　大学生握力体重指数评价等级参照表

等级	握力体重指数	
	男生	女生
优秀	86 及以上	67 及以上
良好	72~84	55~66
及格	54~70	40~53
不及格	53 及以下	39 及以下

引自《国家学生体质健康标准》（2007 修订）。

表 3-19　我国 20~39 岁成年人握力评价标准

年龄/岁	性别	1 分	2 分	3 分	4 分	5 分
20~24	男	29.6~36.9	37.0~43.5	43.6~49.2	49.3~56.3	>56.3
	女	18.6~21.1	21.2~25.7	25.8~29.8	29.9~35.0	>35.0
25~29	男	32.6~38.3	38.4~44.8	44.9~50.4	50.5~57.6	>57.6
	女	19.2~21.7	21.8~26.1	26.2~30.1	30.2~35.3	>35.3
30~34	男	32.2~38.0	38.1~44.9	45.0~50.6	50.7~57.6	>57.6
	女	19.8~22.3	22.4~26.9	27.0~30.9	31.0~36.1	>36.1
35~39	男	31.3~37.2	37.3~44.4	44.5~50.2	50.3~57.7	>57.7
	女	19.6~22.3	22.4~27.0	27.1~31.2	31.3~36.4	>36.4

引自《国民体质测定标准》。

3. 屈臂悬垂

（1）测试目的：通过测试屈臂悬垂的持续时间，主要反映上肢屈肌群的静力性耐力。

（2）测试器材：单杠、秒表。

（3）方法与要求：受试者站在凳子上，用双手正握（或反握）单杠屈臂，使下颌位于横杠之上，如图 3-11 所示。当受试者双足离开凳面时开表计时，当头顶低于横杠上缘时停表，以 s 为单位记录持续时间，不计小数。若受试者的身体前后摆动，助手可帮助稳定身体，但不得助力。不同握杠法对成绩有明显影响，所以对此应做统一规定。

图 3-11　屈臂悬垂测试

（4）评价标准：见表 3-20。

表 3-20　城市大学生屈臂悬垂评价表

单位：s

年龄/岁	性别	分数				
		5	4	3	2	1
18	男	77 及以上	64~76	46~63	34~45	33 及以下
	女	34 及以上	21~33	9~20	4~7	3 及以下
19	男	79 及以上	65~78	48~64	36~47	35 及以下
	女	38 及以上	23~37	9~22	5~8	4 及以下

续表

年龄/岁	性别	分数				
		5	4	3	2	1
20	男	79 及以上	65～78	48～64	35～47	34 及以下
	女	38 及以上	24～37	10～23	5～9	4 及以下
21	男	80 及以上	66～79	48～65	35～47	34 及以下
	女	41 及以上	25～40	11～24	6～10	5 及以下
22	男	78 及以上	66～79	48～65	35～47	34 及以下
	女	41 及以上	25～40	11～24	5～10	4 及以下
23	男	78 及以上	66～77	48～65	35～47	34 及以下
	女	41 及以上	25～40	11～24	5～10	4 及以下
24	男	78 及以上	65～77	46～64	34～45	33 及以下
	女	41 及以上	25～40	10～24	5～9	4 及以下
25	男	78 及以上	64～77	46～63	35～45	34 及以下
	女	43 及以上	26～42	10～25	5～9	4 及以下

引自科学技术成果报告《中国青少年儿童身体形态、机能与素质的研究》。

二、核心力量与耐力测试

1. 《国家学生体质健康标准》1 min 仰卧起坐测试

（1）测试目的：仰卧起坐测试是应用最广泛的评价腹肌耐力的测试方法。在仰卧起坐过程中，主要是腹肌在起作用，然而腿部肌肉（如髋部屈肌）也参与了工作，因此这种测试既评价了腹肌的耐力，也测量了髋部肌肉的耐力。

（2）测试方法：学生仰卧于垫子上，双脚必须放于垫上，两腿稍分开，屈膝呈 90°左右，两手指交叉贴于脑后。另一同伴压住其踝关节，以固定下肢。坐起时两肘触及或超过双膝为完成一次，仰卧时两肩胛必须触垫（见图 3 – 12 中的 a、b）。记录 1 min 内完成次数。

（3）注意事项：借用肘部撑垫或手臂摆动、臀部上挺后下压的力量起坐时，该次不计数。双手未抱头、双肘未触及或未超过双膝，还原仰卧姿势时背部未触及垫子，该次不计数（见图 3 – 12 中的 c、d）。

a

b

图 3 – 12　1 min 仰卧起坐测试

c d

图 3-12 1 min 仰卧起坐测试（续）

（4）评价标准：见表 3-21。

表 3-21 大学女生 1 min 仰卧起坐单项评分表

单位：次

等级	单项（得分）	大一 大二	大三 大四
优秀	100	56	57
	95	54	55
	90	52	53
良好	85	49	50
	80	46	47
及格	78	44	45
	76	42	43
	74	40	41
	72	38	39
	70	36	37
	68	34	35
	66	32	33
	64	30	31
	62	28	29
	60	26	27
不及格	50	24	25
	40	22	23
	30	20	21
	20	18	19
	10	16	17

2. 卷腹测试

(1) 测试目的：卷腹测试可测量腹部力量和耐力。这比仰卧起坐更安全可靠，因为它不涉及强有力的髋屈肌。强壮的腹部不仅有助于支撑脊柱和提供良好的姿势，而且还有助于平衡和功能运动。任何来自手臂或腿的运动要么起源于核心，要么穿过核心。

(2) 测试器材：体操垫。

(3) 测试方法：将两根相隔 9 cm 的胶带放在地板上，或者使用垫子的边缘。平躺，指尖触碰到第一根胶带，肩膀放松。弯曲膝盖，不让任何人按着你的脚。卷起，直到指尖接触到第二根带子，或者垫子的一端，然后放下，直到肩膀接触到地板，手一直与地板接触。如图 3 – 13 所示。尽可能多做 1 min。

a　　　　　　　　　　　　b

图 3 – 13　卷腹测试

(4) 评价标准：见表 3 – 22。

表 3 – 22　卷腹测试成人标准（美国）

单位：个

得分	20～29 岁		30～39 岁		40～49 岁		50～59 岁		60～69 岁	
	男	女	男	女	男	女	男	女	男	女
90	75	70	75	55	75	50	74	48	53	50
80	56	45	69	43	75	42	60	30	33	30
70	41	37	46	34	67	33	45	23	26	24
60	31	32	36	28	51	28	35	16	19	19
50	27	27	31	21	39	25	27	9	16	9
40	23	21	26	15	31	20	23	2	9	3
30	20	17	19	12	26	14	19	0	6	0
20	13	12	13	0	21	5	13	0	0	0
10	4	5	0	0	13	0	0	0	0	0

三、下肢肌肉力量与爆发力测试

1. 《国家学生体质健康标准》立定跳远测试

立定跳远是常用的下肢爆发力表现测试之一，它反映的是横向位移能力。

(1) 测试目的：测试下肢爆发力及身体协调能力发展水平，是《国家学生体质健康标准》中的身体素质指标之一。

（2）场地器材：沙坑，或在塑胶跑道上进行，起跳地面要平坦，不得有坑洼；卷尺。

（3）测试方法：两脚自然分开站立，站在起跳线后，脚尖不得踩线，两脚原地同时起跳，不得有垫步或连跳动作，丈量起跳线后缘至最近着地点后垂直距离。跳两次，记录最好成绩，以 cm 为单位，不保留小数。

（4）注意事项：发现犯规，如踩线、没有双脚起跳、没有原地起跳等，则此次成绩无效。不得穿皮鞋、凉鞋等不适合运动的鞋子参加测试。

（5）立定跳远动作技术要领：

①预摆：两脚左右开立，与肩同宽，两臂前后摆动，前摆时，两腿伸直，后摆时，屈膝降低重心，上体稍前倾，手尽量往后摆。

②起跳腾空：两脚快速用力蹬地，同时两臂稍曲由后往前上方摆动，向前上方跳起腾空，并充分展体。

③落地缓冲：收腹举腿，小腿往前伸，同时双臂用力往后摆动，并屈膝落地缓冲。

（6）评价标准：见表 3 - 23。

表 3 - 23　大学生立定跳远单项评分表

单位：cm

等级	单项得分	大一大二男	大三大四男	大一大二女	大三大四女
优秀	100	273	275	207	208
	95	268	270	201	202
	90	263	265	195	196
良好	85	256	258	188	189
	80	248	250	181	182
及格	78	244	246	178	179
	76	240	242	175	176
	74	236	238	172	173
	72	232	234	169	170
	70	228	230	166	167
	68	224	226	163	164
	66	220	222	160	161
	64	216	218	157	158
	62	212	214	154	155
	60	208	210	151	152
不及格	50	203	205	146	147
	40	198	200	141	142
	30	193	195	136	137
	20	188	190	131	132
	10	183	185	126	127

2. 纵跳测试

（1）测试目的：测定下肢爆发力。

（2）测试仪器：电子纵跳计。

（3）测量方法：测试人员打开电源开关，按"按键"后，显示屏上出现闪烁信号，蜂鸣器发出声响，表明纵跳计进入工作状态。受试者踏上纵跳板，双足自然分开，呈直立姿势，准备测试。当看到显示屏上显示出"0.0"时，开始测试。受试者屈膝半蹲，双臂尽力后摆，然后向前上方快速摆臂，双腿同时发力，尽力垂直向上跳起。当受试者落回纵跳板后，显示屏显示出测试数值。测试两次，测试人员记录最大值。以 cm 为单位，精确到小数点后一位。

（4）注意事项：起跳时双脚不可移动、垫步，起跳后身体挺直，不可屈膝屈髋。

（5）评价标准：见表 3-24。

表 3-24 20~29 岁成年人纵跳评分表

单位：cm

年龄/岁	性别	1分	2分	3分	4分	5分
20~24	男	19.9~24.8	24.9~32.3	32.4~38.4	38.5~45.8	>45.8
	女	12.7~15.8	15.9~20.5	20.6~24.7	24.8~30.3	>30.3
25~29	男	19.6~23.9	24~31.3	31.4~36.8	36.9~43.6	>43.6
	女	12.4~15.0	15.1~19.7	19.8~23.5	23.5~28.5	>28.5

引自《国民体质测定标准》。

四、核心稳定性评估

详见第十章第二节核心稳定性评估。

第五节 柔韧性测试

柔韧性是指身体活动时各个关节的活动幅度以及跨过关节的韧带、肌腱、肌肉、皮肤等组织的弹性、伸展能力。柔韧性的测量带有局部性的特点，其测量的方法和手段均涉及身体有关部位的关节，例如肩关节、腰关节、髋关节、膝关节、肘关节、腕关节等。国民体测与学生体质健康测试指标为坐位体前屈。

一、《国家学生体质健康标准》坐位体前屈测试

（1）测试目的：坐位体前屈可测量学生在静止状态下的躯干、腰、髋等关节可能达到的活动幅度，主要反映这些部位的关节、韧带和肌肉的伸展性和弹性，是《国家学生体质健康标准》测试中评价学生柔韧素质的指标。

（2）测试仪器：智能型坐位体前屈测试仪。由一台主机和一台外设测试板、游标组成。主机上有液晶显示触摸屏、数字按键区、刷卡区。游标上有一个显示器，可以显示坐位体前屈的数值。

(3) 测试方法：学生脱鞋，坐上测试板，两腿伸直，两脚平蹬测试纵板，两脚分开10~15 cm，脚尖分开约60°（见图3-14a）。上体前屈，两臂伸直向前，用两手中指指尖同时逐渐向前推动游标，直到不能前推为止（见图3-14b）。

(4) 注意事项：测试中腿没有伸直，膝部弯曲；双手前推时用力过猛，手指尖离开游标，游标通过惯性加速向前；通过一侧手指向前推进游标（见图3-14中的c、d）。出现以上任意一种情况，成绩无效，应重新按规范测试。

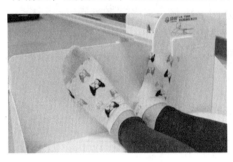
a

b

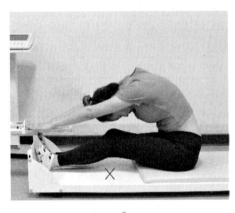
c

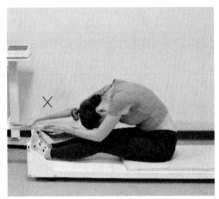
d

图3-14 坐位体前屈测试

(5) 仪器操作方法：打开主机和游标开关，点击"进入测试"选项，学生刷卡，识别信息后，测试员点击"进入测试"选项，测试员将游标拉回最近端，显示-20 cm，待学生做好准备后，点击"开始测试"选项，语音提示，学生双手将游标缓慢前推，在最远端停1~2 s，语音提示测试成绩，单位cm，保留一位小数。

(6) 评价标准：见表3-25和表3-26。

表3-25 大学生坐位体前屈单项评分表

单位：cm

等级	单项得分	大一大二男	大三大四男	大一大二女	大三大四女
优秀	100	24.9	25.1	25.8	26.3
	95	23.1	23.3	24.0	24.4
	90	21.3	21.5	22.2	22.4

续表

等级	单项得分	大一大二男	大三大四男	大一大二女	大三大四女
良好	85	19.5	19.9	20.6	21.0
	80	17.7	18.2	19.0	19.5
及格	78	16.3	16.8	17.7	18.2
	76	14.9	15.4	16.4	16.9
	74	13.5	14.0	15.1	15.6
	72	12.1	12.6	13.8	14.3
	70	10.7	11.2	12.5	13.0
	68	9.3	9.8	11.2	11.7
	66	7.9	8.4	9.9	10.4
	64	6.5	7.0	8.6	9.1
	62	5.1	5.6	7.3	7.8
	60	3.7	4.2	6.0	6.5
不及格	50	2.7	3.2	5.2	5.7
	40	1.7	2.2	4.4	4.9
	30	0.7	1.2	3.6	4.1
	20	-0.3	0.2	2.8	3.3
	10	-1.3	-0.8	2.0	2.5

引自《国家学生体质健康标准》(2014修订)。

表3-26 20~29岁成人坐位体前屈评分表

单位：cm

年龄/岁		得分				
		5分（优秀）	4分（良好）	3分（合格）	2分（较差）	1分（差）
20~24	男	>20	14~20	9~13	2~8	-4~1
	女	>20	14~19	8~13	1~7	-6~0
25~29	男	>20	14~20	9~13	3~8	-2~2
	女	>20	14~20	8~13	2~7	-3~1

引自《国民体质测定标准》。

二、柔韧性测量的其他方法

1. 俯卧躯干上抬（上背部）

（1）测试目的：测量背部和躯干肌肉的灵活性，以及背部肌肉的适应性。

（2）测试方法：俯卧，双手放在大腿两侧。慢慢地抬起身体的上半部分，使下巴、胸部和肩膀离开地板，尽可能地把躯干抬高，保持这个姿势 3 s，同时测量下巴离地面有多远。同伴应该在受试者的下巴前面拿着尺子离下巴 2.5 cm 的地方测量，见图 3-15。

图 3-15　俯卧躯干上抬测试

（3）评价标准：见表 3-27。

表 3-27　俯卧躯干上抬评分

等级	距离/英寸
优秀	11~12
良好	9~10
中等	7~8
差	<6

引自 FitnessGram。

2. 综合自我评估

（1）测试方法：由 6 个部位的柔韧性测试组成，根据动作描述和方法完成该项动作并保持 2 s，符合标准得 1 分，再将所有得分相加，根据表 3-28 标准评估。

表 3-28　身体柔韧性综合评估表

等级	得分
优秀	8~11
中等	5~7
良好	0~4

（2）安全提示：在进行柔韧性测试之前，做一个普通的热身运动，每个动作做 2~3 次。

动作 1：手臂抬起。面朝下躺下，握紧拳头，掌心朝下，把手臂和棍子举得越高越好。前额着地，手臂和手腕伸直。保持这个姿势，同时同伴用尺子检查离地面的距离，见图 3-16。如果动作符合标准，记录 1 分：10 英寸（25 cm）或更多。

动作 2：肩部柔韧性。伸出左臂，从上往下，沿着脊椎放于上背部，保持这个姿势，同时将右手臂和手放在背后，沿着脊柱向上，试着触摸或者重叠左手的手指，见图 3-17。换另一侧手臂重复这个动作，记录每一侧得分。满足的标准：手指触摸或重叠。

图3-16 手臂抬起测试

图3-17 肩部柔韧性测试

动作3：躯干旋转。该测试评估肩膀、手臂和胸部的灵活性。两脚开立站在指定的线上。左肩应该与墙保持一臂的距离，侧平举使左手直接放在墙上目标点的一条线上。然后放下左臂，在肩膀的高度伸展右臂到身体的一侧，手掌向下握拳，见图3-18。双脚固定，尽可能向右旋转躯干。试着用手掌向下的拳头触摸目标点或更远的地方。同伴检查时保持姿势。向左旋转，记录每一边的一点。满足的标准：接触中心目标点或以上。

动作4：环绕。抬起右臂，伸到头后面，试着触摸左嘴角。可以把头和脖子向左转，见图3-19，保持姿势。用左臂重复这个动作，记录每一边的一点。满足的标准：触摸嘴角。

图3-18 躯干旋转测试

图3-19 环绕测试

动作5：膝对胸。仰卧，伸展右腿。双手放在左大腿后侧，向前拉，使膝盖靠近胸部。不要把手放在膝盖上。保持右腿伸直，如果可能的话，放在地板上。保持下背部平放在地板上，保持位置，同伴检查左侧大腿上部和膝盖是否贴着胸部，右腿是否伸直并且在地板上，见图3-20。用另一条腿重复这个动作，记录每一边的一点。满足的标准：大腿和膝盖贴胸部，小腿在地板上。

动作6：脚踝灵活性。直立坐在地板上，双腿伸直并拢。如有需要，可以轻轻向后仰靠双手。从脚底垂直于地面90°开始，弯曲脚踝，把脚趾尽可能地拉向小腿，见图3-21。保持这个姿势，同伴检查每只脚的脚底与地面的角度是否为75°。满足的标准：脚底与地面的角度为75°或更多。

图 3-20 膝对胸测试

图 3-21 脚踝灵活性测试

第六节 平衡测试

本体感觉（平衡）是身体理解和利用身体空间位置信息的能力。它让你不用看就能控制你的四肢。来自脚底的信号，内耳与重力的关系，以及你所看到的促使身体激活或关闭肌肉以保持你喜欢的姿势。每次你站着、走下台阶、举重、穿衣服、抱小孩或踮起脚尖时，它都会这样做。增加平衡能力将改善协调和姿势以及运动技能，并将增加稳定性和减少伤害。

目前，平衡功能评定的常用方法主要分为传统的观测法、量表法和平衡测试仪评定法等几种。

一、闭眼单脚站立测试

（1）测试目的：闭眼单脚站立主要反映人体静态平衡能力。

（2）场地器材：平地、电子秒表或闭眼单脚站立测试仪。

（3）测试方法：见图 3-22。

①受试者光脚，双手叉腰或置于身体两侧。

②将非支撑腿抬离地面，确保非支撑腿不能靠在支撑腿上。

③当非支撑腿离开地面时，开始计时。

④如出现以下情况，立即停止计时：手离开腰部；支撑腿摇晃或者向任何方向；非支撑腿接触到支撑腿。

⑤三次测试中取最好成绩。时间保持越长，平衡能力越好。

（4）注意事项：出于安全考虑，需要站在受试者后方保护，以防失去平衡摔倒。

（5）国民体质测试成人部分评分标准：见表 3-29 和表 3-30。

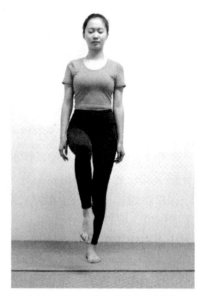
图 3-22 闭眼单脚站立测试

表 3-29 男性闭眼单脚站立评分表

单位：s

年龄/岁	得分				
	5分（优秀）	4分（良好）	3分（合格）	2分（较差）	1分（差）
20~24	>98	42~98	18~41	6~17	3~5
25~29	>85	36~85	15~35	6~14	3~5
30~34	>74	30~74	13~29	5~12	3~4
35~39	>69	28~69	12~27	4~11	3
40~44	>54	22~54	10~21	4~9	3
45~49	>48	20~48	9~19	4~8	3
50~54	>39	17~39	8~16	4~7	3
55~59	>33	14~33	7~13	3~6	2

引自《国民体质测定标准》。

表 3-30 女性闭眼单脚站立评分表

单位：s

年龄/岁	得分				
	5分（优秀）	4分（良好）	3分（合格）	2分（较差）	1分（差）
20~24	>90	37~90	16~36	6~15	3~5
25~29	>84	33~84	15~32	6~14	3~5
30~34	>72	29~72	13~28	5~12	3~4
35~39	>62	24~62	10~23	4~9	3
40~44	>45	19~45	8~18	4~7	3
45~49	>39	16~39	7~15	3~6	2
50~54	>33	14~33	6~13	3~5	2
55~59	>26	11~26	6~10	3~5	2

引自《国民体质测定标准》。

二、闭眼软垫站立测评

（1）测试目的：测试感觉统合能力。
（2）场地器材：软榻、秒表。
（3）测试方法：
①双手叉腰或抱胸，光脚，分开站立在软榻上。
②闭眼后开始计时。
③如出现双手打开、双腿移动、睁眼，立即停止计时。

④测三次，取最好成绩，时间保持越长，平衡能力越好。
(4) 注意事项：出于安全考虑，需要站在受试者后方保护，以防失去平衡摔倒。

三、Romberg 静态平衡能力测试

(1) 测试目的：测试感觉统合能力。
(2) 测试仪器：秒表。
(3) 测试方法：
①双脚前后站立，采用足尖接足跟的直立方式。
②双臂交叉放在胸上部。
③站立好，闭眼后开始计时。
④两脚有移动或身体出现失稳时停止计时。
⑤测三次，取最好成绩，时间保持越长，平衡能力越好。
(4) 注意事项：出于安全考虑，需要站在受试者后方保护，以防失去平衡摔倒。

四、闭目原地踏步测试

(1) 测试目的：测试动态平衡能力。
(2) 场地器材：平地、秒表。
(3) 测试方法：
①受试者闭目站立在以 40 cm 为直径的圆圈中心。
②听到开始的口令后立即以每秒钟 2 步的频率踏步，直到脚出圈或触圈线。
③记录受试者持续踏步的时间，连续测 3 次，取最大值。
④时间保持越长，平衡能力越好。

五、平衡木行走测试

(1) 测试目的：测试动态平衡能力。
(2) 场地器材：平地、秒表。
(3) 测试方法：
①受试者站立在一个宽 10 cm、长 3 m、高 2 cm 的简易平衡木的一端。
②听到开始的口令后立即快速行走，记录在平衡木上往返一次的时间。
③记录以 s 为单位，取一位小数，第二位小数四舍五入。连续测三次，取最大值。
④根据在平衡木上往返一次的时间长短评定受试者的平衡能力强弱。

第七节 速度、灵敏性测试

反应是指因为时间所引发的应答，反映了机体神经与肌肉系统协调性和快速应答能力。体现这种应答能力的指标主要为反应时（指当看到或听到一个刺激后，到肢体启动的时间间隔）。国民体测的指标是选择反应时测试。

一、选择反应时测试

（1）测试仪器：电子反应时测试仪。测试台上含有显示屏、一个启动键和五个信号键（在启动键上以启动键为圆心呈扇形摆放）。

（2）测试方法：测试人员打开电源开关，显示屏上显示出"FYS"字样，表明测试仪进入工作状态。开始测试时，受试者五指并拢伸直，用中指远节按住"启动"键。当任意一个"信号"键发出信号时（声、光同时发出），受试者用按住"启动"键的手以最快速度去按该"信号"键，然后再次按住"启动"键，等待下一个信号的发出。每次测试须完成5个信号的应答。当所有"信号"键都同时发出声、光信号时，表示测试结束，显示屏上显示测试值。测试两次，记录最小值，以s为单位，保留小数点后两位。

（3）注意事项：
①受试者不要用力拍击"信号"键。
②按住"启动"键直至"信号"键发出信号才能松手。
③按"启动"键开始下一次测试。
（4）评价标准：见表3-31。

表3-31 成人选择反应时评价标准

单位：s

年龄	性别	5分	4分	3分	2分	1分
20~24岁	男	<0.39	0.39~0.43	0.44~0.49	0.50~0.60	0.61~0.69
	女	<0.40	0.40~0.45	0.46~0.52	0.53~0.65	0.66~0.79
25~29岁	男	<0.39	0.39~0.44	0.45~0.51	0.52~0.62	0.63~0.73
	女	<0.42	0.42~0.47	0.48~0.55	0.56~0.69	0.69~0.82

二、简单应时测试：手反应时

（1）测试方法：让同伴用拇指和食指握住直尺的顶端。受试者自然弯曲手臂，同伴在没有任何警告的情况下放下尺子时，受试者用拇指和手指尽可能快地抓住它。见图3-23。测试三次，每次的得分是接住尺子的地方的数字，记录分数。

（2）注意事项：注意力集中在尺子上。

（3）评价标准：见表3-32。

图3-23 手反应时测试

表3-32 手反应时评价标准

单位：英寸

优秀	≥22
良好	19~21
中	14~18
差	≤13

三、灵敏性测评：十字跳测试

(1) 测试目的：测量变换方向跳和灵活控制身体的能力。（适用于 7 岁以上男女生）

(2) 场地器材：在平坦地面上画两条相互垂直的交叉线，形成四等份，标明 1、2、3、4 四个区（见图 3-24）。备好计时秒表。

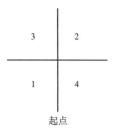

图 3-24 十字跳测试场地图

(3) 测试方法：受试者听到口令后，由起点以双腿跳入 1 区，并连续跳至 2、3、4 区，再跳回 1 区，连续跳 10 s。记录 10 s 内跳的次数，每次给 1 min，每跳错 1 次（例如错格、踩线、双脚不同时起跳或落地）扣 0.5 分。受试者因意外中断动作或特殊原因影响成绩时，允许重测 1 次。

(4) 注意事项：测验前应让受试者试做两次，以熟悉方法和要求；测验时受试者必须按规定顺序和要求跳。

(5) 评价标准：见表 3-33。

表 3-33 美国大学生十字跳测验成绩评价标准

单位：次

等级	男大学生	女大学生
优秀	≥31	≥33
良好	25~30	27~32
中等	13~24	14~26
中下	7~12	8~13
差	0~6	0~7

引自美国《体育评价的实用测量方法》。

四、速度测试：《国家学生体质健康标准》50 m 测评

(1) 测试目的：50 m 跑可以测试学生的速度、灵敏性、协调素质及神经系统灵活性的发展水平。

(2) 场地器材：50 m 直线跑道若干条，地面平坦，地质不限，跑道线要清楚；发令旗一面；秒表（秒表使用前应用标准秒表校正，每分钟误差不得超过 0.2 s。标准秒表选定，以中央台标准时间为准，每小时误差不超过 ±0.3 s）。

(3) 测试方法：受试者至少两人一组测试。站立起跑，受试者听到"跑"的口令后开始起跑。发令员在发出口令同时要摆动发令旗。计时员视旗动开表计时，受试者躯干部抵达终点线垂直平面后沿停表。以 s 为单位记录测试成绩，精确到小数点后一位，小数点后第二位按非"0"则进 1，如 10.11 s 按照 10.2 s 计取。

(4) 注意事项：

①受试者测试不得穿钉鞋、皮鞋、塑料凉鞋。

②发现有抢跑者，应当即召回重跑。

③如遇风时一律顺风跑,受试者要跑自己的跑道,不可串道。

(5) 动作要领:用站立式起跑,跑出后迅速加快速度,并努力以最快的速度冲过终点线。

①站立式起跑:听到"各就各位"时,站在起跑线后,两脚前后自然开立,相距约半步,有力的一脚在前,靠近起跑线,全脚掌着地,后脚用前脚掌着地,身体稍前倾,身体重心落在前脚上。听到"预备"时,两腿弯曲,上体前倾,重心下降、前移,前腿的异侧臂自然屈肘于体前,另一臂在后,两脚都用前脚掌着地。听到"跑"的信号时,两脚用力后蹬,同时迅速向前抬起,两臂用力前后摆动,迅速向前跑出。

②途中跑:后蹬要用力,并把髋部向前送出,当蹬地腿蹬离地面后,大腿积极向前上方高抬,小腿顺惯性自然折叠,两臂摆动以肩为轴,放松有力地向前摆动。

③终点冲刺:快要跑到终点时,应全力以赴,保持最高速度冲过终点。当跑到离终点大约一米半时,用力后蹬,上体迅速前倾,用胸部或肩部撞线。跑过终点后,应逐渐减慢速度,不能突然停止。

(6) 评分标准:见表3-34。

表3-34 大学生50 m跑单项评分表

单位:s

等级	单项得分	大一大二男	大三大四男	大一大二女	大三大四女
优秀	100	6.7	6.6	7.5	7.4
	95	6.8	6.7	7.6	7.5
	90	6.9	6.8	7.7	7.6
良好	85	7.0	6.9	8.0	7.9
	80	7.1	7.0	8.3	8.2
及格	78	7.3	7.2	8.5	8.4
	76	7.5	7.4	8.7	8.6
	74	7.7	7.6	8.9	8.8
	72	7.9	7.8	9.1	9.0
	70	8.1	8.0	9.3	9.2
	68	8.3	8.2	9.5	9.4
	66	8.5	8.4	9.7	9.6
	64	8.7	8.6	9.9	9.8
	62	8.9	8.8	10.1	10.0
	60	9.1	9.0	10.3	10.2
不及格	50	9.3	9.2	10.5	10.4
	40	9.5	9.4	10.7	10.6
	30	9.7	9.6	10.9	10.8
	20	9.9	9.8	11.1	11.0
	10	10.1	10.0	11.3	11.2

选自《国家学生体质健康标准(2014修订)》。

第四章 科学健身前的计划与准备

健身是一个过程,包括为灵活性、平衡性、心肺耐力、体力、核心力量和稳定性设定目标。通过健康和体能测试,我们确定了自己的优势和劣势。接下来,可以为自己设定目标,制订一个健身计划,并且学习有关运动的准备和特殊情况的处理方法,为安全运动做好充分的准备。

本章将介绍如何明智地设定一个健身目标,以及如何设定短期和长期的目标,明确下一步健身计划,并找到实现健身目标的方法,克服健身中遇到的障碍和困难,保持健身的持续性,避免半途而废,从而让健身促进健康。通过介绍健身实现目标所涉及的时间范围,可以帮助同学们做出好的生活方式选择,最后介绍健身的准备工作,包括准备健身服装、健身器材、健身前的准备活动和健身后的放松。

第一节 健身目标与计划

健身作为个人管理的重要项目,其实可以用一些方法来改进它,其中最广泛、最科学的方法是 SMART 原则,由管理学大师彼得·德鲁克提出,大部分恰当使用这个方法的人,都发现坚持变得更容易。SMART 分为五步,S = Specific(具体),M = Measurable + Meaningful(可测量 + 有意义),A = Achievable(可实现),R = Relevant(有关联性),T = Timed(有截止日期)。设定健身目标 SMART 的原则是:"在一个时期限制内,设定一个明确而且可以测量的数字目标,并且确定这个目标是合理可达成的。"

一、健身目标设定的 SMART 原则

1. 设定一个具体的目标

SMART 中的 S 代表具体。设定的每个目标要具体明确,而不是一个笼统的目标,比如"我想减肥!我要增肌!我要提高柔韧性!"。应该再更具体些,用"谁""什么"和"在哪里"这些问题来决定个人将如何实现减肥、增肌或提高柔韧性的目标。例如,减肥有多种途径,包括不吃甜食,进行心肺运动、力量训练和减少能量,那么,在设定个人减肥目标时,应该结合自己的实际情况(前面的测试和评价的结果、个人喜好、个人空闲时间)。比如一个具体的目标:我想通过每周 1 h 的心肺运动和力量训练减掉 5 kg;我想通过每周 4 次

每小时步行和不吃甜食来减重 5 kg；在接下来的 3 个月里，每周慢跑 5 次，每次 30 min，每天吃 5 种水果和蔬菜，减重 5 kg 等。一个具体的目标将使健身计划更专注，更专一。

2. 健身目标的进展可评估

SMART 中的 M 代表可测量和有意义，也就是有一个具体的数字或标准，达到了，就是实现了目标。在设定目标时，问问自己：通过什么客观数据来衡量目标是否达成？50 m 测试考出 6.5 s 成绩，是目标达成！考试达到 95 分，是目标达成！也就是设定的目标的可测量。可以借助体重秤或体脂分析仪等工具来测量体重的增减，也可以通过写健身日记的形式标记出一周锻炼的天数和具体的时间来衡量，还可以通过免费网站和手机 App 测量和记录，比如 KEEP。使自己能一直保持动力，对健身这一行动更坚定、更强大、更有条理，激励自己实现目标并保持专注。

3. 设定的目标可实现性

SMART 中的 A 代表可实现性。比如一个月减肥 5 kg 可不太现实，健康且理想的减重速度是每周不超过体重的 1%，每周减 0.5~1 kg 的目标是可以实现的。可见，如果把目标设置得过高，不仅会让自己压力过大、难以坚持，一旦达不到还容易陷入自我否定的境地，最后会导致整个计划落空。目标必须符合自己的时间表、健康水平和运动偏好。每周在跑步机上走三次，每次 30~60 min，并进行一系列的重量训练，这是一个可以实现的目标。因此，根据自己的个人生活习惯安排锻炼时间。例如，如果你不习惯早起，就不要安排在早上 6 点锻炼，可以根据自己的工作学习的空闲时间合理设定目标。

4. 设定目标与自身能力相关

SMART 中的 R 代表相关。设定的目标与自身的能力、兴趣和需求相关。比如，如果一个人讨厌跑步，那就不要将目标设定为 3 km 跑。再比如，减脂计划中可以把甜点限制在一周吃两次，而不是"再也不吃甜点"，这样更加容易达成目标。可见，目标与生活有方方面面的关联，而不是一个孤立的点。目标确定后一定要配置相应的绩效目标与过程目标。

5. 设定目标的时间限定

SMART 中的 T 代表时间限定。为了实现目标，设定一个截止时间很重要。你是一个拖延者吗？如果是，那么为你完成目标设定一个具体的时间，这样你就会保持动力，这也会促使你行动起来。你怎样才能在不设定完成目标的最后期限的情况下做出改变呢？因此，在接下来的 8 周内减掉 4~5 kg，或者在接下来的一个月里每周锻炼 3 次，每次 30~60 min，这些都是有时间限制的目标。很多人在制订了新年计划后就不再锻炼了，原因之一就是锻炼变成了一种没有方向的无休止的苦差事。制定一个具体的目标清单可以帮助你坚定你的决心。

二、了解不同健身目标设定

1. 设定一个长期目标和一个短期目标

在我们周围，有很多同学会经常立下一个决心，比如吃得更少、多锻炼，但是他们却不能坚持自己的决心。科学家们发现，这种失败的主要原因之一，是人们选择了无法在规定的时间内完成的长期目标，也就是他们没有设定明智的目标。设定目标时，我们需要长期目标也需要一个短期目标。根据自身目前的健康状况，短期目标可以是每天、每周或每月的目标，长期目标可以是持续一个季度或一年的目标。短期目标可以改变行为，是实现长期目标的步骤，短期目标放在生活方式的改变上，而不是健身或减肥等结果上，这样有利于我们坚持目标,直到实现目标。比如,设定一个短期目标为:每周做 3 天俯卧撑和弹力带肱二头肌弯曲练习。长期目标:完成俯卧撑 10 个。

2. 结果导向的目标和行为导向的目标

短期目标和长期目标可以是结果导向的目标,也可以是行为导向的目标。以结果为导向的目标专注于结果,比如在某段时间内减掉 5 kg,降低血压,或者跑一场比赛。这些目标仅仅是基于结果,大多数人关注这些类型的目标。一个以行为为导向的目标是一个关注改变行为的目标。这些目标集中在行为上,比如下个月每周锻炼 3 次,每次 1 h。这个目标是具体的,可测量的,可实现的,相关的,有时间限制的;但它是基于行为的,而不是基于结果的。

设定目标是非常个人化的,目标应该基于自己想要完成的事情。通常情况下,如果你目前不爱运动或久坐不动,行为目标的效果最好,因为它们可以帮助你把锻炼作为每周例行活动的一部分。经过一段时间,锻炼将成为生活的一部分。一个长期行为目标的例子是,下一年每周锻炼 5 次,每天锻炼 1 h。短期行为目标是在接下来的三周内每周锻炼 3 次,每次 15 min。时间可以每三周增加 5 min,一旦你可以锻炼 1 h,每天可以从每周 3 次增加到每周 4 次,然后每周 5 次。将你的锻炼增加到每周 5 次,应该在几个月的时间里逐渐进行,以帮助减少受伤的风险,并适应你的日程安排。因此,建议同学们设定一个行为目标,养成自觉锻炼的习惯,长期坚持,将大大获益。

三、健身计划的制订与实施

可以通过 5 个步骤科学制订和实施自己的健身计划。

1. 步骤 1:确定个人健身需求

通过前面章节的内容,同学们可以对个人体质健康状况、体育活动模式以及其他健康相关领域进行自我评估。收集这些个人信息,建立个人健康、体育活动或营养档案。这个个人信息档案将帮助同学们在计划制订和实施时关注自己的个人需求。在制订健身活动计划之前,同学们要评估自己的健身水平和运动模式;在制订营养计划之前,要评估自己的饮食习惯和素养。这本书均提供了一些评估方法,同学们可以根据提供的评估问卷进行自我评估。完成了对某一特定生活方式的自我评估,就可以总结自己的分数和评分。表 4-1 是个人信息档案示例,可以查看自己的体质健康、体力活动水平或营养膳食处在什么样的等级,从而非常清楚地展示自己需要提高或改进的方面有哪些。表中这名同学需要改善身体成分,减轻体重,提高心肺能力训练,改变静坐少动,改善膳食营养的质量和结构,减少能量摄入。

表 4-1 建立个人信息档案示例

体质健康评价	成绩	等级
BMI	28	超重(待改善)
1 000 m 跑	4′50″	不及格(待提高)
引体向上	11 个	及格
坐位体前屈	10 cm	中等

续表

体质健康评价	成绩	等级
立定跳远	237 cm	中等
……		
体力活动评价	是或否	是
静坐少动	√	改变静坐少动，每周3次体育活动
偶尔运动		
经常运动		
营养膳食评价		
有风险	√	
无风险		

2. 步骤2：考虑健身项目选择

在确定了个人需求之后，下一步就是考虑健身项目或课程选择。根据表4-2和表4-3中列举的方案，同学们可以确定自己将要进行什么类型的活动。

表4-2 不同健身活动的健身效果

健身活动类别	健身活动方式	健身效果
有氧运动（中等强度）	健身走、慢跑（6~8 km/h）、骑自行车、登山、爬楼梯、游泳等	改善心血管功能、提高呼吸功能、控制与降低体重、增强抗疾病能力、改善血脂、调节血压、改善糖代谢
球类运动	篮球、排球、足球、乒乓球、羽毛球、网球、橄榄球等	提高心肺功能、提高肌肉力量、提高反应能力、调节心理状态
中国传统运动	武术、太极拳（剑）、健身气功、八段锦、五禽戏、易筋经等	提高心肺功能、提高呼吸机能、提高平衡能力、增强免疫机能、提高柔韧性、调节心理状态
力量练习	各类器械练习：杠铃、哑铃等；非器械练习：俯卧撑、仰卧起等	增强肌肉力量与耐力、增加肌肉体积、提高平衡能力、保持骨健康、预防骨质疏松
拉伸练习	静力性拉伸和动力性拉伸、筋膜放松等	提高关节活动幅度和灵活性、提高平衡稳定、预防运动损伤

表4-3 根据不同健身目的推荐的健身活动类型

健身目的	推荐健身活动类型
增强体质、强壮身体	有氧运动、球类运动、中国传统运动
提高心肺功能	有氧运动、球类运动

续表

健身目的	推荐健身活动类型
减控体重	长时间有氧、抗阻运动
调节心理状态	球类运动、中国传统运动
增加肌肉力量	各种力量练习
提高柔韧性	各种拉伸练习
提高平衡能力	中国传统运动、球类运动、力量练习
提高反应能力	各种球类运动

例如，如果某同学需要提高肌肉力量，有各种类型的力量练习（力量练习将会在后面章节详细讲解），有些需要健身设备才能进行，有些只需要简单的工具或只需要克服自身体重就可以进行，表4-4为不同类型力量练习示例，那么可以根据自己的能力和兴趣，选择性地进行。如果力量水平较差，则可以选择自重训练进行；如果有一定的基础，则可以选择器械训练。必须在教练或教师的指导下学习掌握正确的练习动作，自由重量和弹力带抗阻训练可以先从轻重量开始，再逐步增加训练的负重。

表4-4 不同类型力量训练的示例

弹力带阻力练习	自重训练	自由重量训练	抗阻器械训练
弹力带弯举	俯卧撑	哑铃弯举	器械腿部训练
弹力带前平举	卷腹	哑铃颈后屈伸	器械背部训练
弹力带俯身划船	高抬腿	壶铃摇摆	器械胸部训练
弹力带俯卧撑	滑雪步	壶铃负重深蹲	……
……	深蹲	药球俄罗斯转体	
	原地纵跳	哑铃硬拉	

3. 步骤3：设定明智的目标

本章开始讲解了如何设定一个明智的目标，根据SMART原则，同学们可以根据自己的需求，写下具体的目标，包括长期目标和短期目标（见表4-5）。例如，设定的短期目标选择了锻炼次数和组数等，属于过程目标；设定的长期目标，可以列出具体需要完成的数量或个数，属于结果目标。同时设定自己完成这些目标的时限。

表4-5 长期目标、短期目标示例

长期目标	计划	时间
能完成11个标准引体向上	每周3~4天进行引体向上练习、上肢及背部力量训练	3月1日~7月1日

续表

短期目标	计划	时间
第一个月的力量训练	每组肌肉选择一项练习，每组练习 12~15 次，当能每组轻松完成 15 次时增加重量	3月1~31日

4. 步骤4：制订详细的书面计划

一旦确立了目标，就要准备一份详细的书面计划。根据本书后面章节的内容，同学们可以为自己不同的健身方面制订运动计划，包括柔韧、力量、平衡、耐力等。可以用图表的形式来准备，以女性肌肉塑形计划为例（见表4-6），由于肌肉健身锻炼不需要每天都做，同学们可以自己决定或咨询体育老师帮助决定哪天做哪个锻炼和做多少。根据自己的空闲时间和最喜欢锻炼的时间来决定锻炼计划。

表4-6 一周女性肌肉塑形计划示例

星期	练习动作	组数×次数	时间	完成情况
星期一	深蹲	4×15	下午5点	√
	臀桥	4×20		√
	箭步蹲	4×12		√
	哑铃硬拉	4×12		√
星期三	哑铃弯举	4×10	下午4点	√
	哑铃划船	4×15		√
	哑铃肱三头肌颈后屈伸	4×12		√
	哑铃飞鸟	4×12		√
星期四	卷腹	4×25	下午4点	√
	平板支撑	4×40秒		×
	俯卧登山	4×40秒		√
	波比跳	4×8		√
星期六	哑铃侧平举	4×(8~12)	下午5点	√
	跪姿俯卧撑	4×(8~12)		×
	哑铃肩上推举	4×(12~15)		√
	弹力带扩胸	4×(12~15)		√

5. 步骤5：记录并评估健身计划

在完成健身计划过程中，应定期评估自己的各项健康指标和体质的水平是否达到既定健身目标，根据评估结果定期修订、规划未来健身目标。比如，在实施健身计划之前，通过体质测试结果显示，心肺耐力较差，则可以将提高心肺耐力作为一个健身目标。在实施健身计划两个月后，再次对体质测试要素进行评估，如果结果显示心肺耐力提高了，达到中等，则下一步再以良好作为一个目标。在健身计划实施过程中，可以选择一或两个需要提高的体质要素，作为未来两个月内努力完成的目标；如果一次就想改变太多的构成要素，就会降低目标完成率。

在健身计划进程中，要对自己进行基本知识的学习和自我教育。例如，如果缺乏减体重及维持减重后体重的基本原则的知识储备，则减体重计划不易成功。如果达成目标，酬赏自己，如为自己买一套新的运动服装、一双运动鞋或是很久以前就想买的特别物品。寻求周围朋友的支持，寻找一位同伴和自己一起参加健身计划或不定期咨询专业教练或教师，与志同道合的人在一起做朋友，可以从健身教练和同伴处获得正确的技术指导，不断充实自己的健身知识和素养，提高自我效能感。

大多数参与健身计划的同学，在仅仅数周实践之后，即能体验新型的生活品质。然而，那些长期久坐不动的同学，可能需要较长的时间才能建立正确的健身行为习惯。但是，每个遵循健身计划者，最终都能从中获得益处。

在健身计划进程中，认清可能会面临的困难或挫折，列出自己的目标和实现目标的时间表之后，还需要找出障碍和解决方法来帮助自己实现目标。表4-7是健身障碍解决示例，有些障碍是可以预见的，而且是可以解决的，比如假期、假日活动和工作会议，有些则不能，如疾病、受伤或家庭突发事件。在健身中还可能会达到一个停滞不前的阶段，没有任何进展。清楚地认识到这些，可以帮自己更好地执行计划。

表4-7 健身障碍及解决示例

障碍	解决方法
1. 健身课程太贵	可以通过 App 健身程序或购买在线视频健身
2. 不太清楚如何练习核心力量	上网查阅有关核心力量的肌肉知识和这些肌肉的训练动作
……	……

当然，在实施健身计划中，并不是所有目标都能达成。若目标无法达成，则需要重新评估。因此，在健身计划实施中需要经常自我监控，跟踪自己的健身进展，并检查进展情形，对一般性或特殊性目标做调整。

第二节 健身计划的 FITT 原则

无论是肌肉力量、耐力、心肺能力，还是柔韧性、平衡能力，同学们在进行这些方面的锻炼或训练时，均要遵循一套原则，只有遵守这个原则才能从健身计划中获益。这个原则就是 FITT 原则。FITT 原则为：Frequency（运动频率）、Intensity（运动强度）、Time（运动时间）、Type of exercise（运动形式）。同学们可以使用这些原则来为个人需求和健康水平设计一个科学合理的健身计划。此外，FITT 原则将帮助同学们设定目标并设计适合自己的健身计划时间表，还能帮助同学们度过健身或减肥的停滞期。通过改变 FITT 原则中的任意一项参数，即可改变运动的总量或形式，使运动更有趣。这一节从总体水平上对 FITT 原则进行解释，涉及具体的项目类别时，将会在后面的章节详细分述。

一、运动频率

运动频率指每周运动的次数。每周运动的频率与运动的目标有密切关系,当然也与运动强度、运动者的健康状况有关。建议每周运动 3 天至 5 天,但对于大多数成年人来讲,每周进行 3 天至 5 天中等强度和较大强度相结合的运动更理想。例如,为了增强力量,可能需要每周运动 2 天至 3 天;为了减肥,应该每天都运动。作为一名身体正处在生长发育高峰期的青少年,应该保证每周进行 5~7 次体育运动,运动的具体内容可不同,见表 4-8。请记住,这些都是指导方针,并且可能必须根据个人的基线结果进行修改,并且每个组件都有自己的一组指导方针。

表 4-8 各类运动所需的频率

能力	等级	频率
心肺耐力	中等强度	5 天/周
	大强度	3 天/周
	中到大强度	3~5 天/周
阻力训练	初级	2~3 天/周
	中级	3~4 天/周
	高级	4~5 天/周
柔韧性	初级-中级	2~3 天/周
	高级	5~6 天/周
平衡能力	初级	3 天/周
	中级-高级	2~3 天/周
核心稳定	初、中、高级	2~3 天/周

二、运动强度(Intensity)

运动强度是最重要的也是最复杂的因素之一,主要以心率为指标,它关系到运动者的运动效果以及运动安全。运动者要按照自身特点(包括年龄、身体状况、运动基础等),在有效的运动强度和安全界限内进行运动,一般采用最大心率(MHR)的 55%~80% 来控制。女性及体弱者可以偏低一些,男性以及身体强壮者可以偏高一些。举个例子,可以用自己的心率来确定活动强度,以建立心肺耐力;也可以用自己的重量来决定运动强度,以发展肌肉力量。如果没有在适当的强度水平上运动,那么健康水平的提高将会受到影响,甚至会出现不当运动有损健康的情况。有氧运动的强度建议见表 4-9,阻力训练运动强度建议见表 4-10。

表 4-9　评估有氧运动强度

有氧运动水平	体能水平	强度（MHR）	RPE（0~10）	谈话判断
静坐、久坐不动	差	30%~45%	1~2	无任何感觉，呼吸自如
小运动	较差	40%~55%	3	运动中可以唱歌
小到中等	一般	55%~70%	4~5	运动中正常交流
中等到大强度	好	65%~80%	6~7	需要停下来交流
大强度	优秀	70%~85%	8~9	不能正常说话

表 4-10　阻力、平衡、核心力量和柔韧性的最佳强度

训练目的	组数	重复次数
一般健身	1~2	8~15
肌肉耐力	2~3	>12
肌肉围度	3~6	6~12
肌肉力量	2~6	<6
柔韧性	到紧张的程度，而不是疼痛	

三、运动时间

运动时间是指每次运动应该持续的时间，它对于每个健身部分都是唯一的。根据 ACSM 的指导方针，有氧运动可以持续 10~60 min，取决于强度水平。阻力训练在时间上要复杂得多，因为它取决于正在进行的运动项目的类型。一个由 8 到 10 台重量训练器械组成的训练循环只需 15 min，而一个包含多个训练和每组肌肉的分割训练则需要 45 min。当涉及拉伸时，ACSM 的指导方针规定拉伸应该保持 10~30 s。保持伸展时间超过 30 s，由于身体的伸展反射，肌肉开始收缩。平衡训练和核心训练包括在运动的阻力部分内，并遵循相同的指导方针。

四、运动形式

运动形式也就是运动时要采用的手段和方法。不同形式的运动项目会产生不同方面的运动效果，因此应当明白自己的目的，有针对性地选择项目进行运动。想增强肺部活动提高全身耐力，则可以多参加跑步、骑自行车、游泳等有氧运动；要进行肢体康复锻炼，可选择抗阻力练习、柔韧性练习、水中运动等。有氧运动可以在体育馆、室外、社区或客厅进行。柔韧性锻炼应该包括所有主要的肌肉群，特别注意紧绷的部位，主要的肌肉群包括身体的大块肌肉，如股四头肌、臀大肌、背部肌肉和胸部肌肉。大多数人的紧绷区域是腿筋、腰背、胸部和小腿。一旦确定了运动的形式，可以对每一个特定的运动确定频率、强度和时间。

第三节 计划实施与运动获益

健身计划要实施多久才能看到结果？前面的章节，同学们进行了健康评估与体能测试，然后根据自己的评估结果，设定了健身目标，初步制订了健身计划。根据各项测试的评价等级，可以找到所要达到的标准。例如第一次测试仰卧起坐为 25 个，处于不及格等级，那么第一步应该是能够达到及格的标准。那么多久才能达到呢？其实，根据人体对运动的适应原理，不同的项目类别所需要的时间是不尽相同的。减肥和健身都需要时间，改变体形需要时间，恢复体形也需要时间，没有什么神奇的药丸或特殊的运动方式能让你更快地塑形。健身和保持健康是一种生活方式。

一、心肺耐力

静息心率是心肺健康的良好指标。一般情况下静息心率越低，心脏越健康，因为心脏每次泵血量较大，而不需要频繁地将血液输送到全身。初学者和那些不健康的人，如果开始进行 30 min 的心肺运动，每周至少 3 次，在正确的、合适的强度水平上，可以降低静息心率，每周最多降低 1 次。在 10 周内有可能将静息心率降低 10 次，使心脏以更少的跳动向工作的肌肉输送同样数量的血液。因为规律的运动可以强化心脏肌肉，机体能更快地把氧气输送到全身各块工作的肌肉。

对于一般健康人群，基础心肺耐力的提高一般需要 6 ~ 8 周。之后想要进一步提高心肺耐力，提高长跑或马拉松的成绩，则需要进行专门的心肺训练。

以下示例是基于不同的人心肺耐力的目标和成果：

（1）久坐学生：参加有氧训练，每周 2 次，星期三、星期五，做 15 min 有氧运动，保持每分钟心率在 145 ~ 155，每周增加运动时间 5 min，直到能持续有氧训练 30 min。

（2）运动队学生：每周 5 天，在田径场以平均配速 7 km/h 跑步 30 min，每周提高跑速，直到能平均以 8 km/h 跑完 30 min。

二、肌肉力量与耐力

观察肌肉力量和耐力的改善比较复杂，营养、体型、年龄和运动计划以及每个人的肌肉纤维类型等不同的因素都会影响运动效果。此外还取决于我们锻炼肌肉的目标是什么，是增加肌肉量，增强肌肉耐力，还是增强肌肉力量。这些具体的内容将在后面的章节仔细讨论，并给出锻炼的建议，以确定可以多快地实现这些目标。

1. 肌肉体积

肌肉体积与肌肉纤维（细胞）的数量和类型有关。快肌纤维分为Ⅱa型和Ⅱb型肌肉纤维。Ⅱb型肌肉纤维越多，获得肌肉质量的可能性就越大，这类纤维用于短距离、快速、有力的运动，如短跑和跳跃。男性初学者每周进行 2 ~ 3 次低重复的力量练习，通常在 6 个月内每月增加约 450g 肌肉；女性的进步比较慢，因为她们的肌肉比较小。通常情况下，男性和女性初学者在力量训练的前 3 个月都能增加 0.9 ~ 1.8kg 的肌肉。如果目标是减肥，重要的是要考虑通过运动增加瘦肌肉含量,因为肌肉越多,基础代谢中消耗的能量越多。

肌肉肥大是骨骼肌纤维的增大,这是肌肉被募集以提高张力水平所产生的反应。肌肉肥大的特征在于由肌原纤维蛋白(肌丝)增加引起的单条肌纤维的横截面积增加。使用中低重复次数和渐进超负荷的抗阻训练方案会导致肌肉肥大。有研究采用为期24周、每周3天、每天3组、每组8~12次重复的训练方案可增强肌肉并改善身体成分。

2. 肌肉耐力

肌肉耐力取决于慢肌纤维的多少。因为生理学研究表明,慢肌纤维可以更好地利用氧气,从而在长时间的运动,如跑步、骑自行车或游泳中,提供更多的能量。慢肌纤维能抵抗疲劳,并对低重量和高重复的运动有反应。身体内Ⅱa型肌肉纤维被认为是慢肌纤维和快肌纤维的组合,这类肌纤维可以根据运动计划选择呈现快肌纤维或慢肌纤维的特点。如果正在进行高负荷低重复的运动,这些肌肉纤维具有Ⅱb类型的特征;然而,如果做的是低负荷高重复的运动,它们会呈现慢肌纤维的特征。一般而言,增强肌肉耐力可能需要6周到3个多月的时间。

3. 肌肉力量

获得肌肉力量比获得肌肉质量或肌肉耐力要早得多。运动生理学研究表明,在前3周的重量训练中,肌肉会对运动计划中富有挑战性的工作量做出反应,3周内肌肉可能会更强壮。以下是肌肉力量和耐力目标的示例:

(1)初学学生:为增加肌肉耐力,完成一套12~15次重复做的重量机械练习,一周3次,持续4周。

(2)高阶健身学生:为增加上肢力量,通过完成3套12次重复运动,训练胸部、背部、肩膀、手臂,一周3次,持续6周。

三、减脂

减肥和减脂是有区别的。平均每个人每周可以安全地减掉0.5~1 kg的脂肪,这就要求每减掉500g脂肪就需要减少3 500 cal①的能量。没有适当的营养和锻炼,身体最终会燃烧肌肉组织。虽然根据体重秤,体重是减轻了,但事实减掉的大部分是水或肌肉。因此,在减脂阶段,应该多关注自己的瘦体重,确保正在失去的是脂肪组织,而不是肌肉组织。对于初学者,刚开始健身时,体重增加几千克也是很正常的,这是因为身体的瘦体重在增加,而脂肪组织燃烧了。对于减脂而言,每月安全减脂的范围是1%~2%。通常男性的上腹部,女性的下腹部、臀部和大腿是脂肪最容易堆积的地方。测量腰围和跟踪体脂变化是记录进步的好方法。减肥需要营养、心肺运动和力量训练的结合。以下是一些减肥目标的示例:

(1)肥胖者:在未来10周内减掉5 kg,每周减少3 500 cal的能量摄入,减少250 cal的食物摄入,增加每天燃烧250 cal的运动量。

(2)超重者:在接下来的30天里,以70%的强度,每周进行3次30 min的心肺运动,每周参加两次体能训练,不吃甜食,这样身体脂肪就会减少1%。

---

① 1 caL=4.185 9 J。

四、柔韧性和灵活性

柔韧性和灵活性是健康的一个组成部分，必须几乎每天练习才能看到改善，往往是运动计划中最易被忽视的部分之一。柔韧性或灵活性的改善需要一年的时间，因此，建议同学们应该每天都努力实施柔韧性和灵活性目标，以获得最大的效率。以下是一些柔韧性和灵活性目标的示例：

（1）女学生：在接下来的3个月里，每周星期一和星期三，可以参加瑜伽课，以改善姿势，增加关节灵活性。

（2）男学生：在接下来的3个月里，提高坐位体前屈的成绩，每天做3组腘绳肌伸展运动，以增加腘绳肌的柔韧性。每次拉伸保持30 s，直到有轻微的不适。

五、平衡与核心力量

平衡和核心训练也是运动计划的重要组成部分。一个强壮的核心对于良好的平衡是至关重要的。核心不仅是腹直肌，还包括腹壁、骨盆和下背部的所有肌肉。有好多健身小工具产品可以提高平衡感，增强核心力量，如波速球、稳定球、平衡板、圆盘和泡沫滚轮。单腿锻炼或站在不平整的地面上锻炼，锻炼肱二头肌时坐在健身球上进行，都可以提高平衡感。以下是平衡和核心力量目标的示例：在接下来几周锻炼中，增加平板支撑来锻炼核心肌肉。通过每周3次波速球上站立15 s来提高平衡能力，每周增加5 s，直到可以保持1 min的波速球站立平衡。

第四节 健身前的准备

一、运动装备

随着人们生活水平的提高，运动逐渐成为许多人日常生活中不可缺少的内容，人们对运动装备的要求也越来越高。在竞技运动领域，一套良好的运动装备可起到提高成绩的效果；在健身运动领域，人们对运动装备的要求并不需像专业人士那样严格，但选择的运动装备至少应不妨碍进行健身运动，这样也可以减少运动伤害的发生。最基本的运动装备是运动鞋和运动服装。

（一）运动服装

不同运动项目对服装要求不一，如柔道运动有柔道服，足球运动有足球衣。看过足球世界杯赛的人一定不会忘记巴西运动员"复杂"的足球衣，脱下来了竟一下子无法穿回去。游泳运动员有用特殊材料制成的泳衣，可以减少水的阻力，提高运动成绩。对于普通健身项目，运动服装的要求当然也无须像专业运动员那样，但运动服装也应有起码要求：一是不妨碍所进行的活动，如我国传统的武术、太极拳一般要求服装轻柔宽松；二是能提供合理保护，有利于散热透湿，调节体温。棉制衣服一般具有通风、柔软、吸汗的优点，但在衣服湿透后不易干反而不易透气，另外洗水后易缩水、变形、不耐磨等；

而人造纤维衣服则具有柔软、有光泽、有弹性、耐磨、不缩水、不变形、不褪色的优点，但却有不吸水、透气性差的缺点。如果条件允许，可以购买速干衣，透气好，具有弹性，出汗后易干。具体选择什么样的款式，则取决于健身者的年龄、情趣、审美观等。总之舒适、合身、款式得体的运动服装不仅可提高运动效果，而且还可使人看起来精神焕发，增加对健身运动的兴趣。

（二）运动鞋

无论从事什么样的运动，都需要选择一双合适的鞋。对于专业运动，不同运动项目，对鞋的要求也不一样，如田径运动有田径鞋，网球运动有网球鞋，篮球运动有篮球鞋，足球运动有足球鞋等。对于健身运动，一般购买气垫运动鞋，可以减震，减少应力对骨骼的伤害。对于鞋子大小，最好选略微大一些，穿进去脚趾可弯曲的为好。一般在运动过程中脚会比平时变大，因而不宜穿太紧的鞋。购买运动鞋时应注意：鞋底厚度适中、柔软、弹性好。另外不可选择内增高的运动鞋，容易扭伤脚踝，同时也增加运动时小腿骨和膝关节的负担而引起慢性损伤。

鞋子内部磨损，足弓支撑处变平或内部填充物变薄，鞋子外部，脚跟和趾尖处出现磨损，当脚踏在地上而你能感觉到磨损位置的时候，就表示这双鞋已经不能再帮你纠正落脚位置，或者不能提供足够的脚部支撑了。同样的，当鞋子底面不再有良好的花纹的时候，就是要把它换掉的时候了。

（三）其他

对于女性，应考虑戴运动型文胸。运动型文胸是女士做各种运动时保护胸部又不妨碍动作的专门文胸。运动型文胸有较好的弹性、承托性，既固定胸部免受震动影响，又便于肢体屈伸自如，还有很好的透气功能。

运动时还要穿合适的袜子，过紧或过松都不利于运动。过松可能导致起水泡，过紧影响足部血液循环，在运动中造成不适感。运动时不穿袜子更不可取。运动后还要及时更换潮湿的衣服，否则可能会出现汗斑或风湿、关节炎等症状。

二、健身用小工具介绍

（一）小工具的特点

健身小工具体积小、重量轻、便于携带。对于锻炼而言，针对性强，具备提升心肺、抗阻、塑形等功能，弥补器械训练的不足，同时可以增加健身的趣味性。

（二）常用小工具

（1）药球：也称重力球，常用于康复治疗和力量训练，运动形式多样。药球可以进行爆发力训练、抗阻力训练、平衡训练、有氧训练以及协调训练，是一款可以锻炼几乎身体所有部位的运动小工具。推荐的训练动作有药球前推、药球仰卧上推、药球下砸等。

（2）瑞士球：也叫健身球、理疗球、瑜伽球，直径 60～100 cm 不等，通过不稳定来训练核心的稳定性和平衡。如瑞士球俯卧撑、背肌、腹部、臀部训练。

（3）半球（也叫波速球、BOSU球）：主要由两个部分组成，上半部分是橡胶制成的半球，下半部分是个塑料平台。既可以用正面也可以用反面，锻炼平衡性与核心力量。

（4）壶铃：源自俄国的传统健身运动器具，形状像是一颗加了把手的炮弹，类似于我国古代的锻炼器具"石锁"。重量每 4 kg 一个级距，常见的重量有 8 kg、12 kg、16 kg、20 kg、24 kg、28 kg、32 kg 等。适用于大肌群力量、练髋部发力、身体核心控制类训练。需要在专业教练的指导下进行。

（5）平衡垫：由 PVC 制成，中间空，需充气后使用，可增强核心稳定性、身体平衡性。

（6）泡沫轴：又叫瑜伽柱，一般由重量轻、富有缓冲弹性的 EVA 材料制成，分为表面光滑、浮点式、纹路等不同种类。泡沫轴是肌肉放松神器，可消除肌肉紧张，同时也可以加强核心肌肉力量，锻炼身体的平衡性和灵活性。

（7）灵敏梯：一种训练灵敏性和协调性的功能性运动训练工具，利用梯形绳索通过步伐的变化来增强踝关节、膝关节及脚底小肌肉群的能力。

（8）弹力绳：两端有把柄，阻力随长度变化，可以为动作提供可变阻力，抗阻方向随动作变化。用于上肢、核心的力量训练。

（9）弹力带：阻力随长度变化，不同颜色弹力带阻力不同，可以为动作提供可变抗阻。

（10）迷你弹力带：用于下肢训练。

（11）健腹轮：不适合初学者，需有一定的腹部肌力基础，用于锻炼腹部、腰臀部。

（12）哑铃：自由器械，有"雕塑肌肉的锤、凿"之美誉。哑铃有固定重量哑铃和可调式哑铃两种。哑铃动作的次数通常指"力竭的次数"，以 10 次为衡量。如果做到第 10 次动作还很标准，说明重量太轻；如果做到第 8 次就动作变形，说明重量太重。哑铃与弹力带阻力不同，哑铃的阻力始终向下。

（13）其他：TRX 悬带、VIPR 炮筒、战绳等也都是比较常见的功能性训练工具。

在日常健身中根据目标从上述小工具中适当选择几款来进行伸展、激活和力量训练，能够全面高效地提升体能表现（力量、速度、耐力、协调、柔韧、灵敏等运动素质），达到高效健身的目的。

三、一次健身训练的组成

一个完整的健身流程包括三个阶段：准备活动阶段、基本活动阶段和放松阶段。准备活动阶段主要是在正式运动前做一些热身，让自己的身体提前进入运动状态；基本运动阶段是体育活动的主要部分，包括一些体能运动、对抗或竞赛类运动或者娱乐运动；结束放松阶段帮助机体在运动后恢复体能。同学们可以根据以下的一些关于准备活动和结束放松的相关信息和知识来为自己的健身运动好好准备（见表 4-11）。

表 4-11 一次健身活动的内容组成

组成部分	主要内容	活动时间建议
准备活动	慢跑、徒手操、动态拉伸、神经激活等	5~10 min

续表

组成部分	主要内容	活动时间建议
基本活动	有氧运动、力量练习、球类等	30~60 min
放松	静态拉伸、其他	5~10 min

(一) 准备活动阶段

准备活动是指在比赛、训练和体育课的基本部分之前进行的身体练习。

(1) 准备活动的目的。预先动员人体的生理机能，克服内脏器官的生理惰性，缩短进入工作状态的时间，为进行正式的训练做好机能上的准备。

(2) 准备活动的作用。运动生理学理论告诉我们，人体各器官的机能都有一定的生理惰性，准备活动可以提高神经系统的兴奋性，激活运动器官，克服生理惰性，能促使血液循环加快，需氧量增加，机体的代谢速度加快，还能使体温略微升高，肌肉、肌腱的弹性、伸展性等处于良好的状态，提高肌肉的收缩力和速度以及动作协调性，避免运动损伤。

(3) 如何做准备活动。有关准备活动的研究已经有将近100年之久。在很长一段时间内，运动生理学专家认为，伸展类准备活动是体育活动的最好准备方式。因此，最普遍的准备活动内容包括：动力伸展（慢慢拉伸肌肉伸长超过其初始长度，然后再停止几秒）。ACSM 指出，准备活动可以促进动作幅度，减少运动损伤。但是，近年来有些研究指出，传统的准备活动是否有助于减少运动损伤？关于伸展类准备活动是否对运动成绩有作用？而目前最好的建议是：准备活动取决于参加的体育项目。以下是一些基本原则：

如果从事一些低强度或中等强度的运动，如慢跑或快走这类运动时，可以不进行准备活动。因为，ACSM 提出，这类运动本身就是很好的准备活动方式，因此如果你只想进行这种强度的运动，就没有必要进行专门的准备活动。

ACSM 建议在进行高强度运动或比赛前进行 5~10 min 的低中等强度的准备活动，其目的是让肌肉和身体的温度升高，可以帮助心血管系统和机体的其他系统为进一步高强度的运动做好准备。

(4) 一般准备活动：包括慢跑和拉伸，时间为 5~10 min，强度为低强度。所谓低强度，一个简单的判断方法就是准备活动后心率达到大约 100 次/min。气温较低时，准备活动的时间也适当长一些，量可大一些。气温较高时，时间可短一些，量可小一些。一般准备活动的内容通常包括心肺和肌肉两个方面的准备。心肺热身一般为慢跑；对于肌肉热身，一般是进行拉伸或者原地连续性徒手体操，使肌肉得到充分的舒展。伸展肌肉部位的顺序应该是颈、上肢、躯干、下肢以及脚踝等，伸展动作的原则应是前后、左右以及绕环等，表 4-12 提供了简单的一般准备活动示例。

(5) 专项准备活动：如果参与的体育运动是一些动作技术相对复杂的项目，比如球类运动，那么准备活动还应该再适当做些与正式练习动作结构相类似的活动。比如，乒乓球练习前的简单推挡、篮球练习前的运球等。NSCA 指出，在正式运动或比赛前进行一些动力性练习可以提供身体正式运动后的力量、速度和耐力，这些动力性练习包括：慢跑、跳、踢、有节奏运动。

表 4-12　一般准备活动示例

名称	图示	要点说明
头部运动	   	两手叉腰站立，头部分别完成前点、后点、左点、右点 2 次，连续完成 4 组
扩胸运动	   	两腿开立站姿，双手胸前平屈向后扩胸 2 次，双手臂伸直前平举、双手伸直上举、双手伸直在体侧向后扩胸 2 次，完成 4 组
体转运动	 	两腿开立站姿，双手胸前平屈，左侧转体、右侧转体 2 次，完成 4 组

续表

名称	图示	要点说明
体侧运动	 	两腿开立站姿，一手上举，大臂贴耳朵，向叉腰手臂方向体侧屈4次，左右分别进行，完成2组
腹背运动	 	两腿开立站姿，双手上举向后伸展背部，体前屈，分别进行2组
弓步压腿	 	弓步站立，保持前腿大腿与地面平行，下压，左右交替进行，完成2组
侧弓步压腿	 	侧弓步下压，左右交替进行，完成2组
压肩		两人1组，配合压肩。分腿站立，伸直膝盖，肩部肌肉放松，背部伸展，肩胸部下压。完成10~15次，或在下压最低处保持数秒。

（二）基本活动阶段

基本活动是体育运动的主要形式，包括有氧运动、力量练习、柔韧等（后面的章节详细分述），持续时间一般为 30 ~ 60 min。在一次健身活动中，需要选择合适的运动方式，控制适宜的运动强度和运动时间，遵循定时、定量的原则。动作标准永远是第一位的，不要盲目追求动作的数量和时间，应定期调整训练计划，并适时改变和加入新的训练方式，可以让肌肉不断突破舒适区间，更快提升身体素质。

（三）放松阶段

正式运动后，进行适度的放松可以使我们的身体需求从体育活动的需求中恢复过来。建议在剧烈运动后进行 5 ~ 10 min 的放松和拉伸练习。

放松通常包括缓慢而适度的活动，如散步或慢跑，其作用是可以让心脏和肌肉逐渐恢复。放松有助于防止头晕和昏厥。剧烈的锻炼会使流向肌肉的血液增加，例如，跑步会导致更多的血液流向手臂和腿部，而不是头部。如果突然停止奔跑，此时血液仍然聚集在腿部肌肉，而导致心脏输送到大脑的血液更少，这可能会导致头晕或者昏厥。但是如果在剧烈运动后继续做一些轻缓的放松活动，此时肌肉会挤压腿部的静脉，有助于血液回到心脏，然后可以泵更多的血液到大脑，避免头晕或昏厥。

下面提供了一些放松指南：

（1）剧烈运动后，切勿立即躺下或坐下。

（2）在放松期间逐渐减少活动强度（例如慢跑，然后散步，然后考虑温和的伸展运动）。

（3）散步或做其他适度的全身运动。

（4）可以选择在肌肉还热着的时候做一些伸展运动，主要为静态拉伸，可以有效减少肌肉酸痛，加快肌肉恢复速度，减少肌肉黏滞性，塑造匀称的肌肉线条。但要注意力度，如果感觉拉伸部位发麻，须立即停止，拉伸时不要憋气，注意拉伸部位放松。

体育运动中常见静态拉伸的动作将在后面柔韧性训练章节详细介绍。

第五章 提升心肺耐力的理论与实践

心肺功能是与健康有关的最重要的体能之一,高水平的心肺功能健康与疾病风险和死亡率的降低密切相关。心肺运动,有时被简单地称为有氧运动,是任何一种持续 10 min 或更长时间的运动,使用身体的大块肌肉,增加心率。有氧运动包括手臂和腿的稳定和重复的运动,能使心脏和肺更强壮。最大摄氧量 VO_{2max} 或有氧能力是有氧健身水平的良好指标。

第一节 心肺耐力概述

一、耐力的相关概念

首先,要理解有关耐力的相关概念。耐力是指机体维持长时间工作或运动而不疲劳的能力。按人体的生理系统分类,可分为肌肉耐力与心血管耐力。肌肉耐力是某一肌群持续一定时间或次数,并保持一定强度进行运动的能力。心血管耐力又可分为有氧耐力和无氧耐力。有氧耐力就是我们所说的一般耐力,以糖、脂肪等有氧氧化功能为主。无氧耐力,也叫速度耐力,以糖酵解提供能量来源。800 m 和 1 000 m 属于速度耐力项目,从人体供能系统分析,运动中主要以磷酸肌酸(ATP – CP)和糖无氧酵解即无氧供能为主,以糖和脂肪有氧氧化供能为辅。人体既需要有氧工作能力也要有较好的无氧工作能力。

不同距离跑步的供能见表 5 – 1。

表 5 – 1 不同距离跑步的供能

距离/m	能量系统功能百分比/%		
	磷酸原系统	糖酵解系统	有氧代谢系统
100	39	56	5
200	30	55	15
400	17	48	35
800	9	33	58
1500	4	20	76

续表

距离/m	能量系统功能百分比/%		
	磷酸原系统	糖酵解系统	有氧代谢系统
5000	1	6	93
10000	1	3	96
42195	0	1	99

二、有氧运动与心肺功能适应能力

心肺功能的适应能力是与健康密切相关的最重要的生理指标之一。心肺系统的机能是身体健康素质中最重要的组成要素，直接影响到我们的学习效率和生活质量。要想拥有健康、提高生活质量，体育运动是必不可少的。研究表明，定期的、有规律的有氧运动，是提高心肺系统功能，抵御"现代文明病"侵袭的最有效的手段。

每个人对有氧运动的适应能力可能都不同，如果考虑到个人能力并适当地进行有氧运动，则对健康和体能的许多方面都会有积极的影响。研究表明，有氧运动能有效控制体重，降低患心血管疾病的危险性。有氧运动可引起机体多方面的适应，如循环系统、呼吸系统、骨骼肌和供能系统等。有氧运动对于提高心肺系统功能的作用主要表现在以下几方面：

（1）提高肺循环和体循环的机能水平，提高血液中的含氧量。

（2）提高肺通气量（更高效的呼吸），使呼吸肌更强壮（例如膈肌），提高氧传输能力。

（3）强化心肌功能，使心脏更强壮更高效，提高泵血的能力（增加心输出量），降低心脏疾病的风险。

（4）提高运动后心脏的恢复机能水平，降低静息心率，降低在各种身体活动强度下的心率。

（5）全方位调整身体以适应脂肪燃烧为功能的运动方式。

（6）提高自我心理调整能力和平衡心态，减少抑郁和焦虑的倾向；提高放松和睡眠的能力，提高抗压能力。

（7）提高基础代谢率。

（8）降低高血压、高血脂。

（9）强化肌肉。

（10）改善和平衡身体形态。

（11）提高身体柔韧性以增强肌体的防损伤能力。

第二节 心肺耐力训练的原理

一、心肺运动的频率和时间

（一）频率

心肺运动的频率，即每周运动的次数。运动频率随运动强度变化，推荐的有氧运动频率为每周运动 3~5 次。当频率小于 3 次时，运动改善心肺能力随运动频率的减少而减少，当运动频率大于 5 次时，心肺耐力的提高会出现平台期。因此，对于大部分人群，可以进行每周 5 次的中等强度有氧运动，或者进行每周 3 次较大强度的有氧运动，或者进行 3~5 次中等和较大强度的有氧运动。

（二）时间

时间指参加活动或运动训练课的时间长度，通常以 min 为单位。根据目前关于身体活动的最新的公众健康指南建议，成年人每周应进行 150 min 的中等强度的有氧活动（例如快走），或每周 75 min 的高强度有氧活动（例如跑步），或等量的中高强度混合的有氧活动。建议参加每周 5 次，每次 30 min 的中等强度的有氧运动，或每周 3 次，每次 30 min 的高强度的有氧运动，或两者结合。表 5-2 给出了一般有氧活动建议。

研究表明，虽不能进行 30 min 的心肺运动，但仍然可以从有氧运动中获益，但要想改善、提高心肺耐力，每周至少进行 3 次以上中到大强度的有氧运动，如分成两到三次每天 10~15 min 的锻炼。如果时间有限，可以将每日 30 min 分成两次 15 min 的运动，这种累积性的锻炼可以产生与同时进行有氧运动相同的效果。

表 5-2　一般有氧活动建议

强度	频率	时间
中等：40%~59% 的 VO_2R 或 55%~70% 的 HR_{max}	至少每周 5 天	每周 150 min
较大：约 60% 的 VO_2R 或大于 70% 的 HR_{max}	至少每周 3 天	每周 75 min
中等和较大强度组合	每周 3~5 天	每周 75~150 min

二、心肺运动的强度监测

心肺运动强度指的是特定活动对人体生理刺激的程度。监测运动强度的指标有监测心率、计算最大摄氧量或运动中呼吸变化和运动中自我感觉等。运动强度与获得健康益处有明显的量效关系，低于最小强度或阈值的运动无法刺激机体的心肺耐力提高。最小阈值强度受年龄、健康状况、心肺能力水平等影响，一般建议大多数健康成人进行中等（40%~59% HRR 或 VO_2R）到较大强度（60%~89% HRR 或 VO_2R）的有氧运动，对于健康状况不好者，可进行低强度（30%~39% HRR 或 VO_2R）到中等强度的有氧运动。

（一）谈话测试

对于初学者，谈话测试是一个确定有氧运动强度的简单方法，不需要设备或特殊的培训。中等强度时，能够说一个句子，但不能在运动时舒服地进行对话。如果在运动的时候可以唱歌，那说明强度较小。在有氧运动中，说话的能力将确保你的运动水平是安全的（见表 5-3）。这种方法是为初学者而不是为高级运动者设计的。通过增加强度、频率和时间来进行心肺运动时，需要使用一种不同的监测强度的方法，以达到更高的心肺健康水平。

表 5-3　谈话测试预测强度参考表

运动中说话能力	预测心率	预测强度
可以唱歌	100 次/min 以下	小强度运动
可以正常语言交流	100～120 次/min	中小强度运动
只能讲短句子	130～140 次/min	中等强度运动
不能用语言交谈	超过 140 次/min	大强度运动

（二）RPE 表

RPE 表用于通过主观体力感觉监测运动强度，该量表由瑞典科学家 Borg 于 1962 年提出，经过大量的实验证实量表非常科学、简易、实用。主观体力感觉等级与心率密切相关，运动过程中的主观体力感觉等级数乘以 10，即相当于运动中的心率（次/min）。如，运动中主观体力感觉等级数为 12，即相当于运动中的心率为 120 次/min。

人体运动过程中的主观体力感觉可分为 6～20 个等级，小强度运动的主观体力感觉为轻松（9～10 级），中等强度运动的主观体力感觉为稍累（13～14 级），大强度运动的主观体力感觉为累（15～16 级），具体见表 5-4。

对于大多数成年人，推荐的 RPE 为 5～6，这意味着你应该感觉你可以锻炼很长时间，虽然你呼吸沉重，但你可以进行简短的交谈。建议初学者和那些有危险因素的人从 3～4 级的运动开始，这意味着呼吸很容易，你可以继续交谈。当你评估自己时，记得检查呼吸短促的感觉以及肌肉的疲劳程度。

表 5-4　RPE 与运动强度

RPE 等级	主观感觉	运动强度分级
6～7	毫不费力	低
8～9	极其轻松	低
10～11	很轻松或轻松	较低
12～13	有点吃力	中等
14～16	吃力	较大
17～18	很吃力	大
19	非常吃力	次大
20	力竭状态	最大

（三）最大心率百分比法

最大心率是指人体运动过程中所能达到的最快心跳频率，用次/min 表示。测定最大心率的方法有直接测定法和间接推测法。直接测定要在专门的测试机构采用递增负荷运动测试。人体的最大心率与年龄有关，在过去，是使用 220 减去年龄的公式预测最大心率法来寻找目标心率,其错误率为每分钟+12或-12次。最近的研究证明了一种用更精确的计算来确定目标心率的方法,即Tanaka公式法:最大心率(次/min)= 208 - 0.7×年龄(岁)

可以根据最大心率百分比来推算运动强度。体育活动时,心率在85%或以上最大心率,相当于大强度运动;心率控制在60%~85%最大心率范围,相当于中等强度运动;心率控制在50%~60%最大心率范围,相当于小强度运动。

(四)靶心率法(目标心率法)

运动时循环系统机能处于最佳状态,而且又不因心跳加快而感到不适,这时的心率称为靶心率。有了目标心率范围,在整个运动过程中可通过戴在手腕或胸部的心率监测器或手动进行10 s的脉搏检查来定期监测运动强度。进行脉搏检查时,从0开始数每分钟的节拍数,然后乘以6,就得到每分钟的节拍数。以下是使用目标心率范围计算强度水平的4个步骤:

(1)通过Tanaka公式算出最大心率:最大心率 = 208 - 0.7×年龄(岁)。
(2)减去静息心率(脉搏)。
(3)乘以你选择的强度等级范围(初级、中级、高级)。
(4)加上静息心率(脉搏)。

靶心率 =(最大心率 - 安静心率)×(70%~85%)+ 安静心率

例如,某运动者20岁,测安静心率为55次/min,他的最大心率和运动靶心率为多少?根据上述公式,最大心率 = 208 - 0.7×20 = 194(次/min)。靶心率范围:(194 - 55)×(70%~85%)+ 55 = 152~173(次/min)。这名学生以靶心率进行锻炼,健康会有较大收益。

注意:初学者的强度等级范围是40%~60%。

三、心肺耐力运动类型

类型指所选择活动的模式或类别。有氧运动是发展心肺耐力最好的运动形式,任何活动或练习必须满足3个条件才可被认为是"有氧"运动:有节奏的,使用大肌肉群,并且本质上是连续的运动。有氧运动的目的在于增强心肺耐力。在运动时,由于肌肉收缩而需要大量养分和氧气,心脏的收缩次数便增加,而且每次压送出的血液量也较平常多。同时,氧气的需求量亦增加,呼吸次数比正常多,肺部的收张程度也较大。所以当运动持续,肌肉长时间收缩,心肺就必须努力地供应氧气分给肌肉,以及运走肌肉中的废物。而这持续性的需求,可提高心肺耐力。当心肺耐力增加了,身体就可从事更长时间或更高强度的运动,而且较不易疲劳。

表5-5列举了不同类型的有氧运动。

表5-5 有助于改善或维持心肺健康的有氧活动

运动	推荐人群	活动
较低的有氧活动	所有成年人	步行、慢舞、自行车等
剧烈的有氧活动	规律运动和体能水平高于平均水平者	慢跑、划船、椭圆机训练、快节奏舞蹈、游泳、越野跑、滑雪等
娱乐性活动	体能水平良好者	足球、篮球、球拍运动等

（一）基于设备的有氧运动

跑步机、步进器、椭圆机和弧形训练器都是有氧运动器械，所有这些有氧运动器械都能锻炼身体的大块肌肉，对任何健身水平的人都有效。目前有氧运动器材还配备心率监测器和程序，范围从步行训练到精英赛跑训练，可以监测运动强度，还可以选择不同的跑步方案。有些机器除了腿部运动，还有可选的手臂运动。对于初学者或有健康问题的人（肥胖或关节问题），建议每隔一天使用这些类型的机器，以便使关节（脚踝、膝盖和臀部）充分休息，或可以选择自行车等机器，坐着进行运动，避免过大体重对关节的压力。

（二）团体有氧课程

团体有氧课程的一个特点是运动时常伴有音乐，用音乐来带动节奏，让运动更加令人享受，如有氧舞蹈、健美操、运动训练课程 Crossfit、动感单车等。各种组织和健身中心提供各种各样的有氧运动课程。健美操课一般从轻度的有氧热身开始，然后进行中等强度到高强度的运动，包含多种类型的步伐和各个方向的移动。运动训练课程 Crossfit 则模仿特定的运动训练，使用绳索、药球、波速球、绳梯等健身工具使运动更具趣味性，也更有效。团体项目的运动强度与动作的编排、音乐的节奏等有关，分为初级、中级、高级等不同的等级，根据个人体能，可选择适合自己的团体项目进行训练。目前，较多的团体课程均配备团体心率监控设备，实时看到自己的运动心率。

（三）其他休闲娱乐项目

球拍运动、篮球和足球也是很好的有氧运动。这些活动大多数需要特定的技能以及专门的设备、领域和队友。其他娱乐活动，如游泳和户外自行车运动不仅适合任何健身水平，而且可以独自完成，但需要特定的领域，如泳池和设备。最后，步行和跑步对于任何健康水平的人都是理想的运动，可以单独完成，也可以在任何地方与其他参与者一起完成。

四、心肺耐力的运动量

运动量是由运动频率、运动强度和运动时间共同决定的，即运动处方原则中的 FIT。运动量对健康/体适能的重要促进作用已被证实，其对身体成分和体重管理的重要性尤为突出。运动量常用 MET·min/wk[①] 和 kcal/min，kcal/wk 来表示。许多研究结果已证实，500 ~ 1 000 MET·min/wk 的运动量与更低的心血管发病率、死亡率密切相关。因此，为大多数成年人推荐的合理运动量是 500 ~ 1 000 MET·min/wk，此运动量相当于每周 150 英里（或消耗 1 000 kcal）的中等强度运动。计步器是一种能够促进体力活动增加的有效工具，可以通过记录每天行走的步数来估算运动量。2016 年，中国营养学会推荐的步数是每天 6 000 步。为达到每天 6 000 步的目标，可以采用下述方法来估算运动量：

（1）100 ~ 120 步/min 的步行速度相当于中等强度的运动。

（2）每天以中等强度步行 30min，相当于每天步行 3 000 ~ 4 000 步。

（3）每天走 1 km 相当于行走 1 200 ~ 1 300 步。

---

① wk 指每周。

如果以维持正常体重为目的，男性运动者需要每天步行 11 000～12 000 步，女性需要每天步行 8 000～12 000 步。但是，使用计步器估算运动量存在一定的误差，因此最好的做法是将步速与目前推荐的运动时间结合起来使用，如每天以 100 步/min 的速度步行 30 min，或者以此速度每周步行合计 150 min。

第三节　心肺耐力的训练

在心肺功能训练之前应该安排热身活动，之后则应安排放松活动。热身将会使身体为体育活动做好准备，它可以是一般性热身，也可以是特定于某个活动的针对性热身。一般来说，热身的心肺功能部分应该以中低强度持续 5～10 min。而 5～10 min 的放松则为身体提供从运动恢复到安静稳定状态的必要转换。柔韧性练习在热身和放松中同样非常重要，可以使肌肉回归至其最佳静息长度。

一、方法介绍

心肺耐力的训练与运动负荷量和负荷强度的安排至关重要，总的工作量远比强度更为重要。在最大限度动用机体有氧代谢系统使其处于最大应激状态下训练，才能有效地提高机体的有氧工作能力。改善心肺适能的训练方式有许多，有持续训练法、乳酸阈强度训练法、间歇训练法和循环训练法等。

（一）持续训练法

持续训练法是指强度较低、持续时间较长且不间歇地进行训练的方法。持续训练可使我们的运动机能在较长时间的负荷刺激下产生稳定的适应，能提高大脑皮质神经过程的均衡性和机能稳定性，改善参与运动有关中枢间的协调关系，内脏器官产生适应性的变化；并能提高心肺功能及最大摄氧量，引起慢肌纤维出现选择性肥大，肌红蛋白也有所增加。对发育期的少年运动员及训练水平低者尤其要以低强度的匀速持续训练为主。

（二）乳酸阈强度训练法

个体乳酸阈强度是发展有氧耐力训练的最佳强度，以此强度进行耐力训练，能显著提高有氧工作能力。目前，在田径的长跑、自行车、游泳及划船等训练中，已广泛采用个体乳酸阈强度进行训练。

有氧能力提高的标志之一是个体乳酸阈提高。由于个体乳酸阈的可训练性较大，有氧耐力提高后，其训练强度应根据新的个体乳酸阈强度来确定。一般无训练者，常以其 50% VO_2max 的运动强度进行较长时间的运动，而血乳酸几乎不增加或略有上升，经过良好训练的运动员可达到 60%～70% VO_2max 强度，而优秀的耐力专项运动员（马拉松、滑雪）可以 85% VO_2max 强度进行长时间运动。这表明，运动员随训练水平的提高，有氧能力的百分利用率明显提高。在具体应用乳酸阈指导训练时，常采用乳酸阈心率来控制运动强度。

（三）间歇训练法

间歇训练法是指在两次练习之间有适当的间歇，并在间歇期进行强度较低的练习，而不是完全休息。由于间歇训练对练习的距离、强度及每次练习的间歇时间有严格的规定，往往不等身体机能完全恢复就开始下一次练习，因此，对机体机能要求较高，能引起机体结构、机能及生物化学等方面较深刻的变化。

（四）循环训练法

每次训练时把多个训练身体不同部位的动作，一般 6~10 个，按顺序编排好，一般一个动作 20~40 s，每个动作间歇 10~15 s，组间间歇 2~3 min，按此进行训练，循环 2~3 组。如选择深蹲、平板支撑、开合跳、仰卧起坐、高抬腿、立卧撑、俯卧登山等动作循环训练，根据自身的体质体能水平增减运动强度。该方式的训练可以在场地较小的地方和室内完成，不需要专业跑道，可以设计一些全身肌肉的运动，组合地循环训练，提高心肺耐力水平。

二、不同心肺耐力水平的训练重点

不管采用何种训练方式，应该根据自身的体能状况，确保在安全的状况下进行训练。将心肺训练分为三个阶段，从发展基础有氧能力到发展速度耐力，以帮助同学们逐级发展心肺耐力水平。

1. 第一阶段：一般耐力储备训练

对于刚接触心肺运动的人来说，需要先发展基础的有氧能力，即一般耐力储备，以避免过度的训练与衰竭。一般耐力的练习强调全身各器官都被动员，运动强度相对较低，但运动时间要求更长。对于健康的成人来说比较安全的强度是最大心率的 65%~75%，若以主观体力感觉强度来看，是 12~13 级。训练应该慢慢地增加其连续有氧运动的时间，从 30 min 至 60 min。一般耐力储备期要做的是渐进地努力增加连续有氧运动的时间与强度，能保持 65%~75% 最大心率运动 30 min 以上，每周持续 2~3 次，持续 6 周以上，可提高有氧代谢能力，则可以尝试下一阶段中低强度的心肺训练。表 5-6 为一般耐力储备的运动建议，表 5-7 是提高一般耐力的方法。

表 5-6 一般耐力储备的运动建议

运动强度	65%~75% HRmax
适宜人群	健康的心肺耐力初学者
运动方式	持续运动、间歇运动
每日运动量	30~60 min
每周运动次数	3 次以上
持续运动天数	无限制
运动目的	促进新陈代谢、发展一般心肺耐力的储备能力

表 5-7 提高一般耐力的方法

方法	举例	强度要求
走跑交替	如直道跑弯道走，或者可以跑 200 m 然后走 200 m，走跑交替的距离和跑步的速度可根据自己的能力逐渐提高	HRmax 的 65%~75%，每周 3~5 次，每次 30 min 以上
定时跑	中等速度完成规定的跑步时间，如 10 min、15 min 等。可根据自身体力不断提高训练时间，或者训练时间不变，提高跑步速度	
定距跑	中等速度，完成规定的跑步距离，比如匀速跑 2 000 m、3 000 m 等，逐渐增加跑的距离	
其他方法	如游泳、登山、骑自行车、跳健身操等，以有氧运动为主，也可发展一般耐力	

2. 第二阶段：提高有氧代谢训练

针对已经有中低强度心肺能力的人群，本阶段训练重点是提升运动强度，如跑步的话可以提高难度、坡度训练等，也可采用间歇训练。训练的心率应该在最大心率的 76%~85%，或是主观体力感觉强度的 14~16 级。一般来说，间歇训练与休息的比例应该从 1∶3 开始，也就是 1 min 的强度训练，紧接着 3 min 的休息恢复。一旦整体状况有进步时，比例可以调整为 1∶2，最后可以再改为 1∶1。此外，强度训练的时间可以渐进地增加。表 5-8 为一般有氧代谢的运动建议，表 5-9 是提高耐力的方法。

表 5-8 第二阶段：一般有氧代谢的运动建议

运动强度	76%~85% HRmax
适宜人群	健康青少年、运动员、健身爱好者、常活动健康人群
运动方式	渐增运动方式、变速运动方式、间歇运动
每日运动量	40~60 min
每周运动次数	3~5 次
持续运动天数	6 周以上
运动目的	提高心肌、慢肌纤维及部分快肌纤维的有氧代谢能力

表 5-9 提高耐力的方法

方法	示例	强度
变速跑方法	快跑与慢跑交替，快跑时以中等速度完成，可进行等距离变速跑、不等距离变速跑，还可进行递增或递减的变速跑，如进行快跑 200 m、慢跑 200 m 的等距离变速跑，或者快跑 300 m、慢跑 100 m 的不等距离变速跑	最大心率的 76%~85%，或是主观体力感觉强度的 14~16 级
重复跑	以固定的距离、固定的时间、固定的配速进行次与组之间的反复跑，如进行 3 个 400 m 跑，要求每个 400 m 在规定时间内完成，每组间歇时间 4 min。随着训练水平提高，逐渐缩短休息时间，这样才能提高速度耐力的水平	

续表

方法	示例	强度
间歇跑	在一次或一组练习后,严格控制时间,在机体尚未完全恢复的情况下,进行下一次练习。组与组之间的间歇时间以心率恢复到第一阶段最大心率的65%~75%才可进行下一组训练,一般不少于4组。如4个200 m的间歇跑,要求每个200 m在一定时间内完成,心率恢复到22~24次/10 s时(个体差异,自己计算65~75%最大心率),进行下一个200 m练习	最大心率的76%~85%,或是主观体力感觉强度的14~16级

3. 第三阶段:高强度间歇训练

针对已经有中高强度心肺耐力基础的人群,重点进行速度耐力的训练。速度耐力是保持耐久跑过程中速度的能力,速度能力对于提高中长跑运动成绩是至关重要的。其训练强度以85%~95%最大心率强度,或是主观体力感觉强度的17~19级来衡量。每组持续时间一般4~6 min,练习3~8组,每日运动时间16~32 min,组间间歇2~3 min,每周2~3次,持续3周,提高速度耐力和有氧代谢能力。

可采用高强度间歇训练,以短时间×高强度的训练(如冲刺),搭配低强度的休息恢复(如慢跑)。最近的研究已经清楚地证明高强度间歇训练对于生理的帮助。因为高强度间歇训练,疲劳是不可避免的,因此需要具备一定的体能状态,需要已具备第一阶段与第二阶段的基础,从前两个阶段转换到第三阶段所需的时间并不一定,也许需要2至3个月的时间甚至更长。表5-10为高强度间歇训练的运动建议,表5-11是提高无氧耐力的方法。

表5-10 高强度间歇训练的运动建议

运动强度	86%~95% HRmax
适宜人群	健康青少年、专业运动员、耐力运动爱好者
运动方式	高强度间歇运动
每组持续时间和次数	(4~6) min×(3~8) 组
每日运动量	16~32 min
组间间歇时间	2~3 min
组间间歇运动强度	65%~75% HRmax
每周运动次数	3~5次
持续运动天数	3周
运动目的	提高有氧代谢能力,提高肌纤维毛细血管密度和线粒体数量,提高乳酸耐受能力,提高呼吸肌肌力

表 5–11 提高无氧耐力的方法

方法	示例	强度
高强度间歇训练	短时间×高强度的训练（如冲刺），搭配低强度的休息恢复（如慢跑）。10 min 左右热身，心率在 65%～75% HRmax，2～3 min 提升心率至 86%～95% HRmax，维持强度训练至少 1 min，然后休息，待心率恢复到 65%～75% HRmax 时，再次循环训练	心率在 76%～85% HRmax 与 86%～95% HRmax 进行间歇训练

注意事项：没有很好的中低强度运动基础，不建议进行该强度训练。练习速度耐力对场地要求较高，应在专业的田径场进行，过多的大强度运动会引起心肌炎等副作用，肌肉微损伤及神经疲劳的恢复需要 48 h 以上，一周 2～3 次的最大摄氧量强度足以提高耐久跑能力。

此外，还应该适当发展下肢腿部力量，跑步姿势保持沉肩、紧背、收腹、松膝，途中保持匀速跑，呼吸与跑步节奏配合有规律。相信坚持一段时间，你的耐久跑成绩一定会提升。

第六章　增强肌肉力量与耐力的理论与实践

肌肉力量与耐力是体质健康的重要因素之一。肌力是指肌肉收缩所产生的力量，一般而言是指肌肉在一次收缩时所能产生的最大力量，是人体维持姿势和完成动作即一切生理活动所必需的，如身体移动，举起、推、拉东西。肌肉耐力是指肌肉重复收缩时的耐疲劳能力，能持续用力的时间或反复次数。肌肉没有耐力则容易疲劳，不能持续某一姿势或活动。肌肉力量和肌肉耐力是密切相关的，大负荷低重复的抗阻训练可以发展快速收缩的肌肉纤维，从而增加肌肉的质量，提高力量，较轻的负荷和较高的重复动作会发展慢肌纤维，这将增加肌肉耐力和改善肌肉张力。

第一节　肌肉力量和耐力的基础

一、人体肌肉的基础知识

神经系统是运动产生的控制中心，骨骼系统为我们的身体提供结构框架。然而，要完成运动产生的循环，身体必须有一个神经系统可以指挥的装置来移动骨骼系统。肌肉产生内部紧张，在神经系统的控制下，操纵我们身体的骨骼产生运动。肌肉是我们身体的动力和稳定器。力量训练主要对身体中较大的肌肉进行强化训练。

分布在身体表面的肌肉称为"浅层肌群"，浅层肌群是提供身体技术动作发挥力量的"原动力"，如三角肌、背阔肌、股四头肌、臀大肌等。表面看不到的、分布于内侧的称为"深层肌群"，深层肌群主要是在稳固关节的旋转轴、保持良好身姿方面发挥作用，如腹横肌、臀中肌、腰方肌、髂腰肌等。在力量训练时，不仅要强化浅层肌群，为了能更好地掌握正确的动作，预防运动损伤，还必须强化深层肌群。

（一）骨骼肌的宏观结构和组织（见图6-1）

骨骼肌的基本结构成分是肌纤维，也叫作肌细胞。肌纤维是圆柱形细胞，含有数百个细胞核。长度的变化范围是几毫米到30 cm。包绕并分割肌纤维的结缔组织叫作肌内膜。肌纤维组成不同大小的肌群（或肌束），含有多达150条肌纤维。包绕肌束周围的结缔组织是肌束膜。包绕整个肌肉的结缔组织是肌外膜。肌外膜和肌肉内部的结缔组织合并成肌腱。与肌肉不同的是，肌腱不具有收缩性质。

图 6-1 骨骼肌的宏观结构和组织

（二）肌纤维的类型

肌纤维是又细又长的圆柱形细胞，肌肉的力量和耐力大小很大程度上取决于肌纤维的类型。肌纤维按照收缩的特征可分为两种类型：慢肌纤维（Ⅰ型纤维）和快肌纤维（Ⅱ型纤维）。

快肌纤维（Ⅱb型纤维）：收缩速度快但易疲劳。Ⅱa纤维处于两种纤维之间，具有两种纤维的特征。快肌纤维血管较少，通常为白色，又称为白肌。

慢肌纤维（Ⅰ型纤维）：收缩速度慢但持久力较强。慢肌纤维有较多的血管，通常为红色，又称为红肌。

两种肌纤维在运动中扮演着不同的角色，如果肌肉含有的慢肌纤维较多，那么就具有较好的肌肉耐力，长距离跑的能力就相对较好。肌肉含有快肌纤维较多，那么肌肉力量就相对较大。因此，田径比赛中短跑选手一般快肌纤维较多，他们是瞬间冲刺、爆发力好的选手；而从事类似长跑等耐力型运动的运动员则慢肌纤维较多。

各种肌纤维的数量组成比例（肌纤维组成）基本上是由遗传所决定的。随着年龄的增加，快肌纤维将会逐渐衰退（萎缩），这也是老年人不能像以前那样身手敏捷的原因。而力量训练能有效地防止快肌纤维萎缩。强度较低的运动主要使用慢肌纤维，而强度较大的运动则多使用快肌纤维。

二、影响肌肉力量的因素

肌肉力量的大小受遗传、纤维类型、肌肉质量、神经肌肉协调关系等一系列生理乃至心理因素的影响。

（一）肌源性因素

1. 肌肉横断面积

肌肉的生理横断面是决定肌肉力量的重要因素，其生理横断面愈大，肌肉收缩产生的力量愈大。

2. 肌纤维类型

快肌纤维较慢肌纤维能产生更大的收缩力，所以当肌肉中快肌纤维所占的比例较高时，可发挥的肌力就会比较大。

3. 肌肉初长度

等长收缩的状态下，人的肌力大小与肌肉收缩的初长度有关。

（二）神经源性因素

中枢兴奋的强度、同步兴奋的运动单位数目及肌群的协调活动均能影响肌肉力量。

1. 中枢激活、中枢神经系统的兴奋状态

运动中枢产生强而集中的兴奋，能动员更多的运动单位参与工作，肌力增大。其他条件相同的情况下，动员的肌纤维数目成为肌力的主要因素。研究表明：肌肉克服最大肌力的20%～80%的阻力负荷时，肌力的增加主要靠不断动员更多的运动单位来完成；当阻力负荷超过80%时，肌力的增加主要靠提高神经中枢发放冲动的频率和有关中枢同步兴奋程度来实现。

2. 中枢神经对肌肉活动的协调和控制能力

在身体要进行动作时，大脑会通过运动神经元，叫醒适当部位的肌肉收缩、放松，拉动相关骨骼进行相应的活动。

有足够的肌肉和大脑配合，才能完美地进行动作。不同肌肉群受不同的神经中枢支配，中枢之间良好的协调配合将减少因肌群间工作不协调所致的力量抵消和能量消耗，有利于发挥更大的肌力。

（三）其他因素

1. 年龄性别

肌力随年龄自然增长，青春期后，力量的性别差异加大，最明显的差异就是睾酮和雌激素水平差异导致力量、肌肉量的差异。男子身型普遍大于女子，所以肌肉量不同，从而力量产生差异。相同地，女子体脂含量高于男子，因此女子的相对肌肉量比较小。20～30岁时肌力达最大，以后逐渐下降。除了肌肉量减少，肌肉的质量也会随着年龄的增长而下降，产生力量的能力下降。在衰老的过程中，肌肉力量不仅减小了，而且爆发力也减小了，这些影响了日常生活中的活动能力，与老年人的摔倒有关。

2. 激素作用

对肌肉力量影响较大的激素有生长激素（GH）和睾酮（T）。

生长激素的作用：促进肌肉蛋白质合成，增加萎缩肌肉的体积，改善肌肉功能。生成激素对肌肉的营养作用主要是通过激发胰岛素样生长因子（IGF）而发挥生理效应。IGF-1可以加强骨骼肌细胞间氨基酸和葡萄糖的转运，增加骨骼肌血液供应，促进肌蛋白合成、抑制分解。

睾酮的作用：刺激肌肉摄取氨基酸，进而促进肌纤维的增长，增加肌肉力量。

3. 力量训练

力量训练可以提高肌肉力量，改善肌肉运动能力，目前认为这种效应主要是通过肌肉壮大、改善肌肉神经控制、肌纤维类型转变和肌肉代谢能力增强等多种机制实现的。重量训练计划需要每4到6周改变一次，以不断挑战肌肉组织，使其以稍微不同的方式进行运动。这可能包括改变练习、套路、重复、设备、重量和训练方式。

三、抗阻训练的益处

力量是人体一切活动之本，是人体其他活动能力的基础。规律进行抗阻训练能取得两种主要效果，即肌纤维尺寸与肌肉收缩力增大，次要效果包括肌腱（连接肌肉与骨骼）与韧带（连接骨）的抗拉强度增大、骨密度（BMD）增大。平均而言，无训练的成年人进行抗阻训练后，肌肉质量能增加1.4 kg；静息代谢率（RMR）增大7%；连续进行10周抗阻训练后体脂可减轻1.8 kg（West colt, 2012年）。不进行力量训练的成年人，体力会随着年龄增长而减退，50岁以前每10年流失3%~8%的肌肉质量，在50岁以后每10年流失多达10%的肌肉质量。因此，男性和女性要想维持体力水平与运动表现，必须将规律的抗阻运动纳入其积极的生活方式中。

实施力量训练可产生短期效应，表现在增强体质、提高爆发力和增加肌肉力量、肌肉功能性肥大等，这些效果称为"一般性效果"或"一次性效果"。

长期规律地进行力量训练，可以收到更加明显的有益效果，主要表现在生理、身体和运动表现方面，见表6-1。

表6-1 抗阻训练的益处

生理方面	身体方面	运动表现方面
改善心血管有效率	增加组织（肌肉、肌腱、韧带）的抗拉强度	增加神经肌肉控制（协调）
有益内分泌（激素）和血脂（胆固醇）的适应	增加肌肉纤维的横截面积	增加耐力
减少体脂肪	减少体脂肪	增强力量
提高新陈代谢效率		增强爆发力

抗阻练习可以抵抗细胞衰老因素，减缓衰老，还能降低日常生活中各种体力活动的生理应激，提升身体机能，改善平衡和协调性，预防损伤。无论是高强度的肌肉锻炼项目，还是一种循环运动来强健身体，功能性力量都会增强，日常活动将会变得更容易，提高生活质量。此外，强壮的肌肉有助于通过改善平衡和协调来防止受伤，从而减少摔倒。

抗阻训练能有效管理、缓解、预防慢性疾病。降血压、改善血脂水平、提升胰岛素敏感度/血糖控制水平，防治糖尿病、心脏病、中风、新陈代谢综合征等；预防和减轻心理抑郁、焦虑，增强活力和缓解疲劳。

抗阻训练能改善姿态、减脂，还能有效保持肌肉，增加的瘦体重会提升基础代谢、燃烧更多的能量。此外，500 g肌肉比500 g脂肪更紧凑，所占的空间更少，所以随着瘦肌肉的增加，体格得到改善，肌肉会变得结实，脂肪层会变小，增加肌肉使保持健康的体重变得更容易。随着背部和肩膀变得更强壮，身体姿势会得到改善，坐着或站着时背部挺直，也不会很快感到疲劳。

抗阻训练改善骨骼和关节的健康。重量训练增加了对骨组织的压力，提高骨密度，增强骨质，可以预防骨质疏松症。力量训练可以强化关节周围的肌肉，改善关节的稳定性，改善关节功能，预防下背部痛、关节病等。

第二节 肌肉力量和耐力的训练原理

本节介绍的抗阻运动训练原理主要目的是促进健康。运动的频率、强度、时间、类型决定着其目标是一般的肌肉健身、肌肉耐力、肌肉肥厚、肌肉力量,这些方面也影响着力量发展的速度和水平。

一、肌肉力量训练的基本原则

(一) 超负荷原则

超负荷运动时肌肉对抗大于平时已经适应的负荷,称为超负荷。肌肉或肌群超负荷时,对抗最大或接近最大阻力,能有效地发展肌肉力量。超负荷可使肌肉得到极大刺激,并产生一定生理适应,使肌肉力量增加。应当注意的是,超负荷并不是超过本人的最大负荷能力,而是指这种负荷应超过平时的一般负荷阻力,或超过自己过去已经适应的负荷。

(二) 渐增阻力原则

超负荷训练使肌力增加,使原来的超负荷变成了已经适应的负荷,而不是超负荷了。这时如果不增加训练负荷量,使之达到新的超负荷,就不能使力量继续增加了。只有逐渐增加负荷量,使负荷重新成为超负荷,训练效果才能不断地增进。在进行力量训练时,如何确定负荷以及何时增加负荷是人们经常关心的问题。以 8RM(强度·重量,指重复做的最大数值)负荷为例,当随着力量的增加 8RM 的负荷逐步变成可重复 8 次以上,直至受训者能使 8RM 负荷重复 12 次,即这一负荷变成 12RM 时,就要考虑增加训练的负荷,使新增加的负荷又成为 8RM。这就是所谓的"负荷到 8,训练到 12"。当然,渐增负荷的标准也要区别对待,如在训练的开始阶段,或是力量较弱者,可以采用"负荷到 10,训练到 15",或"负荷到 15,训练到 20"等。为了发展绝对肌肉力量,也可采用"负荷到 1,训练到 5"的训练原则。

(三) 由大到小原则

所谓由大到小原则是指在负重抗阻训练中,先进行主要由大肌肉群参与的练习,然后进行小肌肉群的练习。由大到小原则的生理机制是:

(1) 当一块肌肉受到训练而增加力量时,身体其他肌肉的力量也会在一定程度上有所增加。因此先练习大肌肉群,这种相互影响会更加明显。

(2) 小肌肉群容易疲劳,一块肌肉的疲劳在一定程度上也可能对其他肌肉的工作能力有所影响。因此,先练习大肌肉群可推迟肌肉疲劳的出现。

(四) 专门性原则

专门训练的生理学机制是:不同肌群甚至同一肌群的不同运动单位之间应具有一定的神经肌肉协调性。在训练中,不仅肌肉本身会发生变化,神经系统也会发生变化。力量训练的专门性原则包括：

（1）进行力量练习的身体部位的专门性。

（2）练习动作的专门性。即：进行负重抗阻练习时，应包含直接用来完成动作的肌肉群，并尽可能地模拟其实际的动作结构及动作的节奏与速度。

身体部位的专门性和动作结构的专门性，有利于神经系统的协调调节能力，以及肌肉内一系列适应性生理、生化变化。男子投掷铁饼成绩与各肌群的相关系数分别为：肩带肌 $r = 0.735$，躯干肌 $r = 0.629$，腿肌 $r = 0.680$。根据这一关系，对力量训练的部位比例安排应为：肩带肌的力量练习占45%，下肢肌的力量练习占25%，躯干肌的力量练习占15%，全面力量的练习占15%。

运动技术的专门性有时显得更为重要。在一些情况下，两类运动中使用的肌群是相同的，但运动的形式却是不同的。专门训练的重要性，甚至在一些参与工作的肌群和动作结构基本一致的同类运动项目中也可以见到。例如：卓越的短跑运动员，往往不是优秀的马拉松运动员，反之亦然。短跑和长跑只是跑步的速度不同。显然，训练中动作的节奏和速度是非常重要的。因此，在进行专门训练时，练习的动作节奏与速度也要和正式的运动相一致。

（五）合理的训练间隔原则

力量训练的时间间隔是多少才能保证已获得的力量不消退，并使力量得以有效地提高，是人们关心的问题。研究表明：对初次参加运动训练者，隔天训练的效果比每天训练的效果好。每天进行力量训练的初训者，训练10次后，力量可以提高47%；而以同样的训练负荷进行隔天训练的受试者，经过10次训练后，力量提高77.6%。训练间隔时间的长短对力量消退速度的影响不同。让受试者每天进行力量训练，20周后力量提高100%，然后停止练习，30周后力量消退到原来水平；如果连续进行45周的力量训练，每周训练一次，力量的增加只能达到70%，但是力量的消退也较慢，70周后力量仍保持在较高的水平上。另外也有研究证明，通过力量训练使肌肉力量增加后，如果每隔6周进行一次力量训练，可以使力量的消退速度大大延缓，如果每两周进行一次力量训练，可使已获得的力量得到保持。

二、肌肉力量与耐力的训练原理

（一）力量训练要素

力量训练的效果取决于阻力负荷的大小、每组练习的次数与组数、组间间隔时间、完成每组练习的时间、训练频率等训练要素。

1. 抗阻训练频率

抗阻训练的频率建议取决于训练计划的量（数量）和强度以及当前的训练状态。高容量和高强度的训练需要更多的时间来恢复肌肉，因为肌肉中有微小的撕裂（创伤），而较小的容量和较低的强度对肌肉组织产生较少的创伤，需要较少的时间来恢复肌肉。对于目前未参加训练的初学者，建议每周进行全身主要大肌群（胸部、肩部、背部、腰部、腹部、臀部及下肢）2~3天的训练，同一肌群的训练至少间隔48 h。中级或高级水平，建议每周锻炼3~7天。维持去脂体重，每周至少进行1次抗阻训练。可参照表6-2适当安排自己的抗阻训练频率。

表 6-2 健康相关抗阻训练频率

训练状态	建议频率（次/周）
初级——最近来训练或运动技巧低	2~3
中级——掌握基本运动技巧	3~4
高级——掌握高级运动技巧	4~7

可以采用整体法，即一次训练课对全身所有大肌群训练。运动者首先进行第一个练习（全身练习），完成要求的重复次数，然后下一组改为胸部练习，完成要求的重复次数。在胸部练习之后，进行背部练习，依此顺序直到完成所有练习。再按循环训练的方式进行。每组练习都改变所训练的身体部位，非常有利于每个身体部位最大限度地恢复，同时最大限度地减少花在休息上的时间。

抗阻训练部分包含以下练习：①先全身练习，再训练下肢；②胸；③背；④肩；⑤肱二头肌；⑥肱三头肌；⑦腿。将一组训练动作组合，按照一定的顺序进行练习，每个练习的休息时间尽量缩短（见图 6-2）。该训练低到中等强度的组数为 1~3 组，中到高等强度的重复次数为 8~12 次，间隔休息时间为 15~60 s，可以改变任何一个变量调整训练量，对改变身体成分有积极作用。该种训练适用于时间有限的运动者。

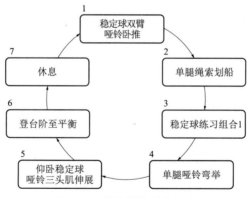

图 6-2 抗阻训练动作顺序

或者进行分化训练，即每次对身体部分肌群进行训练。比如，一周训练 2 天，可分化成上半身和下半身分别训练；如一周训练 3 天：可分化成胸部和背部，肩膀和腿，肱二头肌和肱三头肌进行训练；如一周训练 4 天，可分化成胸肌和肱三头肌、腿、后背和肱二头肌、肩膀进行训练；如一周训练 5 天，可分化成胸部、背部、腿、肩膀、肱二头肌、肱三头肌。表 6-3 为分化训练示例。

表 6-3 分化训练示例

程序	训练日	训练身体区域
2 天	星期一 星期四	胸、肩、肱三头肌 背、肱二头肌、臀、腿

续表

程序	训练日	训练身体区域
3天	星期一 星期三 星期五	胸、肩、肱三头肌 背、肱二头肌 臀、腿
4天	星期一和星期四 星期二和星期五	胸、肩、肱三头肌 背、肱二头肌、臀、腿
5天	星期一 星期二 星期三 星期四 星期五	胸 背 肩 臂 臀、腿
6天	星期一和星期五 星期二和星期六 星期三和星期日	胸、肩、肱三头肌 背、肱二头肌 臀、腿

2. 抗阻训练量（组数和重复次数）

众所周知，肌肉力量的增长依赖于一定负荷的科学训练。运动负荷合理程度直接影响运动效果。影响负荷的因素主要有5个：

(1) 强度：即负重抗阻的大小。一般讲，极限负荷85%以上的重量为大强度，60%~80%为中等强度，50%以下为小强度；通常以竭尽全力只能做1~3次的重量为大强度，6~12次为中强度，15次以上为小强度。

(2) 组数：使用器械的回数。一般4组以下为少组数，4~8组为中组数，8组以上为多组数。

(3) 次数：一组中的动作重复的次数。通常以1~5次为少次数，6~12次为中次数，15次以上为多次数。

(4) 密度：指每组之间休息时间的长短。间歇时间达2~3 min为小密度；1~1.5 min为中密度；每组间歇30 s以内为大密度。

(5) 动作速度：指动作快慢。据研究，快速对发展爆发力有利，混合速度对增长力量有利，而慢速和中速则对发展肌肉有利。要根据锻炼的目的任务不同进行负荷因素调节，发展爆发力，增加肌肉体积，或增长肌肉耐力，削减脂肪，其练习中因素也不同。

运动量的计算公式为：运动量 = 组数 × 重复次数 × 重量。

对于刚接触抗阻训练的初阶运动者，宜采用低强度训练，强度过高会导致延迟性肌肉酸痛。一般性的肌肉健身，1~2组，8~15次重复，抗阻重量根据个人而定，差异较大。经过一般性肌肉训练后，可以进阶训练，如有需要，可测试训练部位的1RM（一次收缩最大肌力），根据不同的训练目标，进行抗阻训练量的安排。

肌肉耐力的训练，需要2~3组，至少12次重复动作，60%~70% 1RM，效果显著；肌肉肥大（体积）的训练需要3~6组，6~12次重复动作，70%~80% 1RM，效果显著；肌肉力量训练需2~6组不超过6次重复动作，80%~90% 1RM，效果显著；爆发力训练需要

3~5组，每组1~2次重复动作，有这种训练目标的人通常是竞技运动员。

表6-4列出了不同训练目标的抗阻训练量。

表6-4 与健康相关的抗阻训练量

训练目标	组数	重复次数	休息间隔	强度
一般肌肉力量训练	1~2	8~15	30~90 s	差异较大
肌肉耐力	2~3	≥12	≤30 s	60%~70% 1RM
肌肉肥大	3~6	6~12	30~90 s	70%~80% 1RM
肌肉力量	2~6	≤6	2~5 min	80%~90% 1RM
爆发力： 单次用力项目 多次用力项目	3~5 3~5	1~2 3~5	2~5 min 2~5 min	>90% 1RM

选自：Baechle T R, Earle R W. 肌力与体能训练精要［M］. 香槟城：美国人体运动出版社，2008；Westcotl W L. 构建力量与耐力［M］. 香槟城：2版. 美国人体运动出版社，2003.

3. 抗阻运动的形式与训练顺序

抗阻练习应包含多关节或复合练习，能调动多个肌群参与运动（如卧推、肩部推举、下拉、臂屈伸、俯卧挺身、仰卧起坐/屈膝两头起、蹬腿和深蹲），还应包括单关节练习（如肱二头肌向心训练、肱三头肌离心训练、股四头肌离心训练、小腿弯举、提踵），以及核心肌群练习（如平板支撑和桥式），多关节训练效果优于单关节训练。表6-5为抗阻运动形式及示例。

表6-5 抗阻运动形式及示例

抗阻运动形式	运动形式示例
单关节	肱二头肌向心训练、肱三头肌离心训练、股四头肌离心训练、小腿弯举、提踵
多关节（推荐）	卧推、肩部推举、下拉、臂屈伸、俯卧挺身、仰卧起坐/屈膝两头起、蹬腿和深蹲
核心训练	平板支撑和桥式

为了避免肌力失衡引起损伤，运动者在进行抗阻练习时应同时练习相对应的肌群（主动肌与拮抗肌），如可以采用俯卧挺身和仰卧起坐分别锻炼腰部和腹部肌肉，用蹬腿和小腿弯举分别锻炼股四头肌和腘绳肌。抗阻运动计划中包括同时发展主动肌和拮抗肌的多关节抗阻运动。

先进行5~10 min的有氧热身，然后对将要锻炼的肌肉群进行温和、静态的运动前拉伸。开始正式的重量训练时，应从较大的肌肉群（胸部、背部、腿部）开始，然后是较小的肌肉群（如肱三头肌、肱二头肌）。因为许多较小的肌肉群主要是稳定（或帮助）肌肉，如果这些较小的肌肉首先疲劳，较大的肌肉可能将得不到充分的锻炼。然后交替练习不同部位的肌肉。最后在特定肌肉组的所有练习结束后拉伸每组肌肉，或者在锻炼结束后拉伸所有肌肉。

很多抗阻运动工具都可以用来有效地提高肌肉适能，包括固定器械类、自由重量类以及弹性阻力类，见表6-6。

表6-6 抗阻训练常见设备或工具

分类	设备	图例
固定器械类	龙门架	
自由重量类	哑铃、杠铃、滑轮系统、医疗球、壶铃	
弹性阻力类	弹力绳、弹力带	

　　固定器械是坐着、站着或躺着使用的器械。当推或拉阻力时，固定器械会引导身体完成练习。如果你是一个初学者，它们是伟大的，因为这些很容易使用的器械指导你通过一系列的运动，显示适当的形式和目标特定的肌肉群，这减少了受伤的风险。你通过固定器械锻炼进步很快。你坐在固定机械，选择一个重量，不需要加载和卸载重盘或调整到另一组哑铃，还不需要监视人协助提升重物。每台固定机械上张贴的说明不仅解释了正确的形式和技术，而且还涉及运动的肌肉。然而，固定机械的缺点是，它通过相同的模式执行相同的运动，且只使用少数稳定的肌肉，人可能变得无聊。

　　重量类器械包括哑铃、杠铃、滑轮系统、医疗球、壶铃、踝铃和任何人体可以在三维空间中自由移动的装置。与机器相比，自由举重使用更稳定的肌肉来支持你的身体。自由举重更多的是模仿现实生活中经常做的动作。自由举重能提高平衡感和协调性，在固定器械上坐下来完成胸部按压练习要比躺在平板凳上用哑铃做胸部按压练习容易得多。此外，自由重量需要更多的脑力，因为它们训练你的身体识别它们在空间中的位置（本体感觉）以及它们是否平衡。如果你参加竞争性和娱乐性的运动，这是很重要的。自由举重是多种多样的，你可以用一套哑铃、一个杠铃或你的体重完成各种各样的练习。自由举重的缺点是需要适当的形式和技巧来进行锻炼,所以更容易让你的身体失去平衡,这就增加了受伤的风险。自由重量比固定机械要花更多的时间,因为你必须加载和卸载重量板。你可能还需要一个观察员的帮助来完成一组的所有动作。大多数举重运动员喜欢自由举重和固定器械的结合。

4. 抗阻运动技术

所有人在进行抗阻运动时,都应使用正确的技术。适当的抗阻训练技术要求在全关节活动范围内对动作进行控制,包含向心和离心肌肉训练动作。为了获得最佳的健康/体能益处、最小化运动损伤的发生率,任何训练水平或年龄段的运动者都应按照技术动作要求完成所有的抗阻练习动作。运动者应该以正确的姿势和技术进行练习,包括缓慢且有控制地重复动作,在全关节活动范围内活动肢体,并且采用适当的呼吸方法(向心阶段呼气、离心阶段吸气),并且避免"Valsalva 动作"。但是不建议运动者进行单纯的大强度(如 > 100% 1 RM)离心收缩或拉长收缩练习,因为这样可能会大大增加肌肉损伤和严重肌肉酸痛的发生风险,甚至导致横纹肌溶解(由于肌肉损伤导致肌红蛋白进入尿液而引发的肾脏功能损伤)等严重并发症。初学者在进行抗阻运动时,应该由有资格的健康/体能专业人士或教练对抗阻训练课中每一个动作进行指导。

5. 抗阻训练的进阶及注意事项

(1)抗阻训练的进阶。初级运动者训练初期主要以稳定性和灵活性训练为主,对目标肌群进行低水平的等长收缩,以提升维持关节姿势和功能的能力,提高腰椎近端的稳定性,并做一些缓慢的动态训练动作,增加肌肉的负荷和运动量。当稳定性和灵活性提高后,应进行动作训练,主要是人体功能动作的训练,如蹲、推、拉、旋转等功能动作的训练,可参考表 6 - 7 力量训练进阶指导示例。

表 6 - 7　力量训练进阶指导示例

等级	躯干力量与稳定	上半身力量	下半身力量
初级	稳定面,如在平整的地板上完成	双臂完成;双臂交替完成	双腿支撑稳定面;前后分腿站立稳定面
中级	不稳定面,如在健身球上完成	单臂完成	单腿支撑稳定面;双腿站立不稳定;前后腿站立不稳定
高级	不稳定面加负重	单臂加旋转身体完成	单腿支撑不稳定

运动者通过抗阻训练计划使其肌肉适应了原有负荷之后,第一种方法是保持负重不变,增加动作的组数和重复次数,第二种是通过超负荷或更大的刺激来增加肌肉力量和体积。"递增负荷"原则可以通过多种方法实现,最常用的方法是增加训练负荷。例如:某人一直使用 50 kg 的负荷进行抗阻练习,当其肌肉适应到能够轻松地重复练习 12 次时,就应该加大负荷,使其在采用新负荷进行一组练习时能够重复完成的次数不超过 12 次,并且在该组练习到最后一次时肌肉没有明显的疲劳和不适。其他的递增负荷方法还包括增加每个肌群的训练组数以及每周练习的天数。每 4 ~ 6 周改变一次锻炼计划,因为这时肌肉会适应已有的锻炼、阻力和重复次数,如果不改变,进步可能会停止。可以通过做各种练习、设定、重复或训练目标来做出改变。例如,对于一般的肌肉健身是 8 ~ 15 次的循环,可以改变抗阻设备、抗阻训练目标、不同肌群运动组合等。

(2) 安全进行力量训练的注意事项：

①检查身体状态：身体状态欠佳的时候最好停止进行力量训练，同时要避免在睡眠不足、空腹、刚吃过饭的状态下进行训练。

②准备活动与整理放松：训练前要进行热身，训练结束后要进行放松。热身活动可以选择 5 min 左右的轻有氧运动，之后再进行 5 min 的关节活动操或肌肉拉伸（动态的拉伸）。练习结束后进行的整理放松活动，要以感到疲劳的部位为中心，将活动较多的肌肉进行拉伸（静力拉伸），放松活动需持续 5~10 min。

③检查器械：练习前必须对使用的器械进行一次全面检查，要看杠铃的两端重量是否一致，杠铃、哑铃的卡箍是否已经固定，健身器的座椅和靠背是否需要调节等等，这种检查是不可或缺的。

第三节 常见肌肉力量与耐力训练动作

本节选择哑铃、弹力绳等比较常见的器材，训练动作简单易学，无须专业健身房训练器材也能练遍全身主要肌肉。上半身的练习包括俯卧撑或卧推、哑铃划船或引体向上；下半身的运动包括深蹲、弓步和提小腿；常见的腹部练习包括卷腹、抬腿和转体。

一、上半身力量练习

（一）胸部肌肉

在人体的胸骨两侧各有两块连接胸壁与上臂和肩膀的肌肉：胸大肌和胸小肌。胸大肌，在胸部上方呈扇形分布（见图 6-3），较大且较浅，起源于锁骨、胸骨、肋骨和腹外斜肌的腱延伸。胸大肌延伸到胸部的上部，附着在肱骨（上臂的骨头）后方的一个脊上。它的主要动作是手臂内收或下沉（与三角肌的动作相反）、手臂绕身体轴向前旋转。当抬起的手臂固定住时（如爬山时），它帮助背阔肌和大圆肌将躯干向上拉。胸小肌大部分位于胸大肌下面，起源于中间的肋骨并插入（连接到）肩胛骨。它可以帮助肩膀向前和向下（与斜方肌相对）。

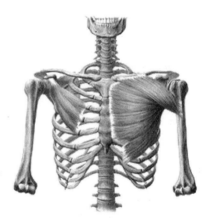

图 6-3 胸大肌

胸肌的主要作用是推动，还负责移动肩关节、弯曲和旋转肘部以上的手臂。

胸肌训练主要有三类：俯卧撑，多关节运动；胸部推举，多关节运动；仰卧飞鸟，单关节运动。

1. 标准俯卧撑（见图 6-4）

对胸部最好的练习之一是俯卧撑。俯卧撑动作通过双手、双脚支撑于地面，屈臂下压到低位，再到撑起身体回位。在整个动作中，可以激活手臂、肩部、胸部、背部、腰腹核心、腿部等全身力量。尤其到了动作底部，可以更多地刺激胸肌、肱三头肌和肩部前束。

图6-4　标准俯卧撑

（1）动作要领：

①准备阶段：

a. 面朝下躺在地板上，身体重心放在膝盖上（调整后的姿势）或脚趾上。

b. 双手放在与肩同宽的地板上，肘部应该指向脚趾。

c. 收紧腹部、脊柱伸直，放松肩膀。

②运动阶段：

a. 呼气，慢慢向上推，直到手臂达到整个范围，但不是锁定的位置。

b. 重量应该放在手和膝盖上（修改的位置）或脚趾上。

c. 脊椎应该与头部和颈部保持中立，看地板。

d. 吸气，下降到离地4英寸以内，肘部靠近身体两侧，然后再向上推。

（2）动作变化：改变手的位置锻炼效果会改变。较宽的手距可以锻炼更多的胸肌，而较近的手距可以锻炼更多的肱三头肌。

2. 宽距俯卧撑（见图6-5）

图6-5　宽距俯卧撑

动作要领：

①挺胸收腹，腰背平直；双手略宽于肩，拇指向外。

②下撑至上臂与地面平行，躯干与腿部始终在同一平面。

3. 窄距俯卧撑（见图6-6）

图6-6　窄距俯卧撑

动作要领:

①挺胸收腹,腰背平直;双手靠拢,食指和拇指相对,形成"心形"。

②下撑至上臂与地面平行,躯干与腿部始终在同一平面。

【选择最适合自己的俯卧撑】

俯卧撑练习不受场地限制,只要有空地,可以在任何地方做这个练习。可以通过调整手的位置、膝盖的姿势,也可以调整脚的位置改变俯卧撑难度。不同类型的基本俯卧撑,会侧重使用不同的肌肉。例如:双手越靠近,肱三头肌训练就越明显;双手之间的距离越宽,胸部就会越用力;双手合十撑放在胸前,需要较多的手臂力量。如果无法完成一次标准的俯卧撑,则可以从站姿双手推墙练习开始,然后进行跪姿上斜俯卧撑、跪姿俯卧撑训练,经过一段时间的训练后,手臂力量和胸肌力量增长,标准俯卧撑动作即可以顺利完成。如果标准俯卧撑可以连续完成数次,有一定的力量基础,可以在标准姿势的基础上,通过改变负重、手脚位置、增加不平衡因素等加大俯卧撑的难度,进一步训练上半身力量。

各种俯卧撑变式,包括退阶动作和进阶动作。

4. 上斜俯卧撑(见图6-7)

图6-7 上斜俯卧撑

动作要领:

①面朝墙面,双手撑在墙面上,间距与肩同宽。脚尖着地,身体挺直,腹部收紧,手臂伸直。

②保持身体挺直,慢慢弯曲手臂使身体向下,同时吸气,直至胸部靠近墙面边缘。

③快速伸直手臂,将身体撑起,回到起始位置,同时呼气。在顶端稍作停留,再进行下一次动作。

5. 跪姿俯卧撑(见图6-8)

(1) 动作要领:

①挺胸收腹,腰背平直,肩、腰、大腿在同一直线上。

②手臂自然伸直垂直于地面。

③双手与肩同宽,向下时至上臂与地面平行,控制肘部紧贴身体两侧。

(2) 错误动作:伸臂时肘关节超伸锁死,训练过程中塌腰或撅臀。

图 6-8　跪姿俯卧撑

（3）纠正：肘关节要伸直，但不要超伸锁死，全程保持腰背挺直，从侧面看身体成一条直线。

6. 跪姿低位俯卧撑（见图 6-9）

图 6-9　跪姿低位俯卧撑

动作要领：双脚以膝盖上方为着力点在凳子上，双手打开撑于地面上，保持挺胸收腹，身体下沉，直到肘关节 90°即可推起还原。

7. 标准低位俯卧撑（见图 6-10）

图 6-10　标准低位俯卧撑

动作要领：脚尖支撑在凳子上，双手打开撑于地面上，保持挺胸收腹，身体下沉，直到肘关节 90°即可推起还原。

8. 瑞士球下斜俯卧撑（见图 6-11）

动作要领：

①俯撑，两手间的距离略宽于肩，手臂伸直支撑身体。

②将脚踝放在瑞士球上，保持身体平衡。

图 6-11　瑞士球下斜俯卧撑

③吸气向下，降低身体，使胸部差不多快要触碰到地板。

④使用胸肌的力量将身体推举回初始位置，挤压胸部。在做这一步的同时呼气。

⑤停留片刻，重复该动作至推荐次数。

9. 弹力带俯卧撑（见图 6-12）

图 6-12　弹力带俯卧撑

动作要领：

①将弹力带绕过身体，俯卧时使弹力绳保持张力，两手支撑弹力绳的两端。

②保持身体自然挺直，收缩胸大肌推起身体，在顶峰稍作停留，缓缓下降，直到肘关节成 90°为止。

10. 药球俯卧撑（见图 6-13）

图 6-13　药球俯卧撑

动作要领：

①俯撑在地板上，身体挺直，腹部收紧。双手间距与肩同宽，一只手撑在药球上，另一只手撑在地面。脚尖着地，双腿分开与臀同宽，以支撑身体平衡。

②保持身体挺直，慢慢弯曲手臂使身体下降，同时吸气，直至胸部接近地面。

③然后快速伸直手臂，将身体撑回起始位置，同时呼气。在顶端稍作停留，再进行下一次动作。

11. 波速球俯卧撑（见图 6-14）

动作要领：

①采用俯卧撑的姿势，身体挺直，双手扶住波速球的平面两侧，身体保持平衡。

②弯曲手肘，将身体躯干降低，保持臀部与脊柱成一直线。

图 6 – 14　波速球俯卧撑

③下降到底端时暂停片刻，然后伸直肘部回到初始位置。

12. 爬行俯卧撑（见图 6 – 15）

图 6 – 15　爬行俯卧撑

动作要领：收紧腹部，腿部保持一条直线，双脚固定，两手依次向前爬行，直至成俯撑姿势，然后屈肘完成一次俯卧撑。

13. 仰卧哑铃胸部推举（见图 6 – 16）

图 6 – 16　仰卧哑铃胸部推举

（1）动作要领：

①准备阶段：

a. 躺在平坦的长凳上，双手各持一个哑铃，双脚支撑地面，挺胸收腹，放松肩膀，保持身体稳定。

b. 将哑铃放在胸部两侧，手臂弯曲支撑哑铃，与肩同宽，双手正握，拇指相对，手掌向前，肘部成 90°。

②运动阶段：

a. 呼气，向上伸直手臂，将哑铃快速上推到胸部上方，掌心向前，直到手臂完全伸展，但没有锁住，在顶端稍作停留，感受胸部肌肉的收缩。

b. 吸气，手臂弯曲，将哑铃慢慢下降到胸部两侧到起始位置，直至胸部被拉伸至极限。

以上是一次完整动作，重复动作至推荐次数。理想情况下，哑铃下降所花费的时间应该是上推所花费时间的两倍。

（2）注意：练完一组后，请勿直接将哑铃扔掉，这样有可能伤到肩袖肌群，也会对周围正在健身的人带来危险。

（3）错误动作：在上升阶段，哑铃发出叮当声。在下降阶段，哑铃靠得太近了。

（4）纠正：把手臂加宽到90°。

（5）动作变化：也可以使用杠铃或弹力带来做这个动作。

14. 仰卧弹力带胸部推举（见图6-17）

a　　　　　　　　　　　　　　　b

图6-17　仰卧弹力带胸部推举

（1）动作要领：

①准备阶段：

a. 将一条弹力带从长椅下方穿过，靠近头部这一侧。

b. 平躺在长椅上，挺胸收腹。双手各握弹力带的一侧，向上伸直手臂，与肩同宽。

②运动阶段：

a. 手臂弯曲，双手缓慢放下，吸气，直到胸部拉伸到极限。

b. 在底部稍作停留后，用胸部的力量将手臂快速向上举起，呼气，直至自然伸直。

（2）注意：在顶部的时候挤压胸部，稍作停留之后再次放下。

（3）动作变化：这个动作也可以在健身球上完成，加大动作的难度，见图6-18。

a　　　　　　　　　　　　　　　b

c　　　　　　　　　　　　　　　d

图6-18　健身球胸部推举

15. 弹力带胸部平推（见图6-19）

图6-19 弹力带胸部平推

（1）动作要领：

①准备阶段：

a. 站姿，上体保持正直，双脚距离与肩同宽，双手握住弹力绳把手，掌心向下，将弹力绳绕在颈背部与胸部。

b. 屈臂，将弹力绳把手置于胸前外侧位置，使弹力绳保持紧张。

②动作阶段：

a. 双脚踩实地面，呼气。向前动作阶段，握住弹力绳把手，伸直双臂，保持两臂与地面平行，保持上体正直。

b. 向后动作阶段，吸气，屈臂使弹力绳把手回到原始位置，保持两臂与地面平行，保持上体正直。

（2）注意：向前动作阶段用力使肘关节超伸，外展，手腕与手臂不成一直线，减轻阻力，保证肘微屈，腕微扣。

16. 仰卧杠铃胸部推举（卧推）（见图6-20）

图6-20 仰卧杠铃胸部推举

（1）动作要领：

①动作要领：

准备阶段：

a. 仰卧，眼睛直视上方卧推杠，双脚踩实放在地板上，臀部、上背部紧贴凳子。

b. 两手间距略宽于肩，掌心向上抓握杠铃。

c. 收腹，放松肩膀。

②运动阶段：

a. 把杠铃从架上拿下，直接放在上胸部上方。

b. 吸气，两臂慢慢弯曲，使杠铃垂直落下，直到肘部弯曲90°，前臂垂直于地面。

c. 呼气，慢慢地垂直向上推举杠铃，直到肘部伸直但没有锁住，胸肌发力彻底收缩，静止1 s。

d. 然后再次下落后推举，重复进行练习。

（2）错误动作：下背部从凳子上弓起或臀大肌从凳子上抬起。

（3）纠正：减少练习的重量。

（4）注意：臀部不要离开凳子，腕关节锁定，两脚要踏实，卧推时沉肩，肩胛骨内收使肩部锁定，注意力集中，在同伴保护下做到力竭（见图6-21，同伴在头后位，两手向上或一手向上一手向下握住杠铃，不要两手掌心向下握杠铃）。每组8~12 RM，中速发展肌肉最佳。当重量增加时可能需要一个观察员。

（5）动作变化：可使用倾斜或下降工作台。

a　　　　　　　　　　　　b

图6-21　同伴帮助

17. 哑铃扩胸（见图6-22）

a　　　　　　　　　　　　b

图6-22　哑铃扩胸

动作要领：

①身体直立，双手各持一只哑铃，将手臂向身体两侧平举，让身体呈T字形状，掌心向前。这是动作的起始位置。

②吸气的同时，慢慢向下做深蹲动作，双臂同时向前方并拢，使掌心相对。下蹲过程中注意背部挺直，膝盖不要超过脚尖，直至大腿与地面平行。然后起身回到起始位置，同时呼气。

以上是一次完整动作，重复动作至推荐次数。

18. 仰卧哑铃飞鸟（见图6-23）

图6-23　仰卧哑铃飞鸟

（1）动作要领：

①准备阶段：

a. 身体放松仰卧在训练凳上，下背部向下紧贴训练凳，双脚踏实放在地板上。

b. 双手握持哑铃，手臂弯曲，将哑铃支撑在胸部两侧，与肩同宽，掌心相对，下背部紧贴训练凳。

c. 收腹，肩胛稳定。

②运动阶段：

a. 双臂向上伸直，举至胸部上方。

b. 吸气，缓慢下拉双臂至身体两侧，至胸部水平，随着打开幅度的增大，手肘弯曲程度略微增大。手臂保持半伸直状态。

c. 感受胸肌的拉伸感，在胸部被拉伸到极限之后，稍作停留，呼气，上臂牵拉哑铃至胸前接触，回到起始位置。

以上是一次完整动作，重复动作至推荐次数。

（2）注意：整个动作不是简单的上下推举，而是像鸟类扇动翅膀。运动的轨迹与地面垂直，而不是与身体垂直。

（3）动作变化：以上动作始终是掌心相对，也可以做下放时拇指相对，上举后掌心相对的旋转飞鸟。

19. 双人胸前推药球（见图6-24）

（1）动作要领：

①双手拿着一个药球，和搭档面对面站立，距离2 m。这是动作的起始位置。

②将球举在胸前，然后伸直手臂将球向你的搭档掷去。对方接到球，再掷回给你。

以上是一次完整动作，重复动作至推荐次数。

a b

图 6-24 双人胸前推药球

（2）动作变化：掷球的时候可以向前跨一步，提供更大的推力。如果没有搭档，可以对着墙练习。

（二）背部肌肉

背部肌肉分为三组：与上肢和肩膀运动有关的浅层肌肉；与呼吸有关的中层肌肉；与脊柱运动有关的深层肌肉。

①浅层肌肉：表面的外部肌肉，连接上肢和躯干，它们形成与中上背部相关的V形肌肉组织，包括斜方肌、背阔肌、肩胛提肌和菱形肌。

②中层肌肉：包括后锯肌、上锯肌和下锯肌。它们的大部分功能与呼吸有关。

③深层肌肉：从骨盆一直延伸到头盖骨，帮助保持姿势和移动脊柱，如竖脊肌。

背部肌肉能保持站立站直姿势，支撑和保护脊柱，伸展手臂和躯干。背部肌肉的主要作用是拉，可支撑颈部，稳定躯干和脊柱，对维持良好的姿势很重要。如久坐、提重物使背部肌肉承受着持续的压力，不发达的背部肌肉会导致肌肉扭曲和拉伤，导致肌肉组织失衡，以及常见的驼背，所有这些都会导致长期的背痛。背部肌肉都由脊神经的后支支配，当使用不正确的举重技术时，经常发生内在背部肌肉的损伤。因此，从地面举起物体时，可以通过臀部和膝盖的弯曲来保护背部肌肉。

【上背部训练】

上背部训练主要针对三大块肌肉：背阔肌、斜方肌和菱形肌。

背阔肌穿过背部的腋窝，使上臂向下向内旋转，手固定时，将躯干向上拉起，如引体向上。可以使用各种流行的背部锻炼，包括拉下、引体向上、杠铃弯行、哑铃单手行和硬举。

斜方肌呈三角形（见图6-25），由三部分肌肉纤维组成：下斜方肌、中斜方肌和上斜方肌纤维。斜方肌从背部中间一直延伸到颈部，穿过肩胛骨，完成耸肩、抬起手臂等动作。

菱形肌位于背部的中心，斜方肌下面。它们起源于椎骨并插入肩胛骨。

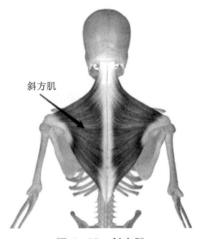

图 6-25 斜方肌

日常生活中，有些人整天懒散地坐在电脑前，或者低头盯着手机，这种弯腰驼背的姿势会导致肩膀和脖子僵硬或酸痛，以及更严重的背痛。加强上背部锻炼可以减少背部受伤的风险，提高脊柱灵活性和整体力量。如果因为时间紧张，不能去健身房做上背部锻炼，可以在家里或办公室使用很少设备，或不用设备，进行上背部力量训练。表6-8是上背部训练动作。

表6-8　上背部训练动作

动作	运动形式	动作示例
划船	多关节运动	俯身哑铃划船、单臂哑铃划船、弹力绳坐姿划船
下拉训练	多关节运动	直臂下拉训练、双人配合下拉训练

1. 俯身哑铃划船（见图6-26）

a　　　　　　　　　　　　　　b

图6-26　俯身哑铃划船

（1）动作要领：

①准备阶段：

a. 站姿，双手紧握哑铃放在身体两侧，膝盖略微弯曲，上身前倾，臀部向后，慢慢俯身，腰背挺直，使上半身与地面几乎平行。

b. 双臂自然下垂，掌心相对，抬头目视前方。

②运动阶段：

a. 肩胛骨收缩，上臂紧贴身体，提起哑铃至腹部位置，同时呼气。在顶端保持背部肌肉收紧，停留1 s。

b. 然后将哑铃缓缓放回起始位置，同时吸气。

以上是一次完整动作，重复动作至推荐次数。

（2）注意：

①背部有问题的人请不要做这个动作，可以用低滑轮划船替代。

②保证动作的标准，全程确保背部挺直，否则会造成背部损伤。

③要注意使用的哑铃重量，在不确定的情况下请使用较轻的哑铃。

（3）动作变化：可以使用低滑轮加V形把手或者杠铃来进行这项训练（见图6-27）。这个动作也可以用反握或正握。

图 6-27 俯身哑铃划船

2. 单臂哑铃划船（见图 6-28）

图 6-28 单臂哑铃划船

（1）运作要领：

①准备阶段：

a. 将右腿跪在平板凳子上，同侧手臂放在肩膀正下方的长凳上支撑身体。双肩放松，保持肩部平衡。

b. 左手握持一个哑铃，手臂自然下垂，掌心向内。腰部弯曲，背部挺直，上身与地面平行，保持颈部中立。

②运动阶段：

a. 呼气的同时，用背部的力量将哑铃上拉到胸部侧面，上臂紧贴身体，上身保持不动，不要旋转身体。

b. 在顶端稍作停留，感受背部的肌肉收缩，然后慢慢放下哑铃到起始位置，不要旋转身体，同时吸气。

重复以上动作至推荐次数，然后换另一边继续。

（2）注意：支撑膝盖不要离支撑手太近；将膝盖置于臀部正下方；将手直接放在肩膀下；保持肩胛骨水平；举起哑铃至腰部高度；眼睛集中在地板上。

（3）动作变化：也可以使用壶铃、高滑轮或低滑轮代替哑铃来进行单臂划船（见图6-29）。

图 6-29 单臂壶铃划船

3. 弹力绳坐姿划船（见图 6-30）

图 6-30 弹力绳坐姿划船

（1）动作要领：

①准备阶段：

a. 坐在地板或垫子上，膝关节微屈，将弹力绳套在脚上，双手握住弹力绳的把手，采用窄握握距，弹力绳应保持紧张。

b. 保持上体与地面垂直，两臂伸直，接近与地面平行，掌心相对。

②运动阶段：

a. 向后动作阶段，屈肘将把手拉至胸腹部，保持上体正直，膝关节微屈，使把手接触上体两侧部分。

b. 向前动作阶段，伸肘将把手缓慢放回开始位置，保持上体正直，膝关节微屈。

（2）错误动作：猛拉把手，向后拉弹力绳时，上体后倾；向后拉把手时屈腕，向前阶段时上体前倾。

（3）纠正：降低阻力，保持上体稳定，收紧腰腹。

4. 俯身直臂划船（见图 6-31）

动作要领：

①俯身，双脚踩住弹力绳，肩膀在膝盖的前面，双手握住弹力绳，这是动作的起始位置。

②收缩肩胛骨把上臂提起，并且直臂将弹力绳拉到小腹位置。

图 6-31　俯身直臂划船

5. 双人弹力绳划船（见图 6-32）

图 6-32　双人弹力绳划船

（1）动作要领：

①准备阶段：

a. 和搭档面对面呈侧平板支撑姿势，距离 2 m 左右。

b. 用前臂支撑地面，髋部抬高离开地面，身体保持平直，双脚并拢。

c. 双方用各自非支撑手握紧弹力绳把手，手臂伸直。

②动作阶段：

a. 两人同时屈肘，尽可能地向后拉，以划船的动作来拉弹力绳，同时呼气。

b. 稍作停留后慢慢回到起始位置，同时吸气。

以上是一次完整动作，重复动作至推荐次数后，换另一边继续。

（2）注意：侧卧姿势保持身体平直，划船姿势拉弹力绳时，手肘不要外展，上臂沿着水平方向后拉，使肩胛骨后缩。

6. 直臂下拉训练（见图 6-33）

（1）动作要领：

①准备阶段：

a. 坐在器械上，调整垫子，大腿靠在垫子上，双脚平放在地板上，保持背部挺直，挺胸收腹。

b. 掌心向前握住拉杆，或拉绳的把手，保持略比肩宽的握距。

②运动阶段：

a. 伸展手臂，稍微向后倾斜，将肩膀向后和向下拉。

b. 呼气，慢慢把拉杆拉到胸部高度的位置，保持躯干稳定。

图6-33 直臂下拉训练

c. 吸气,慢慢地让拉杆上升到起始位置,保持肩膀向后和向下。

(2)注意:当重量向下拉时,身体不要向后倾斜,应该使背部和肩部保持稳定。

7. 双人配合下拉训练(见图6-34)

图6-34 双人配合下拉训练

动作要领:

①搭档双手握紧弹力绳,固定在较高的位置,练习者站姿,上身挺直,保持下背部平直,两手持手柄,吸气。

②呼气时收缩肩胛骨,两臂同时后拉,手臂贴紧在身体两侧,微屈膝,成挺胸姿势。吸气还原。

8. 正握引体向上（见图6-35）

图6-35 正握引体向上

（1）动作要领：
①准备阶段：
a. 跳起，手掌向前抓住引体向上的杠杆。
b. 收腹，脊柱平直，放松肩膀，两腿自然下垂。
②运动阶段：
a. 呼气，收缩肩胛骨，慢慢地下拉，手臂保持弯曲，使下颌略超过杠杆，不要摆动双腿。
b. 吸气，慢慢降低到起始位置。
（2）注意：运动时下半身不要摆动，下降阶段完全伸展手臂。
（3）辅助练习1：杠杆反斜拉（见图6-36）。

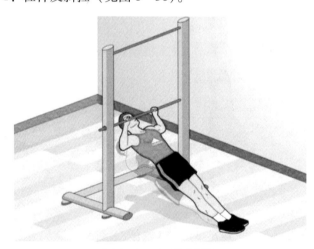

图6-36 杠杆反斜拉

动作要领：
①双手用力握住杠杆（正握、反握），握距略宽于肩，身体向后下沉，最好保持在与地面30°左右，保持全身肌肉绷紧。
②收腹，保持脊柱平直，不要耸肩，双脚并拢，支撑地面。

③呼气,收缩肩胛骨,慢慢地下拉,手臂保持弯曲,使胸部接近杠杆,稍作停留,整个核心收紧,不要屈髋。

④吸气,慢慢降低到起始位置,下降阶段伸展手臂。

(4)辅助练习2:拉力带辅助引体向上(见图6-37)。

图6-37 拉力带辅助引体向上

动作要领:
①将拉力带绑紧固定在杠杆中间。可以使用不同的拉力来提供不同程度的辅助效果。
②将拉力带另一端下拉,一只腿弯起套进拉力带,确保拉力带不会滑出。正握拉杆。
③完成引体向上动作。

【下背部训练】

竖脊肌从下到上在背部排列在脊柱上,可以弯曲和伸展背部。下背部的肌肉帮助支撑和稳定脊柱。加强腰背部肌肉训练可以防止因久坐或久站而引起的多种背部疼痛。以下是加强腰背部的练习。

9. 俯卧背伸(见图6-38)

图6-38 俯卧背伸

（1）动作要领：
①保持下巴与颈部夹角。
②控制动作节奏。
③腹部紧贴地面。

（2）变化动作：初学者可以完成该动作，体会背部肌肉的收缩。对于有一定健身基础和能力者，可以完成超人背肌的动作，对侧手脚同时抬起或双手双脚同时抬起。

10. 变化动作1：四足游泳（见图6-39）

图6-39　四足游泳

动作要领：
①保持平衡。
②腹部紧贴地面。
③四肢对侧摆动，抬起左臂、左腿和左侧胸部，手脚尽量不触及地面。右侧同理。

11. 变化动作2：超人背肌（见图6-40）

图6-40　超人背肌

动作要领：
a. 俯卧在地板或健身垫上，身体伸直，脸朝下。双臂应完全在前方伸直。这是动作的起始位置。

b. 双臂和双腿同时抬起，胸部离开地板，保持这样收缩姿势持续2 s（提示：收紧下背来获得最佳锻炼效果。注意：在保持收缩姿势时，看上去应该像飞行中的超人）。

c. 缓慢地降下双臂、双腿和胸部，还原为起始位置，同时吸气。

重复动作至推荐次数。

12. 变化动作3：超人交叉击掌（见图6-41）

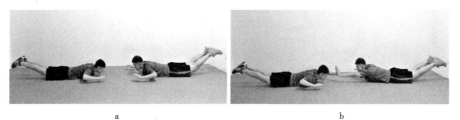

图6-41 超人交叉击掌

动作要领：

a. 和搭档面对面趴在各自的瑜伽垫上，距离半米。手臂90°弯曲，向身体两侧打开。双脚距离与髋部同宽。这是动作的起始位置。

b. 收缩下背、臀部和腘绳肌，使双脚和上身同时离开地面，同时呼气并和搭档互相击掌。

c. 在顶端稍作停留，然后慢慢回到起始位置，同时吸气。

以上是一次完整动作，两只手交替击掌，重复动作至推荐次数。

（三）肩部

三角肌位于肩部皮下，是构成肩膀的圆形部分，分为前束、中束、后束，可稳定并移动肩膀和旋转手臂（见图6-42）。如抬起手臂，走路时摆动手臂，并在与身体保持安全距离的情况下搬运物品。

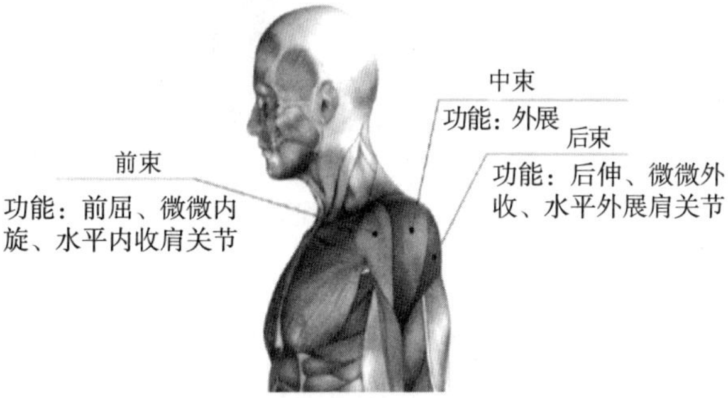

图6-42 三角肌

主要通过以下几种训练来锻炼三角肌：侧平举；前平举；肩上推臂。

1. 坐姿哑铃推举（见图6-43）

（1）动作要领：

①准备阶段：坐在一张带靠背的椅子上，双手握持哑铃，将哑铃举到肩部位置。旋转手腕，使掌心向前，肘部向外。

②动作阶段：

a. 将哑铃向上推举过头顶，同时呼气，直至手臂自然伸直。

b. 在顶端稍作停留，感受肩部的收缩，然后慢慢将哑铃放回起始位置，同时吸气。

c. 以上是一次完整动作，重复动作至推荐次数。

（2）动作变化：如果没有腰部疼痛问题，可以站姿完成，或者坐在没有靠背的凳子上做。如果没有哑铃，还可以选择弹力绳完成肩上推举的动作。

图 6-43　坐姿哑铃推举

2. 变化动作1：弹力绳肩上推（见图6-44）

图 6-44　弹力绳肩上推

（1）动作要领：

①坐姿，双脚并拢，微屈膝保持平衡，将弹力绳中部固定在臀部下方，上体与地面垂直，双手握住弹力绳把手置于两肩外侧，掌心向前，双肘成90°，保持前臂垂直地面并且握紧弹力绳。

②向上动作阶段，双手握住弹力绳把手，收缩三角肌把上臂举到垂直位置，直至两臂完全伸直，并在两肘的正上方。保持上体正直，稍作停留，最后缓慢还原。

（2）注意：腕部保持紧张，腿部保持不动，向上时上升不要后仰，应收紧腰腹。

3. 变化动作2：深蹲哑铃推肩（见图6-45）

动作要领：

①身体直立，双手各持一只哑铃，将其举在肩膀位置，掌心彼此相对，肘部指向前方。面朝前方，挺胸收腹，双脚打开与肩同宽。这是起始姿势。

②弯曲膝盖，臀部向后，降低身体，做出下蹲姿势，直到大腿与地面平行。下蹲过程中膝盖尽量不要超过脚尖，上身保持平直。在底部稍作停留，然后起身回到起始姿势。

重复以上动作至推荐次数。

图 6-45 深蹲哑铃推肩

4. 侧平举（见图 6-46）

图 6-46 侧平举

（1）动作要领：

①身体直立，双手各持一只哑铃，双臂在身体两侧自然下垂，掌心相对，双脚打开与肩同宽。这是动作的起始位置。

②保持手臂微屈，将哑铃向身体两侧平举，同时呼气，直至与肩同高。上举的过程中，可以让虎口略微向下倾斜，使肩部集中受力。

③在顶端稍作停留，感受肩部肌肉的收缩。然后将哑铃降回起始位置，同时吸气。

以上是一次完整动作，重复动作至推荐次数。

（2）错误动作：在练习过程中屈肘或伸肘，借助耸肩力量、上体后倾完成动作。手持哑铃两侧平举时，以上臂和肘关节领先，使上臂和肘关节略高于前臂和两手。

（3）动作变化：这个动作的变化种类较多，可以用弹力绳完成，也可以俯身完成侧平举动作。

5. 变化动作1：弹力绳侧平举（见图6-47）

图6-47 弹力绳侧平举

动作要领：

①准备阶段：

a. 两脚距离与肩同宽，踩在弹力绳中部，上体保持正直，膝关节微屈。

b. 两手握住弹力绳把手置于大腿外侧，掌心相对。

c. 在这个位置保持弹力绳适度紧张。

②动作阶段：

a. 向上动作阶段，双手握住把手向身体两侧平举，手、前臂、肘关节和上臂要同时举起。

b. 上体保持正直，膝关节微屈，直至手臂接近与地面平行，上举至肩部高度。

c. 向下动作阶段，缓慢地将弹力绳把手放回开始位置，上体保持正直，膝关节微屈，全脚掌着地。

6. 变化动作2：俯身侧平举（见图6-48）

图6-48 俯身侧平举

动作要领：

①俯身，保持背部挺直，并且肩膀在膝盖的前方，双手握紧哑铃，置于膝盖下方，这是

动作的起始位置。

②收缩三角肌使上臂抬起，肘关节始终保持微屈，直到上臂水平即可。

7. 前平举（见图 6-49）

图 6-49　前平举

（1）动作要领：

①两脚距离与肩同宽，双手各持一只哑铃，身体直立，挺胸收腹。双臂在身体前方自然下垂，掌心向内。这是动作的起始位置。

②肘部微屈，呼气的同时，使用肩部的力量将哑铃缓缓向身体前方平举，不要晃动或借力。直至手臂与地面平行，掌心向下。

③在顶端稍作停留，感受肩部肌肉的收缩，然后缓缓将哑铃下降回起始位置。

以上是一次完整动作，重复动作至推荐次数。

（2）动作变化：这个动作可以双手交替来做，也可以使用弹力绳来完成。

（四）臂部

【肱二头肌】

肱二头肌（见图 6-50）位于上臂的前部，有长、短两个头，用来弯曲肘部，转动前臂，如打开一个罐子。弯举是增强肱二头肌的主要锻炼方法，目前有很多类型的弯举，其技术要领是一样的，唯一的不同是涉及的前臂屈肌的角度不同，如采用正握或反握，肘关节位置在体前还是体侧等。以下是常见的训练动作。

1. 单臂哑铃弯举（见图 6-51）

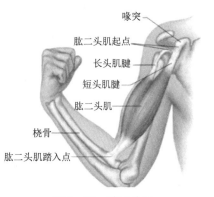

图 6-50　肱二头肌

（1）动作要领：

①坐在平板凳上，双腿分开，双脚放在地上。单手持一只哑铃，上臂靠近肘部的位置抵在大腿内侧，保持手臂伸直，放松肩膀，掌心背离大腿。

图 6-51　单臂哑铃弯举

②保持上臂不动,前臂慢慢向上弯举,感受肱二头肌完全收缩,同时呼气,直至哑铃被举到与肩同高。

③在顶端稍作停留,然后慢慢将哑铃放回起始位置,同时吸气。

以上是一次完整动作,重复动作至推荐次数,然后换另一边继续。

(2) 动作变化:这个动作可以通过站姿俯身并且手臂置于身前来完成。站姿的情况下,腿无法支撑手臂后侧,必须通过更大的努力来维持上臂的静止,这样更具有挑战性,但不建议前臂有问题的同学来做。

2. 站姿反握哑铃弯举(见图 6-52)

图 6-52　站姿反握哑铃弯举

(1) 动作要领:

①准备阶段:

a. 双脚分开站立,与臀部同宽,膝盖微微弯曲。

b. 双手各握一个哑铃,双臂垂向身体两侧,掌心向内,保持脊柱伸直,收腹挺胸,放松肩膀。

②运动阶段:

a. 上臂保持固定,收缩肱二头肌,前臂向上弯举,同时呼气。直至肱二头肌完全收缩,哑铃到达肩部高度。弯举的过程中旋转手腕，使掌心最终向后。

b. 慢慢吸气，回到起始位置。

以上是一次完整动作，重复动作至推荐次数。

（2）错误动作：

①肘部向前移动。纠正：肘部指向地面。

②向下时手臂没有完全伸展。纠正：开始和结束动作时伸直手臂。

③在运动过程中，躯干前后摇摆。纠正：站直，收紧核心。

（3）动作变化：可以用弹力绳完成弯举动作，也可以坐着完成弯举动作。

3. 变化动作1：站姿弹力绳弯举（见图6-53）

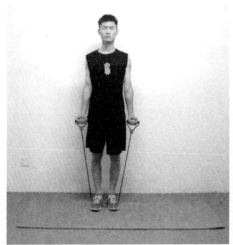

a　　　　　　　　　　　　b

图6-53　站姿弹力绳弯举

（1）动作要领：

①准备阶段：

a. 两手握住弹力绳把手，掌心向前，置于大腿两侧。

b. 将弹力绳中部套在双脚下，双脚距离与肩同宽，上体保持正直，膝关节微屈，在这一位置保持弹力绳紧张。

②运动阶段：

a. 向上动作阶段，屈肘将弹力绳把手拉向肩部。

b. 保持上体正直，上臂不动，膝关节微屈，屈肘至两手与肩部距离10~15 cm。

c. 向下动作阶段，伸肘，缓慢地将弹力绳把手放回开始位置，保持上体、上臂和两膝位于同一平面内。

（2）错误动作：借助晃肩的动作屈肘，在拉起或放下弹力绳把手过程中，肘关节离开身体两侧。

4. 变化动作2：双人弹力绳弯举（见图6-54）

动作要领：

①准备阶段：

a. 搭档屈肘握住弹力绳中部，弓步稳定身体。

　　　　　　　　a　　　　　　　　　　　　b

图 6-54　双人弹力绳弯举

b. 练习者两手握住弹力绳把手，掌心向上，置于水平位置，双脚距离与肩同宽，上体保持正直，膝关节微屈，在这一位置保持弹力绳紧张。

②运动阶段：

a. 向上动作阶段，屈肘将弹力绳把手拉向肩部。

b. 保持上体正直，上臂不动，膝关节微屈，屈肘至两手与肩部距离 10~15 cm。

c. 向下动作阶段，伸肘，缓慢地将弹力绳把手放回开始位置。

【肱三头肌】

肱三头肌（见图 6-55）位于手臂的后部，不仅用于伸直手臂，而且在进行前臂的精细运动（如书写）时，可以防止肘部移动。肱三头肌也参与推动动作，如开门。此外，肱三头肌与其他肌肉一起工作，在肩关节处伸展手臂，就像在背后拿东西一样。肱三头肌的训练方式有颈后臂屈伸、俯身臂屈伸等。

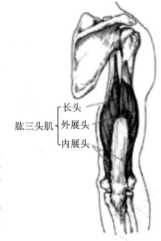

图 6-55　肱三头肌

5. 弹力带颈后臂屈伸（见图 6-56）

　　　　　　　　a　　　　　　　　　　　　b

图 6-56　弹力带颈后臂屈伸

(1) 动作要领：
①准备阶段：
a. 一只手握住弹力绳把手，掌心向下，双脚压住弹力绳另一端。
b. 上体保持正直，与地面垂直，手握弹力绳，屈肘将把手放在颈后项背部，掌心向下。
c. 在这个位置保持弹力绳紧张。
②运动阶段：
a. 向上动作阶段，保持腕关节紧张，伸肘向上拉弹力绳，直至肘关节完全伸直。
b. 保持上体正直，腿部不动。
c. 向下动作，缓慢屈肘回到开始姿势，保持上体正直，腿部不动。
重复动作至推荐次数。
(2) 错误动作：向上运动阶段，过分弓背；向下运动阶段，屈髋或低头。
(3) 动作变化：可以使用哑铃完成该动作。
6. 变化动作：哑铃颈后臂屈伸（见图6-57）

图6-57　哑铃颈后臂屈伸

动作要领：
①双脚并拢，眼睛平视前方。
②双手握住哑铃，双臂伸直举过头顶。保持肘部靠近耳朵，吸气，慢慢降低头部后面的重量，直到上臂垂直于地面运动。
③呼气，慢慢地将重量提升到起始位置。
④在整个动作中保持肘部向上。
7. 俯身臂屈伸（见图6-58）
动作要领：
①单手持一只哑铃，同侧的脚放在地面，另一条腿跪在平板凳上。上身俯身，与地面平行，背部挺直，保持抬头向前看。负重一侧的上臂紧贴上身并与地面平行，前臂向下自然垂直于地面，另一只手臂撑着平板凳保持平衡。这是动作的起始位置。

图6-58 俯身臂屈伸

②保持上臂固定,收缩肱三头肌将哑铃提起,同时呼气,直至手臂完全伸直。
③在顶端稍作停留,感受肱三头肌的收缩。然后慢慢将哑铃放回起始位置,同时吸气。
以上是一次完整动作,重复动作至推荐次数,然后换另一边继续。

8. 平板凳臂屈伸(见图6-59)

图6-59 平板凳臂屈伸

(1)动作要领:

①把一个平板凳横放在身后,手臂伸直,双手距离与肩同宽,撑在凳子边缘,双脚向前屈膝支撑。这是动作的起始位置。

②慢慢弯曲肘部,降低身体,同时吸气,直至上臂和前臂呈90°。

③收缩肱三头肌,将身体撑回起始位置,同时呼气。

以上是一次完整动作,重复动作至推荐次数。

(2)注意:运动中髋部保持上下运动,而不是前后移动;臀部不要放得太低;当手臂成90°时停止运动。

(3)动作变化:可以将脚搭在另一个凳子上来增加难度。如果还是觉得不够,就在大腿上放个杠铃片来负重。

二、下肢主要肌肉训练

(一) 臀大肌、股四头肌和股后肌群

臀部主要由三块肌肉组成，见图 6-60。

臀大肌：位于髋部后面浅层，呈四方形，它的块头决定了整个臀部的围度。

臀中肌：位于臀大肌前方，一部分被臀大肌覆盖，呈中等大小，它决定了腰背曲线是否完美。

臀小肌：属于深层肌肉，它影响着臀形的圆润饱满程度。

功能：臀大肌主要负责伸髋，练习动作应该以伸髋类为主；臀中肌和臀小肌主要负责稳定，练习动作应该以髋外展类为主。

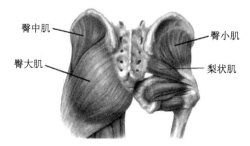

图 6-60 臀部肌肉

很难将臀大肌、股四头肌和腘绳肌分离出来，因为大多数运动都涉及这三种肌肉。臀大肌是人体最大、最有力的肌肉，臀大肌伸展臀部，保持身体直立；股四头肌使腿伸直；腘绳肌使膝盖弯曲并伸展臀部。所有这些都对走路、跑步、跳跃、攀爬和蹲起至关重要。主要的臀部、腿部训练方法包括臀部屈伸、髋外展、臀桥、单腿臀部推蹬、蹲、硬拉等动作，每一种训练方法都可以衍生出几套动作，见表 6-9。

表 6-9 臀部、腿部训练方法

臀部屈伸	单关节运动	站姿	卧姿	跪姿
	臀大肌	站立姿臀部屈伸 弹力带站立姿臀部屈伸	仰卧姿臀部屈伸	跪姿直腿抬腿 跪姿屈腿抬腿 弹力带跪姿屈腿抬腿 跪姿举臂抬腿
髋外展	单关节运动	站姿	卧姿	跪姿
	臀中肌	站姿直腿髋外展 弹力带站姿直腿髋外展	侧卧姿直腿髋外展 （垂直、向前、向后） 侧卧姿弹力带直腿髋外展（垂直、向前、向后）	跪姿髋外展

续表

臀部屈伸	单关节运动	站姿	卧姿	跪姿
臀桥	多关节运动			
	臀大肌、股二头肌	双腿桥式挺髋	单腿桥式挺髋	负重臀桥
单腿臀部推蹬	多关节运动			
	臀大肌、股四头肌	单腿蹬凳		
深蹲	多关节运动			
	臀大肌、股四头肌、腘绳肌	自重深蹲	自由器械深蹲	单腿深蹲
箭步蹲	多关节运动			
	臀大肌、股四头肌、腘绳肌	自重箭步蹲	自由器械箭步蹲	侧向箭步蹲
硬拉	多关节运动			
	腘绳肌	直腿硬拉	单腿硬拉	
腿弯曲				
	腘绳肌	仰卧腿弯曲	站姿腿弯曲	负重腿弯曲

以下动作是臀大肌、股四头肌和腘绳肌的部分徒手或轻器械的练习，如需强化，可选择负重或器械进行。

1. 原地深蹲（见图6-61）

图6-61 原地深蹲

（1）动作要领：
①站立，双脚与肩同宽，眼睛平视前方。收腹，背部平直，臀部紧张，肩膀放松。
②吸气，屈膝下蹲，脚跟平，直到大腿几乎与地面平行，腰背平直。下蹲的同时，两手

臂伸直前平举至肩部高度，掌心向下。脚尖和膝盖方向一致，膝盖不要超过脚尖。

③呼气，回到起始位置，保持全脚掌踩实地面。

（2）错误动作：运动阶段，脚后跟离地，上体前倾，后仰头，两膝外展或内扣。

（3）动作变化：徒手深蹲的动作适合于初学者，对于有一定运动基础，想进一步提高运动负荷的健身者，可以进行负重深蹲的动作练习。

2. 变化动作1：哑铃负重下蹲（见图6-62）

图6-62 哑铃负重深蹲

（1）动作要领：

①双手掌心相对握住哑铃，将哑铃平举至胸前肩水平高度，两脚距离与肩同宽。

②抬头挺胸，屈膝屈髋，下蹲，直至最低位置，保持背部挺直，完成下蹲动作。

手持哑铃负重深蹲，可以提高动作的难度，可以根据自身体能选择不同重量的哑铃进行练习。

（2）动作变化：也可以选择杠铃负重来完成深蹲动作，杠铃深蹲需要在专业人员指导下进行。

3. 变化动作2：壶铃摇摆（见图6-63）

图6-63 壶铃摇摆

动作要领：
①将壶铃置于双腿之间，屈膝来到起始位置。
②确保背部平直，臀部发力，用力摇摆壶铃。将壶铃快速甩出，然后让壶铃落回到双腿之间。
重复该动作至推荐次数。

4. 箭步蹲（见图6-64）

图6-64 箭步蹲

（1）动作要领：
①抬头挺胸，腰背平直。
②动作保持平稳，膝盖不要超过脚尖。
③身体垂直下坐，后腿膝盖尽量不要着地。
（2）动作变化：可以负重哑铃、壶铃或弹力带完成箭步蹲，增加动作的难度和锻炼强度。

5. 变化动作：壶铃负重箭步蹲（见图6-65）

图6-65 壶铃负重箭步蹲

动作要领：双手各持一个壶铃放于体侧，完成箭步蹲动作。

壶铃的重量可以增加对臀、腿部肌肉的刺激，增加运动负荷，但需要根据自身体能选择合适的重量，保证运动的安全。

6. 硬拉（见图 6-66）

图 6-66　硬拉

（1）动作要领：

①准备阶段：

a. 保持背部挺直，双手与肩同宽，握住杠铃放在大腿上。

b. 脊柱平直，放松肩膀。

②运动阶段：

a. 吸气，慢慢地从臀部开始，降低杠铃，直到杠铃刚好在膝盖下方。

b. 保持膝盖微微弯曲，背部挺直，眼睛向前看。

c. 呼气，慢慢回到起始位置。

（2）变化动作：对于初学者，这个动作可以徒手完成，或选择弹力带完成；对于有运动经历或有一定运动基础的健身者，可以完成单腿硬拉来提高动作的难度。

7. 变化动作1：弹力带硬拉（见图 6-67）

图 6-67　弹力带硬拉

动作要领：

①两脚分立，俯身，保持肩关节在膝盖的前方，握紧弹力绳。

②收缩臀部和大腿后侧使身体恢复直立姿态，过程中保持膝关节微屈。

对于初学者可以选择该动作体会硬拉的动作要领，力量提高后再进行杠铃硬拉。

（二）小腿

小腿可以让脚跟抬起。此外，当你走路、跑步或跳跃时，它们会推动你前进；它们还可以帮助你爬楼梯、踢足球，或者用脚掌站起来。以下是加强小腿肌肉的动作。

1. 站姿直立提踵（见图6-68）

图6-68 站姿直立提踵

（1）动作要领：

①准备阶段：

a. 前脚掌着地站在平台的边缘，脚后跟悬空，通过脚后跟向下压，尽量拉伸小腿肌群。

b. 手可以扶墙或椅子，收紧腹部，放松肩膀。

②运动阶段：

a. 呼气，小腿发力，收缩小腿三头肌，尽力慢慢抬起脚后跟，至最高点保持 1~2 s。

b. 吸气，慢慢降低到起始位置。

（2）错误动作：膝盖弯曲。

（3）动作变化：可以在台阶上做这个练习；单腿站立完成提踵练习，可以增加动作的难度；还可以负重提踵，增加运动负荷，适合于有一定运动基础的健身者。

2. 变化动作2：负重壶铃站姿提踵（见图6-69）

动作要领：

①双手持铃，置于体侧，膝盖自然伸直，保持挺胸收腹。这是动作的起始位置。

②收缩小腿肌群完成"踮脚尖"动作，过程中注意保持膝盖自然伸直，在顶峰停留1~2 s，踮起 1~2 s，还原时 2~3 s。

图6-69 负重壶铃站姿提踵

3. 臀踢跳（见图6-70）

a

b

图6-70 臀踢跳

动作要领：
①挺胸收腹，腰背平直。
②保持踢腿速度频率。
③脚后跟尽量贴近臀部。

4. 前后踮脚尖（见图6-71）

a

b

图6-71 前后踮脚尖

动作要领：
①小腿持续紧张。
②在最高点停留，顶峰收缩。

三、腰腹肌训练

腹肌由四组主要的肌肉组成。腹直肌（见图6-72）从耻骨延伸到胸腔，并在骨盆和胸腔之间，移动身体。腹外斜肌位于腹直肌的两侧，使躯干扭转；腹内斜肌位于腹外斜肌下方，与腹外斜肌方向相反。腹横肌在腹斜肌的下方，包裹内部器官并稳定躯干。

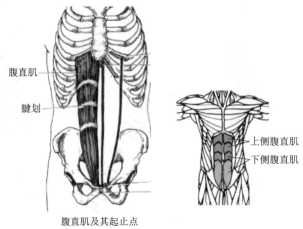

图 6-72　腹直肌

卷腹动作，主要锻炼上腹部肌肉，抬腿的动作可以锻炼下腹部肌肉，也会锻炼到上腹部肌肉，转体运动主要锻炼上腹斜肌。有效的腹部肌肉锻炼计划，应该兼顾上下两侧腹部肌肉。腹肌训练主要有卷腹、抬腿、侧身卷腹、体转等动作，见表 6-10。

表 6-10　腹肌训练动作

卷腹	腹直肌上部	蹬车式卷腹
抬腿运动	腹直肌下部	侧卧位抬腿、坐位抬腿、悬垂抬腿
侧身卷腹	腹直肌、腹内外斜肌	单车式卷腹
体转运动	腹直肌、腹内外斜肌	俄罗斯转体
静态稳定性训练	腹横肌、腹直肌	平板支撑

1. 卷腹（见图 6-73）

　　　　a　　　　　　　　　　　b

图 6-73　卷腹

（1）动作要领：
①准备阶段：
a. 平躺在地板上，膝盖弯曲约 90°。
b. 背部平直平躺在垫子上，放松肩膀，双手支撑头部，肘部保持张开。
②运动阶段：
a. 慢慢呼气，将胸腔拉向骨盆。
b. 保持颈部对齐，下巴远离胸部。

c. 吸气,回到起始位置。

(2) 错误动作:低头,下巴碰胸。纠正:应将下巴从胸部抬起,避免颈部的屈伸运动。

(3) 动作变化:做卷腹运动时,手的位置决定了运动的难度,把手放在脑后最难,其次是交叉在胸前,最容易的姿势是把手伸在身体前。

2. 变化动作1:仰卧屈腿卷腹(见图6-74)

a　　　　　　　　　　　　　　b

图6-74　仰卧屈腿卷腹

动作要领:

①平躺在瑜伽垫上,背部贴住垫面,双脚并拢,双腿弯曲抬起,小腿与地面平行,大腿与地面垂直,双手交叉放在耳侧。这是动作的起始位置。

②保持下背部贴着垫面,慢慢将上身抬起,同时呼气,抬起的过程中挤压腹部。

③在顶端稍作停留后,慢慢回到起始位置,同时吸气。

以上是一次完整动作,重复动作至推荐次数。

3. 变化动作2:触碰同伴仰卧起坐(见图6-75)

a　　　　　　　　　　　　　　b

图6-75　触碰同伴仰卧起坐

动作要领:

①平躺在瑜伽垫上,膝盖弯曲,双脚距离与臀同宽,双手交叉抬起到头部上方。搭档的双脚踩住练习者的双脚,一只手伸直放在练习者的膝盖上方。这是动作的起始位置。

②收缩腹肌将肩膀抬离地面,用双手去触碰搭档放在膝盖上方的手,同时呼气。

③在顶端稍作停留,然后慢慢回到起始位置,同时吸气。注意上身下降后,肩膀不要着地,使腹肌始终处于紧张状态。

以上是一次完整动作,让搭档不停地移动手臂位置,这样在重复动作的时候可以更加全面地刺激腹肌。

4. 变化动作3：单车式卷腹（图6-76）

图6-76 单车式卷腹

动作要领：
①仰卧支撑头部，肘部保持张开。
②呼气，慢慢地将左肩移向右膝。
③吸气，将右肩转向左膝，让另一侧的肘部触地，另一侧的腿伸展。
这个动作可以训练腹斜肌。

5. 坐姿交替收腿（图6-77）

a   b

图6-77 坐姿交叉收腿

（1）动作要领：
①腿部，腹部持续发力。
②屈膝收腿时膝盖尽量贴近胸部。
③腹部发力带动躯干。
④双腿始终悬空。
（2）动作变化：对于初学者，可以练习该动作，加强腹直肌的力量和耐力；对于有一定健身基础者，可以选择仰卧屈腿举腿动作。

6. 变化动作1：仰卧屈腿举腿（见图6-78）

a   b

图6-78 仰卧屈腿举腿

动作要领：
①腹部持续紧张，仰卧屈腿。
②臀部离开垫面，腿部伸直向上运动，直至脚尖指向天花板。
③腿部自然伸直，与地面垂直。

7. 动作变化2：仰卧直腿举腿（见图6-79）

图6-79 仰卧直腿举腿

动作要领：平躺在垫子上，直腿上抬。这是针对下腹部肌肉的训练。

8. 俯身爬坡（见图6-80）

图6-80 俯身爬坡

（1）动作要领：
①俯撑，保持腹部持续紧张，手臂自然伸直垂直于地面。
②提膝向上尽量靠近胸部，控制动作频率和身体稳定。
（2）动作变化：可以改变屈腿后膝盖的方向，做外侧俯身爬坡的动作，膝关节朝向同侧肘关节，锻炼腹斜肌群。

9. 仰卧两头起（见图6-81）

图6-81 仰卧两头起

(1) 动作要领：
①仰卧于垫子上，腹部持续紧张，双手向上伸直。
②四肢尽量保持悬空。
③仰卧起身同时抬腿，双手双脚协调一致，双手伸直，双腿伸直，在腹部正上方尽量接触。
(2) 动作变化：可以选择健身球完成这个动作，增加动作的难度。
10. 变化动作：健身球仰卧两头起（见图6-82）

a　　　　　　　　　　b　　　　　　　　　　c

图6-82　健身球仰卧两头起

动作要领：
①双手持健身球置于头顶上方，平躺于垫子上。
②仰卧起身的同时抬腿收腹，将健身球放置于腹部上方，同时两脚夹住健身球。
③双脚夹紧健身球回到仰卧位。
④再次完成仰卧两头起的动作，将健身球在腹部上方移交至双手，返回仰卧位。
这是一次完整的动作，重复动作至推荐次数。
11. 跪姿健腹轮卷腹（见图6-83）

a　　　　　　　　　　　　b

图6-83　跪姿健腹轮卷腹

动作要领：采用双膝跪地的方式，双手紧握健腹轮，收紧下巴，盆骨后倾，后背水平，腹肌及核心部位持续紧张，向前滚动健腹轮。在这个过程中，双膝位置不变，双臂伸直，滚动到腹肌收缩"临界点"时收回健腹轮到初始位置。重复即可。
12. 哑铃俄罗斯转体（见图6-84）
(1) 动作要领：
①呈V字坐姿于垫子上，屈膝90°并且脚底不接触垫子，将哑铃放在胸部并且双手抱住贴近身体，这是动作的起始位置。
②依靠腹部的力量转动躯干，保持动作不要过快。

图 6-84 哑铃俄罗斯转体

（2）动作变化：对于初学者，可以徒手完成这个动作，体会正确的动作要领；对于有一定健身基础者，可以选择负重哑铃或杠铃片完成该动作，增加动作的难度，还可以选择药球完成该动作，或两人配合完成药球抛接的俄罗斯转体。

13. 变化动作1：徒手俄罗斯转体（见图6-85）

图 6-85 徒手俄罗斯转体

动作要领：V字坐姿，双手合拢于胸前，屈膝60°~90°，保持小腿离开地面。依靠腹部的力量转体，过程中控制躯干的稳定，不摇晃。

14. 变化动作2：双人药球俄罗斯转体（见图6-86）

图 6-86 双人药球俄罗斯转体

动作要领：

①和搭档相距2 m，面对面坐在各自的瑜伽垫上。双腿弯曲，双脚抬起，用臀部支撑地面。上身挺直，后倾约45°。练习者用双手将药球抱于胸前。这是动作的起始位置。

②保持双手抱球，向右旋转上身，再向左旋转上身，再向右旋转上身，一共旋转3次。最后将球抛给搭档。

③搭档接到球后，重复练习者前的动作，然后再将球抛回给练习者。

以上是一次完整动作，重复动作至推荐次数。

15. 变化动作 3：双人边对边俄罗斯转体传球（见图 6-87）

图 6-87 双人边对边俄罗斯转体传球

动作要领：

①和搭档坐姿相距 1 m，并排坐在各自的瑜伽垫上。双腿弯曲，双脚抬起，用臀部支撑地面。上身挺直，后倾约 45°，练习者用双手将药球抱于胸前。这是动作的起始位置。

②保持双手抱球，向外旋转上身，再向内旋转上身，再向外旋转上身，一共旋转 3 次。最后将球抛给搭档。

③搭档接到球后，重复练习者之前的动作，然后再将球抛回给练习者。

以上是一次完整动作，重复动作至推荐次数。

16. 双人平板支撑交替击掌（见图 6-88）

图 6-88 双人平板支撑交替击掌

动作要领：

①和搭档面对面俯撑在瑜伽垫上，彼此靠近，做平板支撑的动作。这是动作的起始位置。

②双方同时伸出各自同侧的手，互相击掌，然后回到起始位置。

换只手再次击掌，双手交替重复以上动作至推荐次数。

17. 双人弹力绳分腿站姿旋转推举（见图6-89）

a　　　　　　　　　　　　　　　b

图6-89　双人弹力绳分腿站姿旋转推举

动作要领：

①搭档将弹力绳的一端固定在脚下，站稳，侧对练习者。练习者双手握住弹力绳的把手，左脚在前，右脚在后，微屈膝屈髋，双手在左膝前，双臂伸直，保持重心在左脚。这是动作的起始位置。

②快速伸膝伸髋站起，将弹力绳从右下侧拉至左上侧，双手双腿伸直。右侧转身呈直立站姿，并将重心移至右腿，同时将弹力绳拉至头顶上方。

换另一侧完成，重复以上动作至推荐次数。

第七章　身体柔韧性与不良姿势

如今，随着社会发展和科技的进步，人们的生活方式发生了巨大的改变，有更多的人在办公室工作，或长期处于静坐少动的生活模式，长期久坐与不良的姿势严重影响了人们的身体姿态，甚至引起功能障碍，出现疼痛。柔韧训练是发展神经肌肉效率的重要组成部分，可以减少肌肉不平衡的发生，有效减少因久坐不动、不良姿势导致的功能障碍。本章将介绍柔韧性的概念及影响柔韧性的因素、柔韧性对健康的益处。通过了解与柔韧性相关的理论知识和原理，同学们提高参加柔韧训练的重视度和自我训练的能力。此外，本章将分别详细介绍几种改善和提高柔韧性的训练方法，分别是呼吸训练法、筋膜松解法和拉伸法。根据 FIIT 原则，介绍了如何进行一项柔韧性训练，分别针对不同部位的柔韧性训练提供了练习的动作图示和要领，最后针对常见的圆肩、下背部痛，设计了一些拉伸和训练动作，通过这些练习，同学们可以有效地改善柔韧性，提高健康和运动功能。

第一节　柔韧性与健康

一、柔韧性

（一）柔韧性与灵活性

柔韧性是指关节在其移动范围内的最大活动能力：包括两个方面的含义：一个是关节活动幅度的大小，另一个是跨过关节的肌肉、肌腱、韧带等软组织的伸展性。关节的活动幅度，主要取决于关节本身的装置结构。

灵活性是指关节顺畅完成其关节活动的能力。一般认为柔韧性和灵活性是相互影响的，当关节周围软组织的延展性降低时，关节活动幅度受限，会导致关节活动能力下降，即灵活性下降。如由于长期卧床引起的肌肉萎缩，会导致所髋关节的活动幅度降低，从而引起关节活动能力（灵活性）下降。同理，关节灵活性下降也会导致关节周围软组织发生适应性改变，引起关节周围软组织延展性下降，从而导致关节柔韧性降低。如关节损伤会引起关节周围组织产生应激性紧张，延展性下降，从而引起关节柔韧性下降。总而言之，柔韧性是肌肉的延展能力，灵活性是关节的运动能力。灵活性训练的目的是促进关节自身活动能力，保持关节灵活的重点是让关节参与运动。

（二）柔韧分类

根据动力学特征，柔韧素质可分为静力性和动力性两大类。

动力性柔韧素质表现在快速移动和移动范围大的动作中，如跑、跳、投等动作中肢体大幅度的移动。

静力性柔韧素质一般指肌肉需要做等长收缩来保持身体姿势，如劈叉、弓身或某些静止动作。

二、影响柔韧的因素

影响柔韧性的因素有很多，可归纳为内在及外在的因素。内在因素，例如骨骼、韧带、肌肉量、肌肉长度、肌腱以及皮肤都会限制肌肉和关节的活动范围。外在因素，包括年龄、性别、温度、是否受伤或身体障碍等都会影响一个人的柔软度。有些影响因素不能通过训练得到改善和提高，如关节结构、年龄、性别等，而肌肉、结缔组织、体内温度等因素可以通过训练得到改善。

（一）单个关节的固有结构

关节的活动范围由关节结构决定。骨关节结构是依据人体生理生长规律需要而形成的，它们的活动范围是由关节头和关节窝两个关节面之差所决定的，两个关节面之差越大，关节活动幅度也就越大。例如，髋部和肩部的球窝结构赋予了它们广泛的活动范围。当没有过度紧绷的肌肉或结缔组织的抑制时，肩膀是身体中最灵活的关节。相比之下，像肘关节和膝关节这样的铰链关节只允许在矢状面运动，其活动范围要小得多。

（二）结缔组织

深的结缔组织，如筋膜和肌腱，可以限制关节活动度，并具有一定的弹性和可塑性，但不如肌肉组织有弹性。随着时间的推移，结缔组织会失去水分，韧带和肌腱中的胶原蛋白会变得更厚、更不灵活，此时筋膜和肌腱会限制关节灵活性，导致柔韧性降低。与肢体柔韧性相关的结缔组织有三类，它们是肌腱、韧带和筋膜。

肌腱是使肌肉附着到骨骼上的桥梁，同时承担着力的传导。肌腱相当地稳固，可以完成需要精密协调的动作，如弹奏。肌腱具有很强的抗拉性，但其伸展度却非常小，当被拉长超过自身的4%，即面临撕裂，或失去回弹力，表现为肌肉与骨骼间结构的松弛与迟钝。

韧带的安全伸展范围比肌腱大一点。韧带负责在关节囊内将骨与骨牵拉在一起。它们在限制关节活动方面发挥着很大作用，因此，通常的建议是尽量避免拉伸韧带。韧带被拉伸的话，在一定程度上会降低关节的稳定性，影响关节功能，并增加受伤的风险。

筋膜是第三种影响柔韧性的结缔组织，也是最重要的一种。筋膜占肌肉总重量的30%，而且，根据《Science of Flexibility》的介绍，人体运动时，肌肉阻力中有41%来自这些筋膜。筋膜负责将单独的肌肉纤维包绕成束，再结合为工作单元，维系着结构稳定与力的传导。

(三) 肌肉和肌腱中的本体感受器

本体感受器是肌肉和肌腱中收集运动和力负荷信息的微型传感器，提供有关关节角度、肌肉长度和肌肉张力的信息。仔细的、有目的的、缓慢的拉伸可以确保这些传感器不会引发痉挛或反射性动作，而这些动作对增强柔韧性没有帮助。一些本体感受器是伸展抑制剂，它们会导致肌肉在受到过度压力时绷紧；还有一些，比如高尔基肌腱器官，会让肌肉伸展得更远。这两种行为都是防止伤害的保护机制。

(四) 其他

年龄和性别：由于骨骼结构和荷尔蒙的差异，女性天生比男性更灵活。随着年龄的增长，由于组织退化、活动水平降低和其他因素，人类的灵活性往往会下降。

瘦肌肉量：大块的肌肉会妨碍柔韧性。例如肩部三角肌过大，会影响肩关节的活动范围。对于身体活跃的人和运动员来说，肌肉质量和灵活性之间往往存在权衡。

受伤史：软组织的伤害会导致疤痕组织的堆积，从而限制肌肉的弹性，抑制柔韧性。受伤还会使人体产生称为肌筋膜触发点的纤维结节，从而引起疼痛并限制人体的活动范围。骨骼和关节的损伤也会影响柔韧性。

三、柔韧性与健康

柔韧性的一些最重要的好处包括：改善血液循环，减少血液淤积，降低血栓形成的风险；增强神经肌肉的协调性；增加液体运动，减少受伤的风险；使肌肉组织更有弹性；改善关节功能，减少僵硬，改善疼痛；改进平衡能力，降低跌倒的风险；减少肌肉疲劳和提高能源的风险；增加肺活量，改善呼吸；减少背部和关节疼痛；改善姿势，保持更年轻的外貌、更好的步态。下面主要说明其中6种。

1. 减少受伤风险

一旦你的身体发展出力量和灵活性，你将能够承受更多的身体压力。另外，你会消除身体的任何肌肉不平衡，这将降低你在体育活动中受伤的风险。纠正肌肉不平衡需要加强活动不足的肌肉和拉伸过度活跃的肌肉。

2. 减少疼痛

缓慢而渐进地拉伸，每个姿势保持30 s（没有疼痛），有助于减少运动后的肌肉酸痛。例如，紧绷的腘绳肌会导致背部疼痛，而紧绷的肩带会导致颈部疼痛和头痛。长时间坐着的人可能会发展出影响腰背和骨盆区域的紧致的髋屈肌，并导致许多潜在的肌肉骨骼疾病。一旦你努力延长和打开这些部位的肌肉，疼痛感会减少，也不太可能经历肌肉痉挛。

3. 改善姿势和平衡

当你专注于增加肌肉的灵活性时，你的姿势可能会得到改善。锻炼你的身体可以让你有适当的调整和纠正任何不平衡。另外，随着运动范围的扩大，你会发现以某些方式坐或站会更容易。瑜伽已被证明可以改善平衡。

4. 积极的心理益处

经常做一些伸展身体的姿势，可以带来放松的感觉，身体上的好处可以延伸到精神的放松，如可以降低压力激素水平，改善悲伤情绪。一旦你的身体感觉良好，你会发现放松会更容易。

5. 帮助增加血液和组织的营养

通过拉伸，你提高了组织的温度，这就增加了营养物质的运输和整体循环。这反过来又增加了活动范围，减缓了关节的退化。

6. 改善身体表现

一旦你增加了灵活性，允许你的身体有更大的运动，你就能在身体上表现得更好。这部分是因为你的肌肉在更有效地工作。增强韧带和肌肉的伸展能力，加大关节活动范围，有利于肌力和速度的发挥，增加动作的协调优美感，有利于正确掌握技术动作要领，提高技术水平，可获得最佳的机能水平。

第二节 柔韧性训练方法

一、呼吸训练（膈肌主导腹式呼吸）

（一）呼吸模式

1. 膈肌

膈肌是最主要的呼吸肌，位于胸廓内部，呈轮辐状的扁薄阔肌，它向上汇集成一个穹形屋顶，位于胸、腹腔之间，像一把撑起的大伞。吸气时，肋骨上升，膈肌收缩下降，圆拱形消失，变得平坦；吐气时，肋骨下降，膈肌放松上升，变回圆拱形。

2. 常见呼吸模式

呼吸主要有两种方式：胸式呼吸和腹式呼吸。胸式呼吸以肋骨和胸骨活动为主，吸气时，除膈肌收缩外，肋间外肌也会收缩，胸廓前后左右径均增加，胸腔会扩大而腹部保持平坦。腹式呼吸主要以膈肌运动为主，也称之为膈肌主导的腹式呼吸，胸廓的上下径增加。一般呼吸中两种呼吸模式不会单独存在，而是以某一种呼吸模式为主，胸部固定时以腹式呼吸为主，腹部肌肉用力或固定时以胸式呼吸为主。

3. 不良呼吸模式

不良的呼吸模式是指在日常动作完成的过程中，胸式呼吸过多、不能正确掌握腹式呼吸方式，而导致一些不必要的病损发生。以下方法可以帮你判断自己的呼吸方式是否健康：如果吸气时，胸部和腹部收紧，呼气时反而鼓起，这说明呼吸方式错误；如果放在胸部的手，比放在腹部的手起伏明显或者放在腹部的手几乎静止不动，这说明呼吸方式不健康，呼吸过于浅短。

长期处于不良呼吸模式状态下的人，胸肌、肋间肌甚至是颈肩部肌群代偿过多，膈肌处于过度静力曲张和易疲劳状态，胸、腹腔内压得不到正常的维持，对脊柱的稳定性产生负面影响，核心稳定性不足，膈肌在不正确的位置上会使每一次呼吸都让背部伸展，导致腰背部的疼痛，也就出现了上交叉和下交叉综合征。

(二) 腹式呼吸训练

1. 腹式呼吸训练的益处

腹式呼吸训练,也称放松呼吸训练。它是一种通过深且缓慢的呼吸方式来减轻压力,进行放松的简单训练方法。通过腹式呼吸练习可以使副交感神经兴奋,松弛肌肉,而且使神经系统趋于平静。开始时可能会有轻微的不适和头昏,但是这种副作用很少出现。进行呼吸训练的好处包括:减轻压力,缓解紧张,充沛精力和忍耐力,利于情绪的控制,预防和治疗身体疾病。腹式呼吸能够增加膈肌的活动范围,有研究证明,膈肌每下降 1 cm,肺通气量可增加 250~300 mL。坚持腹式呼吸半年,可使膈肌活动范围增加 4 cm,这对于肺功能的改善大有好处。

2. 腹式呼吸训练方法

(1) 感受正常呼吸。在做腹式呼吸前先感受自己的正常呼吸模式。仰卧位,全身放松,可以闭上双眼,一只手放在胸部,另一只手放在腹部肚脐处,保持正常的呼吸,感觉两手上下起伏的运动,并且比较两手的运动幅度,感受呼吸时胸部和腹部的运动(见图 7-1)。这样做可以帮助确认接下来腹式呼吸做得正确与否。

图 7-1 感受正常呼吸模式

(2) 吸气和呼气。腹式呼吸需要改变正常呼吸的幅度和节律。吸气时,最大限度地向外扩张腹部(腹部鼓起),胸部保持不动。具体的方法是:用鼻子进行深长而缓慢的吸气,同时腹部慢慢鼓起,越慢越好,肺部不动;吸气的同时肩膀不能抬,应全身放松。吸气时用手按住肚脐下方一寸的地方,当空气自然进入肺部时,会觉得手被推出一些,这样是为了确保吸气时把气吸到腹部。呼气时,腹部缓缓回落,胸部保持不动,气流从嘴里长长地呼出来。

(3) 控制好呼吸的时间。吸气时控制在 4~6 s,体质好的人可以屏息 1~2 s;呼气时控制在 2~4 s,有能力的可以屏息 1~2 s,一呼一吸最好掌握在 15 s 左右。不要过分追求时间长度,并不是越长越好。初学者一般先从仰卧位开始训练,学会仰卧位做腹式呼吸以后,可以尝试坐着做腹式呼吸,还可以进行四足支撑位呼吸训练(见图 7-2)。

图 7-2 四足支撑位呼吸训练

二、筋膜松解

（一）筋膜松解的概念与功能

筋膜是包裹在肌肉外层的一层膜。筋膜松解是指运用泡沫轴、按摩棒、扳机点工具对筋膜、肌腱和韧带等软组织进行梳理，有效缓解肌肉紧张的不适感和疼痛感的一种放松方法。筋膜放松的好处：提高关节活动度，改善肌肉不平衡，增强神经肌肉有效性，维持良好的肌肉长度，减轻关节压力，加速运动后机体恢复。本节内容主要介绍泡沫轴的放松训练。

（二）泡沫轴放松的原理与技巧

1. 泡沫轴放松原理

通过自身重量下压力与泡沫轴对放松部位的支撑力挤压因长时间、大强度运动后长度缩短的肌肉群。放松肌肉深层的神经，肌肉张力会增加，从而激活存在肌腱位置的张力变化器——高尔基腱器官，进而抑制肌肉纤维内肌肉长度变化感受器——肌梭，从而降低该组肌肉的肌张力，最终放松肌肉，恢复肌肉功能性长度。

2. 泡沫轴放松技巧

将泡沫轴或按摩棒放置在需要进行放松的肌肉处，慢慢滚动（移动）至最疼痛的位置，一般 30~60 s。如果某处肌肉感觉特别疼痛，在该处多停留 5~10 s，直到疼痛程度有一定下降。一般每周使用泡沫轴全身筋膜放松 2~4 次。

3. 注意事项

（1）放松部位从靠近身体中心部位过渡到远离身体中心部位。

（2）不可直接放在骨头或关节处，应放在软组织上。

（3）放松过程中确保身体核心部位的稳定。

（4）注意呼吸，不可憋气，疼痛时可深呼吸调整。

4. 禁忌证

心脏或血管疾病，急性类风湿关节炎，疼痛静脉曲张，骨折，关节过度超伸，骨质疏松等。

（三）筋膜自我松解的练习动作

1. 泡沫轴上背部肌放松（见图 7-3）

图 7-3　泡沫轴上背部肌放松

（1）开始位置：

①仰卧，将泡沫轴放在肩胛骨下方的位置。

②双手抱头，肘屈向两侧打开。

③双腿屈膝，臀部离地。

（2）放松方法：腹部收紧，双腿用力，膝关节伸展，带动身体向上移动，使泡沫轴滚动至肋骨最低的位置，来回滚动，并在肌肉酸痛点上停留一定时间。

（3）小贴士：臀部始终向上抬起，背部挺直并平行于地面。

2. 泡沫轴臀肌放松（见图7-4）

图7-4 泡沫轴臀肌放松

（1）开始位置：坐姿，将泡沫轴放在臀部下方。右手撑于身后，背部平直，腹肌收紧。

（2）放松方法：左脚掌用力向上，推动身体移动，使泡沫轴滚动至臀部略向下的位置。左右交替放松。

3. 泡沫轴股四头肌放松（见图7-5）

a　　　　　　　　　　　　b

图7-5 泡沫轴股四头肌放松

（1）开始位置：

①俯卧，将泡沫轴放在双腿靠近骨盆的位置。

②双手撑地，支撑于肩部下方。双腿并拢与地面平行。

（2）放松方法：双臂用力，带动身体向上移动，使泡沫轴滚动至靠近膝关节的位置。来回滚动。

4. 泡沫轴腘绳肌放松（见图7-6）

（1）开始位置：

图 7-6 泡沫轴腘绳肌放松

①坐姿,将泡沫轴放在左大腿靠近坐骨的位置。
②肘微屈,双手支撑于身体后方。
③收紧腹部,背部挺直,身体后倾。

(2) 放松方法:双臂用力,带动身体向上移动,使泡沫轴滚动至左腿靠近膝关节的位置。

(3) 小贴士:注意双手支撑的位置,向后移动身体时避免双肩压力过大。保持收紧腹部,不要弓背。

5. 泡沫轴小腿肌群放松(见图 7-7)

图 7-7 泡沫轴小腿肌群放松

(1) 开始位置:
①坐姿,将泡沫轴放在小腿靠近膝关节的位置。
②双手伸直支撑于身体后方,手指向外。
③双腿并拢,平行于地面;臀部离地。
④收紧腹部,背部挺直,身体后倾。

(2) 放松方法:双手用力,带动臀部向后移动,使泡沫轴滚动至靠近跟腱位置。

(3) 小贴士:对于肩关节损伤或体重过大的练习者,可能会因为上肢力量不足或肩关节压力太大而无法完成动作,应选择其他关节练习代替。

三、拉伸训练

(一) 拉伸训练及分类

一直以来,拉伸都是大家常用来改善柔韧性的方式,它的历史可以追溯到公元前,医学之父——希波拉底就在他的著作中规定了拉伸的方法。拉伸除了可以增加柔韧性、肌肉长度和关节活动度,还可以放松肌肉;它能改善由于僵硬的肌肉循环较差而导致的新陈代谢下降;随着柔韧性、肌肉长度和关节活动度的增加,相关的运动损伤也会随之减少。所有年龄段的人群都可以通过拉伸练习提高关节活动度或柔韧性。研究表明,关节活动度在拉伸练习后即刻就能得到提高,持续练习 3~4 周、每周 2~3 次的规律拉伸后,关节活动度能得到长期改善。

1. 根据动作特征分类

根据动作特征,拉伸训练可以分为静态拉伸、动态拉伸、弹震式拉伸。

弹震式或跳跃式拉伸:利用肢体运动所产生的势能而进行的拉伸。一般不建议使用该练习。

静态拉伸:缓慢地拉伸肌肉/韧带至某一位置后静止不动,保持一段时间(10~30 s)。静态拉伸又分为主动静力性拉伸和被动静力性拉伸。练习瑜伽等动作就是主动静力性拉伸;借助同伴帮助、弹力带等辅助手段的静力性拉伸称为被动静力性拉伸。每个拉伸动作重复 3~5 次。在呼气的时候,放松肌肉,在伸展的时候下沉得更深一点。专注于被拉伸的区域,限制其他肌肉的运动,尽量放松。静态拉伸永久增加运动范围。

动态拉伸:指由节奏控制的、速度略快的多次重复同一动作的练习方法。这类方法不仅可以提高肌肉的伸展性与收缩性,还可以促进血液循环,从而提高肌肉的弹性和动作效果。动态拉伸整合多个关节参与运动,对肌肉力量和肌肉收缩速度均有较高的要求,能够帮助机体做好专项准备,常被设计用于运动员的专项准备活动、动作纠正练习。

2. 根据施加外力方式分类

根据施加外力方式的不同可以分为主动拉伸和被动拉伸。比如主动分离式拉伸,是一种通过主动肌与拮抗肌交互抑制从而增加柔韧性的主动拉伸方法。PNF 拉伸,通常称为本体感觉神经肌肉促进疗法,最初应用于康复理疗,现应用于提高柔韧性,尤其是运动员。PNF 拉伸要求将肌肉拉伸到关节活动末端,主动收缩被拉长肌肉 7~15 s,之后将关节被动地移动到一个新的关节活动末端,并在这个位置上保持 20~30 s,以上程序可重复数次,以实现进一步改善关节活动度的目的。一般来讲,神经肌肉拉伸技术需要他人的协助来为肌肉主动收缩提供阻力,以及将关节被动地移动到新的活动范围。

随着体育科学的快速发展,许多拉伸技术孕育而生,本节主要介绍静态拉伸。

(二)静态拉伸的原则

1. 静态拉伸的原理

静态拉伸动作匀速、缓慢且运动幅度小,牵张反射会受到抑制,但是当静态拉伸时间足够长时,就会激活高尔基腱器而导致肌肉放松,因此常被作为训练与比赛结束后使用的恢复手段。每块肌肉(肌束)都有特定的走向,都有起点和止点,拉伸就是将这两点尽可能地远离,也就是完成与该肌肉活动方向相反的动作。比如,肌肉的功能是屈肘,那么拉伸时则需要将手肘伸直。如果使用了错误的方法拉伸,则会增加受伤的危险。

2. 静态拉伸的原则

为了安全有效地拉伸,在进行练习时需要遵循几个原则:避免疼痛,慢慢拉伸,拉伸正确的肌肉,避免影响其他肌肉和关节。

一般静态拉伸的顺序应自下而上、从大到小进行。在运动结束后,由于血液受重力影响,大量积聚在下肢扩张的静脉与毛细血管网内,因此静态拉伸最好按照下肢到躯干再到上肢的顺序，这样的顺序有助于静脉血回流。先拉伸大肌肉群、后拉伸小肌肉群的顺序除了血液大多集中在大肌肉群，需要率先回流的原因，同时也考虑到运动后大肌肉群的紧张度直接影响关节的活动范围，先进行大肌肉群的静态拉伸练习有利于更好地放松。

此外，ACSM 建议在做拉伸运动之前做 5~10 min 的热身运动。热身后身体微微出汗，之后再进行柔韧性练习，这样拉伸的效果最好，也是避免受伤的重要方法。体温升高后，肌肉韧带和肌腱的黏滞性下降时，关节活动范围有所增加，如果在身体温度相对较低的情况下，过分地进行牵拉，会增加受伤的可能性。柔韧性运动应该成为锻炼的一部分，而不要依赖热身运动来增强柔韧性，建议安排在心肺耐力和阻力训练之后进行，或单独进行练习。建议每天至少做一次伸展运动，选择适当的运动类型，并按照适合的运动强度和时间进行锻炼，以获得最大的好处。

3. 静态拉伸禁忌证

急性损伤或肌肉拉伤，目标肌肉拉伸时撕裂，被急性风湿性关节炎累及的关节，骨质疏松症，特殊人群，如老年人、高血压病人、神经肌肉障碍者、关节置换者，在进行拉伸时需要注意。

4. 静态拉伸方法

ACSM 建议运动者在进行拉伸练习时，当感觉到肌肉轻微紧张后，保持这一姿势 10~30 s，这样就可以达到提高关节活动度的目的，延长拉伸的时间可能不会带来更多的益处。对于老年人来说，拉伸时间延长到 30~60 s，可以使其柔韧性得到更大的提高。所有年龄段的人在进行 PNF 拉伸练习时，建议先进行 3~6 s 的低到中等强度的收缩（20%~75% 最大随意收缩），紧接着进行辅助拉伸 10~30 次。根据个人实际情况，每个柔韧性练习可重复 2~4 次，累计达到 60 s。例如，同一动作可以重复拉伸 2 次，每次 30 s，也可以重复拉伸 4 次，每次 15 s。每周进行 2~3 天的拉伸就可以提高关节活动度，如果是每天拉伸则效果更好。

（三）静态拉伸练习动作

静态拉伸的练习针对机体主要的肌肉肌腱单元，包括颈部、肩带、胸部、躯干、腰部、臀部、大腿前后和脚踝。下面的拉伸练习不仅容易做，而且对增加肌肉、韧带和肌腱的柔韧性非常有效。

根据前面章节对柔韧性进行测试和评估后，根据自身柔韧现状，同学们可以根据拉伸原则和表 7-1 提供的具体拉伸建议，每一水平持续 2~4 周后进行评估测试，然后根据测试结果再进行下一水平的拉伸训练。

表 7-1 不同柔韧水平拉伸建议

柔韧性测试结果	训练等级	柔韧训练实施建议
不及格	初级 1	保持拉伸姿势 5~10 s； 两项拉伸之间间隔休息 5~10 s； 每项拉伸重复 2 次； 牵拉感适度； 每次训练 10~15 min； 每周 2~3 次训练

续表

柔韧性测试结果	训练等级	柔韧训练实施建议
及格	初级2	保持拉伸姿势 10~15 s； 两项拉伸之间间隔休息 10~15 s； 每项拉伸重复 3 次； 牵拉感适度； 每次训练 15~20 min； 每周 3~4 次训练
中等	中级1	保持拉伸姿势 15~20 s； 两项拉伸之间间隔休息 15~20 s； 每项拉伸重复 4 次； 牵拉感中度； 每次训练 20~30 min； 每周 4~5 次训练
良好	中级2	保持拉伸姿势 20~25 s； 两项拉伸之间间隔休息 20~25 s； 每项拉伸重复 4 次； 牵拉感中度； 每次训练 20~30 min； 每周 4~5 次训练
优秀	高级	保持拉伸姿势 25~30 s； 两项拉伸之间间隔休息 25~30 s； 每项拉伸重复 5 次； 牵拉感强烈； 每次训练 15~20 min； 每周 4~5 次训练

1. 上斜方肌拉伸（见图 7-8）

动作要领：

①坐在椅子或凳子上，两脚分开一定距离，背部和腹部稍收紧。右手伸向身后，抓住椅子边缘。上半身向左倾斜，保持头部竖直。右肩或右侧上臂有轻微的拉拽感。

②接下来，试着向天花板方向抬起右肩保持 5 s。请勿将身体转向两侧。休息几秒后将上半身向左侧再倾斜一些。现在，身体姿势就是正确的拉伸初始姿势了。

图 7-8　上斜方肌拉伸

③小心地将头部靠向左侧并微微转向右侧。左手扶头部，小心地将头部拉向一侧，拉伸肌肉 5~10 s。颈部和肩部感到轻微刺痛时停止动作。让肌肉休息 5~10 s。

④将头向左移动以进一步拉伸，直至到达新的终止点。

⑤重复 2 到 3 次。

2. 胸锁乳突肌拉伸（见图7-9）

胸锁乳突肌只有在头部保持直立位置时，肌纤维束才是最长的。不论是仰头、低头或者侧屈，胸锁乳突肌都是处于缩短的状态，而现代人看书、看电脑、玩手机基本上是长时间处于低头状态，此时整个颈前肌群包括胸锁乳突肌都是处于缩短的状态，而长期"憋屈"的肌肉，自然也就容易出现问题。

图7-9 胸锁乳突拉伸

动作要领：

①坐在凳子上，在锁骨的右侧，双手叠加用三个手指按住肌肉底部，拉伸右侧时，头微微向后侧和左侧移动，直到颈部右侧有轻微的牵拉感。

②保持该姿势10~20 s。换另一侧拉伸。

3. 肩胛提肌拉伸（见图7-10）

图7-10 肩胛提肌拉伸

动作要领：

①舒适地坐在椅子上，并使脊柱拉长，肩胛骨下降并保持其位置。低头使其靠向胸部，然后下颌右旋大约45°。右手放在头顶并轻轻下拉，直到感觉左肩胛提肌的牵伸。练习者可能需要稍微调整其头部的位置以利于牵伸，整个过程中确保其脊柱被拉长。

②从起始位置开始，缓慢地抬起头颈部以对抗自己施加的阻力，左肩胛提肌等长收缩

6 s，然后放松并调整呼吸。呼气时，通过更大幅度的收下颌以加强牵伸。

③上述动作重复 2~3 次。

4. 胸部拉伸（见图 7-11）

不良姿势，如弯腰驼背，尤其是当你整天坐在桌子前弓着背，很容易使胸大肌变得紧绷，伸展胸部和肩膀前部可以改善姿势和肺部功能。

图 7-11　胸部拉伸

（1）方法 1 动作要领（见图 7-11a）：

①双脚并拢站立。

②双手放在背后，手指交叉。

③轻轻向下按压。

④放松肩膀，让胸部打开。

⑤坚持 10~30 s，重复 2~3 次。

（2）方法 2 动作要领（见图 7-11b）：

①呈俯撑姿势，右手伸直撑地，左手放在头后，背部保持平直，保持下肢髋关节稳定。

②头部及躯干向左旋转，目视上方，直至躯干前部有中等程度的牵拉感。

③保持 10~30 s，然后回到起始姿势，换另一侧完成练习。

5. 背阔肌拉伸（见图 7-12）

婴儿式拉伸可以放松背部肌肉，比如平时活动中绷紧的背阔肌。

图 7-12　背阔肌拉伸

动作要领：

①双手和双膝着地，膝盖略宽于臀部。脚趾向内弯曲，在弯曲膝盖的同时向后推臀部。

②保持舒适的位置，向前伸直手臂，头向前下降到一个放松的位置。

③保持这个姿势 15~20 s,慢慢回到起始位置。重复 3 次。

6. 肩部拉伸(见图 7-13)

图 7-13 肩部位伸

动作要领:

①将一只手臂前移至肩高,用另一只手抓住伸出的手臂,将它拉向胸部,同时保持伸出的手臂伸直。

②继续拉,直到感觉到肩膀的拉伸。

③保持 30 s,换另一只手臂重复这个动作。

7. 前臂肌拉伸(见图 7-14)

图 7-14 前臂肌拉伸

动作要领:

①左手掌心向上、向前伸直，右手抓住左手四指，向下牵拉，使左手前臂、手腕和肘部充分伸展，感觉前臂肌群有牵拉感，保持该姿势。

②初级重复2次，每次10 s；中级重复3次，每次20 s；高级重复4次，每次30 s。

8. 肱三头肌拉伸（见图7-15）

图7-15 肱三头肌拉伸

动作要领：

①双臂举过头顶，略置于脑后，肘部弯曲。

②用右手拉左肘，直到感觉肱三头肌被拉伸。

③保持30 s，另一只手臂重复这个动作。

9. 下背部拉伸（见图7-16）

长时间坐着或睡眠姿势不好会使腰部肌肉紧张和僵硬。腰部肌肉紧张不仅会导致腰部疼痛，还会导致臀部、骨盆和腿部疼痛。全天拉伸下背部肌肉有助于缓解肌肉紧张和僵硬。

a　　　　　　　　　　　　　　b

图7-16 下背部拉伸

动作要领：

①面向天花板躺下，双臂向两侧伸展，放在地板上。

②在保持右腿伸直的同时，将左膝向上拉向胸部，向右侧倾斜，然后慢慢地将左膝放下，盖住伸直的右腿。

③保持肩胛骨平放于地面上，感觉背部的伸展大约30 s，然后重复做另一侧。

10. 腹肌拉伸（见图7-17）

动作要领：

①俯卧，脸朝向地面，手掌面向地面，就好像要做一个向上推的动作。

图 7-17　腹肌拉伸

②当骨盆牢牢地贴在地板上的时候，轻轻地把上半身从地上推起来。

③感到腹肌有些拉伸，在放松前保持这个姿势 30 s。

11. 腰侧肌群拉伸（见图 7-18）

a

b

图 7-18　腰侧肌群拉伸

（1）方法 1 动作要领（见图 7-18a）：

①站直，双脚分开，臀部宽。抬起右臂，向左侧弯曲身体时，将手伸过头朝向左边。

②慢慢地向左侧弯曲身体，直到能感觉到右侧的拉伸。

③保持这个姿势 30 s，然后换另一侧重复这个动作。

（2）方法 2 动作要领（见图 7-18b）：

①呈坐姿，双腿伸直分开，保持背部平直，左手扶住右侧骨盆，右手上抬直臂带动身体尽可能地向左侧弯曲，直到右侧腰方肌有牵拉感。

②保持这个姿势 30 s，换对侧进行。

12. 股四头肌拉伸（见图 7-19）

a

b

图 7-19　股四头肌拉伸

动作要领：

①站直，用左手扶住一根杆子、一堵墙或任何能保持平衡的东西。

②用右手抓住右脚踝，上拉使脚跟尽量靠近臀部。

③在做这个动作的时候，保持膝盖紧靠在一起，能感觉到股四头肌的伸展，并保持这个姿势 30 s，然后换另一侧重复这个动作。

13. 股后肌群拉伸（见图 7-20）

图 7-20　股后肌群拉伸

动作要领：

①坐在地板上，右腿向前伸直，左腿弯曲。

②双手向前伸触摸右脚趾，感受右腿后肌肉群拉伸。

③保持这个姿势大约 30 s，左腿重复这个动作。

如果够不到脚趾，试着抓住胫骨，但是每次做伸展的时候都要试着走得更远，直到能摸到脚趾。

14. 梨状肌拉伸（见图 7-21）

图 7-21　梨状肌拉伸

动作要领：

①呈仰卧姿势，将左脚脚踝放在右腿膝盖处，保持背部紧贴地板。

②双手抱住右大腿的后侧，将右腿尽量拉向身体，直到梨状肌有中等牵拉感。

③保持这个姿势大约 30 s，然后用另一条腿重复这个动作。

15. 臀大肌拉伸（见图 7-22）

动作要领：

①呈仰卧姿势，右腿伸直，左腿屈膝屈髋，保持头部和背部紧贴地板。

图 7 – 22　臀大肌拉伸

②双手抱住左侧腿并将其拉向胸部，直到臀大肌有中等程度牵拉感。
③保持姿势 10 ~ 30 s，换对侧进行练习。
16. 天鹅式拉伸（见图 7 – 23）

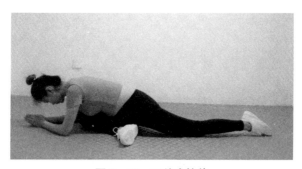

图 7 – 23　天鹅式拉伸

动作要领：
①右膝盖屈膝往前，右脚后跟靠近左胯，左腿往后拉伸，呼气时上半身往前倾，胸部枕在大腿上，双手前伸，感受右侧臀肌的拉伸感。
②保持姿势约 30 s，换另一侧进行练习。
17. 大腿内侧肌群拉伸（见图 7 – 24）
大腿内侧紧绷的肌肉会导致大腿上部向内旋转，从而导致膝盖疼痛。大腿内侧太紧也不能稳定膝盖，所以腿筋必须配合，这就增加了受伤的风险。

a　　　　　　　　　　b

图 7 – 24　大腿内侧肌群拉伸

（1）方法 1 动作要领（图 7 – 24a）：
①坐姿，将双脚脚底放在一起。

②用手抓脚。
③慢慢向前倾直到感觉到拉伸感。
④坚持 10~30 s，重复 2~3 次。

（2）方法 2 动作要领（见图 7-24b）：

右腿侧跨一步呈侧弓步，两手扶住大腿根部，尽量向下拉伸，尽可能地将右侧大腿与地面平行，感受左侧大腿内侧肌群拉伸感。

保持 15~30 s，换另一侧进行。

18. 小腿肌肉拉伸（见图 7-25）

小腿肌肉紧绷会导致跟腱的慢性疼痛，并导致足底筋膜炎和胫骨夹板。穿高跟鞋会缩短小腿肌肉，还会导致足底筋膜炎以及足部和脚踝问题。

图 7-25 小腿肌肉拉伸

动作要领：
①靠墙伸展站起来，双手放在墙上。
②右腿向后伸直。
③轻轻地把脚后跟压在地板上，直到感觉到拉力。
④保持背部挺直。
⑤坚持 10~30 s，重复 2~3 次。换另一边重复。

19. 屈髋肌拉伸（见图 7-26）

紧致的屈髋肌与紧致的股四头肌相对应，导致骨盆前倾，增加了腰背部的曲线，导致腰背部疼痛。屈髋肌紧绷是由于长时间保持坐姿造成的。

图 7-26 屈髋肌拉伸

（1）方法1动作要领（见图7-26a）：以标准箭步姿势站直，右腿在前，左腿在后，腹部收紧，背部平直，双手放在右腿膝关节处，右腿膝盖不要超过脚趾，向下拉伸直至髂腰肌有中等拉伸感。保持约30 s，然后重复左侧动作。

（2）方法2动作要领（见图7-26b）：腿前后分开成一字形，双手撑地，上身正直，而后努力使身体向下振压，至两腿前后分开至一条线坐于地下为合格。这个动作主要用来练习大腿前后侧和髋部柔韧性。两腿前后分开成一条直线，前腿的脚后跟、小腿腓肠肌和大腿后肌群压紧地面，脚尖勾紧上翘，正对上方；后腿的脚背、膝盖和股四头肌压紧地面，脚尖指向正后方；髋关节摆正与两腿垂直，臀部压紧地面。上体正直。可做上体前俯、压紧前面腿的前俯压振动作，亦可做上体后屈的向后压振动作，增大动作难度和拉抻幅度，动作幅度由小到大，逐渐用力。

20. 踝关节拉伸（见图7-27）

图7-27 踝关节拉伸

动作要领：

①跪姿，右腿在前，左腿在后，上体保持正直，双手握一直杆，置于右脚尖前方，将右腿膝盖尽量向杆靠拢，拉伸踝关节感到牵拉感。

②保持10~30 s，换另一侧进行练习。

第三节 不良姿态的拉伸练习

拉伸练习的目的是通过促进关节周围软组织的延展性来提高关节及关节系统的活动范围，保持关节柔韧性的重点是让关节活动到一定幅度，使周围软组织获得足够量的伸展。人体容易发生肌肉紧张的部位见表7-2，对这些部位的肌肉进行拉伸，能改善人体不良姿态上交叉综合征（如圆肩）、下交叉综合征（如腰椎前凸、骨盆前倾），还可以缓解背部疼痛等症状。

表7-2 人体容易发生肌肉紧张的部位

肌肉	拉伸原因
胸肌	防止不良姿势
肩膀面前	防止不良姿势

续表

肌肉	拉伸原因
髋关节	防止驼背姿势、背痛、拉伤肌肉
大腿（腿筋）	防止驼背姿势、背痛、拉伤肌肉
大腿内侧肌	防止背部、腿部和脚部的劳损
小腿三头肌	避免疼痛和跟腱损伤（可能由跑步和跳跃引起）
下背部	避免疼痛和跟腱损伤（可能由跑步和跳跃引起）

一、圆肩的拉伸训练

圆肩常见于久坐办公室人群、长期伏案工作学习的人群。圆肩潜在的损伤可引发肩部疼痛或头痛等。通过拉伸功能上紧张的肌肉，锻炼功能上被抑制的肌肉，增加颈椎伸展和肩胛骨前伸上提的练习，减少肩部伸展和肩关节外旋的动作，可以缓解圆肩的症状，表7-3是圆肩拉伸训练方法。当然，如果配合一些分离强化式训练和动态动作的整合训练，效果会更好。

表7-3 圆肩的拉伸训练方法

步骤一：松解的肌肉	组数	持续时间	动作示范
胸椎	1	30 s	
步骤二：静态拉伸的肌肉	组数	持续时间	动作示范
胸锁乳突肌	1	30 s	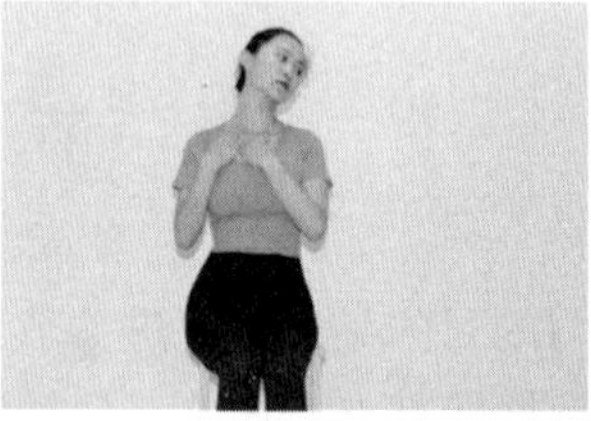
肩胛提肌	1	30 s	

续表

步骤二：静态拉伸的肌肉	组数	持续时间	动作示范
斜方肌上束	1	30 s	
胸肌	1	30 s	

步骤三：强化训练	组数	次数	动作示范
四足支撑抗阻收下颌练习	1~2	10~15	
地板俯卧提拉肩胛练习	1~2	10~15	

步骤四：动态动作整合训练	组数	次数	动作示范
瑞士球复合练习1（保持颈椎后伸）	1~2	10~15	

二、下腰背部疼痛的拉伸训练（见表 7-4）

表 7-4 下腰背部疼痛的拉伸训练方法

自我筋膜松解	组数	持续时间	动作示范
股四头肌	1	30 s	

静态拉伸	组数	持续时间	动作示范
屈髋肌群	1	30 s	
髋内收肌	1	30 s	
股后肌群	1	30 s	
梨状肌	1	30 s	
腰方肌	1	30 s	

续表

强化训练动作	组数	次数	动作示范
臀肌练习	1~2	10~15	
核心稳定肌群练习	1~2	10~15	
臀桥练习	1~2	10~15	
弹力带侧向行走	1~2	10~15	

第八章　提高平衡能力的理论与实践

一谈到平衡，可能同学们想到的是体操的平衡木、花样滑冰一类的运动，实际上，平衡对于我们普通健身者而言同样重要。拥有好的平衡可以使身体有效运作，若在运动中不能保持平衡，就会影响训练效果，甚至会导致受伤。平衡能力好对于老年人而言，可以有效防止摔倒。平衡与核心力量和灵活性一样，对于我们的健康同样重要，但往往是最容易被忽视的健身领域之一。

本章介绍影响平衡的因素和平衡对于健康的重要性、平衡训练的设备和平衡训练的动作方法。练习动作的设计从低阶到高阶，练习动作有静态平衡也有动态平衡，同学们通过学习这些练习方法，可以将平衡练习加入日常运动的准备活动和结束的整理活动中，也可以将平衡练习融入日常的力量训练中，根据自身体能水平和健康状况，选择适合自己的平衡练习动作。

第一节　平衡概述

一、平衡的定义与分类

（一）定义

全国高等医学院校统编教材《康复医学》中对平衡概念的基本描述是："平衡（Balance Equilibrium）是指身体所处的一种姿态以及在运动或受到外力作用时能自动调整并维持姿势的一种能力。"

（二）平衡的分类

根据定义，可以将平衡分为静态平衡、动态平衡和反应性平衡。

1. 静态平衡

静态平衡是指当人体或人体某一部位处于相对静止的状态下，维持身体某种特定姿态一段时间的能力，例如当你在站或坐时维持重心的能力，如站立、金鸡独立、倒立、射箭等动作均为静态平衡。静态平衡能力表现为无干扰姿势的维持能力和受干扰姿势的控制能力。

2. 动态平衡

动态平衡是指人体在运动过程中控制身体重心和调整姿势的能力，如蹦床、体操、花样滑冰与游泳等均需要很好的动态平衡能力。动态平衡包括两个方面：自动态平衡和他动态平衡。

（1）自动态平衡：是指人体在进行各种自主运动，例如由坐到站或由站到坐等各种姿势间转换时，重新获得稳定状态的能力。

（2）他动态平衡：是指人体对外界干扰，例如推、拉等产生反应、恢复稳定状态的能力。

3. 反应性平衡

反应性平衡是指身体受到外力干扰，破坏平衡状态，人体作出保护性、调整性反应以维持或建立新的平衡。它包括两个方面：保护性伸展反应和迈步反应。

（1）保护性伸展反应：人体站在一个比较坚固的支撑面上，受到一个较小的外界干扰（如推一下）时，身体重心以踝关节为轴进行前后转动或摆动，或通过髋关节的屈伸活动，调整重心、保持身体稳定性的能力。

（2）迈步反应：当外力干扰过大时，身体摇晃增加，重心超出其稳定极限，人体会自动向用力方向快速跨出或跳跃一步，来重新建立身体重心的平衡能力。

平衡的这种分类包括了人体在各种运动中保持、获得或恢复稳定状态的能力，具有一定的科学性和完整性。

二、维持平衡的生理机制

维持人体平衡的生理机制十分复杂。一般认为，人体正常姿势的维持依赖于中枢系统对视觉、本体感觉和前庭觉信息的协调和对运动效应器的控制。此外，大脑平衡反射调节、小脑共济协调系统以及肌群的力量也参与了人体平衡功能的维持。为方便理解，可以简化为感觉输入、中枢整合和运动控制3个环节。人体通过视觉、躯体感觉、前庭觉的传入来感知身体所处的位置及其与周围环境的关系。视觉系统的信息由视网膜收集经视通路传入视中枢，本体感觉传递肌肉、关节、肌腱各有关效应器官状态的信息，前庭觉是维持平衡、感知机体与周围环境相关的主要结构，包括三个半规管感知人体角加速度运动和椭圆囊、球囊（耳石器）感知瞬时直线加速运动。这3种感觉信息输入在多级平衡觉神经中枢中（脊髓、前庭核、内侧纵束、脑干网状结构、小脑及大脑皮质等）进行整合加工，并形成运动方案。当体位或姿势变化时，中枢神经系统将3种感觉信息进行整合，迅速判断何种感觉所提供的信息是有用的，何种感觉所提供的信息是相互冲突的，并加以取舍，最后下达运动指令。运动系统以不同的协同运动模式控制姿势变化，将身体重心调整回原来的范围内或建立新的平衡。当平衡发生变化时，人体通过踝调节、髋调节和跨步调节3种调节机制或姿势性协同运动模式来应变。

三、影响平衡的因素

（一）生理

中枢神经系统具有对人体这三大感受器的整合分析能力与对运动效应器的控制能力，任何一个部分受损均可引起平衡障碍，当你练习平衡时，你会重新训练大脑发送给你的工作肌肉的神经肌肉通路。那些有视力障碍的人和那些近视或远视未矫正的人更有可能失去平衡。内耳健康也与你的平衡有关。内耳中的液体会检测你的身体姿势。耳部疾病，如耳部感染、眩晕和耳垢阻塞也会影响平衡。这些感受器检测身体位置的变化。例如，坐在椅子上，闭上眼睛，将一只手臂举过头顶，你可以感觉到，当肩膀上的肌肉收缩时，传感器就会向大脑发送信息，告知你的位置变化、方向变化、力量大小变化，从而维持你的平衡。

（二）力学角度的因素

重心高低、支撑面积、支撑面稳定性等力学因素会影响平衡。支撑面就是接触面，是指人在各种体位下（站立、坐、卧、行走）所依靠的表面。支撑面小、重心高，位于支撑面的边缘，是最不稳定的，此时平衡性就会受到影响。当你两腿并拢时，你的支撑力较窄，很难保持平衡；当你的两腿相距较远时，支撑的基础较宽，更容易保持平衡。例如，走在结冰的人行道或潮湿的游泳池甲板上比走在硬木地板或水泥人行道上更困难，而平衡力的训练，恰恰就是利用这些不利因素制造各种不稳定训练，来提高你的平衡力。

（三）其他因素

环境因素会影响平衡，如光照条件，例如在有灯的走廊上行走比在灯光昏暗的走廊上行走更容易。腿部和臀部的肌肉薄弱或紧张会影响平衡，臀部和膝盖的肌肉疲劳会影响姿势的稳定性。如果你的肌肉很弱，你将不能长时间保持平衡，走路时可能会有前倾或左右倾的倾向。如果你的肌肉很紧，你就没有一些运动所需要的活动范围，这可能会限制你的平衡能力。听觉也会影响平衡。平衡还受到年龄的影响，平衡力一般随年龄增长而下降。

四、平衡的益处

平衡能力是人体维持站立、行走以及协调地完成各种动作的重要保障，是一切静态与动态身体活动的基础。当你跑步时，每次你的脚着地时，你都在保持平衡；当你做卧推时，你是在平衡杠铃，同时也在凳子上稳定你的身体。平衡能力不佳，会增加踝关节受伤的风险，而且男性比女性更容易发生这种情况；平衡力差容易跌倒，尤其是老年人。平衡还有助于改善脊柱的稳定性和姿势，无论你是静止的还是移动的。

平衡训练最近变得越来越受欢迎，因为它被认为是健身的一个组成部分，不仅可以提高生活质量和日常生活活动，还可以提高你的健康和运动表现。在过去，平衡训练主要用于损伤的康复，但是它也可以帮助预防脚踝和膝盖在娱乐和运动中的损伤，有助于减少脚踝受伤的复发。改善你的平衡可以减少摔倒的可能性，有助于在任何年龄保持自信，提高自我效能感。

第二节 提高平衡力的训练

一、平衡训练的原则和设备

（一）平衡训练原则

平衡训练的动作要循序渐进，逐步递增难度，一般从稳定支撑面开始训练，逐步过渡到不稳定面。同时还可以根据需要改变视觉环境，如睁眼、闭眼情况下的训练，抑或根据我们的身体位置改变，如头部转动、手臂位置改变等进行训练。通过这些变化，实现平衡训练的不断进阶，使我们在本体感受丰富的环境中逐渐提高自身的平衡能力。以下是一些平衡训练原则：

（1）从最稳定的体位通过训练逐步发展到最不稳定的体位。
（2）从静态平衡进展至动态平衡。
（3）支撑面积由大到小。
（4）身体重心由低到高。
（5）自我保持平衡到破坏平衡时维持训练。
（6）训练时由闭眼到睁眼。
（7）先从无设备进行平衡训练之后进阶到简单设备，最后可以进行仪器平衡训练。

（二）平衡训练常见工具

许多训练工具可以创造本体感觉丰富的训练环境，比较常见的工具诸如平衡盘、健身球、波速球、泡沫轴等（见图8-1）。这些类型的平衡设备可以帮助我们改善和挑战平衡练习。

图8-1 平衡训练常见工具

1. 平衡盘

平衡盘（见图8-1a）是一个扁平的枕头形状的圆盘，可以充气以达到不同的平衡水平。圆盘里的空气越多，平衡就越困难。

2. 健身球

健身球有各种大小，直径45~85 cm不等（见图8-1b）。如何选择一款合适的健身球？一般在理想情况下，坐在球上，你的大腿与地面平行，你膝盖的角度应是90°，这样大小的球是适合于平衡训练的（见表8-1）。球越膨胀，平衡就越困难。健身球有多种多样的平衡练习动作，同时还可兼顾锻炼到我们身体的其他不同部位。

表8-1 健身球选择建议

适合身高/cm	直径规格/cm
<165	55
165~180	65
>180	75

3. 波速球

波速球从外形来看，一面是突起的半圆，另一面则是坚硬平坦的面，两面都可以使用（见图 8-1c）。配合不同动作，将平面或球面朝上，可以做骨盆脊椎的稳定训练、平衡反应练习等，还能提高运动强度，达到燃烧脂肪的效果。一颗直径 65 cm 的波速球，可以承受 160~180 kg 的重量，大部分的人都可以安心使用。

4. 泡沫轴

泡沫轴又叫瑜伽柱，一般由重量轻、富有缓冲弹性的 EVA 材料制成，分为表面光滑、浮点式、纹路等不同种类（见图 8-1d）。泡沫轴是肌肉放松神器，可消除肌肉紧张，同时也可以加强核心肌肉力量，锻炼身体的平衡性和灵活性。

二、平衡训练动作

如果平衡能力较差，可以从俯卧位开始训练（见表 8-2）。

表 8-2 俯卧位平衡练习示例

阶段	动作要领	难度等级
阶段 1 静态训练	起始位置：四肢着地开始保持身体平衡，双手放在肩膀正下方，膝盖放在臀部正下方	初级：保持脊柱的平直，眼睛看地板
阶段 2 静态训练	1. 抬起一条腿离开地板； 2. 保持 5 s； 3. 用另一条腿重复； 4. 举起一只手离开地板； 5. 保持 5 s； 6. 用另一只手臂重复； 7. 向前伸出一只手臂，另一条腿放在离地几英寸的地方； 8. 保持 5 s； 9. 在另一侧重复上述动作； 10. 将一只手臂向前伸，另一条腿向后伸，与躯干保持一条直线； 11. 保持 5 s； 12. 对侧重复	初级：从一条腿或一只手臂开始 中级：同时抬起弯曲的手臂和腿 高级：同时抬起伸直的手臂和腿；增加时间

续表

	动作要领	难度等级
阶段 3 动态训练	1. 在静态平衡的姿势中，将肘部向膝盖靠近，然后向后伸展； 2. 做 5 次，然后换到另一边	中级：使用更小的动作，保持手臂和腿弯曲 高级：使用更大的动作，伸直手臂和腿；增加时间
阶段 4 静态健身球训练	1. 臀部放在球的上方，脚趾放在后面的地板上； 2. 将手放在球前的地板上； 3. 向前伸出一只手臂，向后伸出一条腿，直到与躯干保持一致； 4. 保持 5 s； 5. 在另一侧重复上述动作	中级：手和脚趾靠近球；增加时间 高级：将手和脚趾放在离球更远的地方
阶段 5 静态俯卧支撑训练	1. 将手和脚趾放在俯卧撑的位置； 2. 伸展一只手臂和对侧一条腿，直到它们与躯干成一条直线； 3. 保持 5 s； 4. 再换另一边做	高级：将手和脚抬起后回到初始位置
阶段 6 动态俯卧支撑训练	1. 从静态平衡开始向上推； 2. 伸展一只手臂和对侧一条腿，直到它们与躯干成一条直线； 3. 同时放下手和脚，直到它们接近地板，然后回到起始位置。 4. 做 5 次，然后换到另一边	更高级：将手和脚抬平并保持

同学们可以在锻炼计划中专门进行每次 15~20 min、每周 3 次的平衡练习；也可以在不增加额外时间的情况下进行平衡练习，比如，可以在运动前用平衡练习作为热身，也可以在运动结束后用平衡练习作为放松；还可以在重量训练中进行平衡练习。以下的示例将介绍在准备活动或放松阶段加入平衡练习（见表 8-3），以及在力量训练时加入平衡练习。在运动中可以徒手进行平衡练习，还可以借助健身小工具增加平衡练习的效果。

表 8-3 准备活动或放松阶段加入平衡训练示例

水平	动作要领	动作示范
初学者	静态单腿平衡：单腿站立，另一条腿屈膝抬离地面，使大腿水平（可靠墙或手扶墙完成练习）	
进阶 1	侧腿摆动，添加运动（动平衡）：摆动腿前后 10 s	
进阶 2	脚画圈——从一个静态平衡开始，顺时针和逆时针旋转	
高阶者	波速球或平衡盘平衡	

在锻炼的过程中,可以把很多通常是双脚站立和单脚站立的练习进行交换,比如站立哑铃弯举,或者哑铃肩部推举等(见表8-4)。

表8-4 运动中融入平衡训练示例

动作	动作要领	动作示范
用哑铃保持单腿平衡	在做3组肱二头肌弯曲时,首先在右腿上做1组平衡,再在左腿上做1组平衡	
单腿平衡,使用哑铃和波速球	一旦单腿练习变得容易,就可以尝试使用波速球圆顶向上的方式	
单腿平衡,使用哑铃和反向波速球	对于更高级的练习,可以采用波速球半圆面朝下的方式	

利用健身球、波速球等代替现有健身计划中的长凳、仰卧、坐姿等,可以在健身的同时兼顾训练平衡力(见表8-5)。

表8-5 运动中加入平衡训练示例

动作	动作要领	动作示范
健身球胸肌练习	稳定性球或波速球可以代替训练中的仰卧,或仰卧的长凳或座椅。开始时先做一组波速球或健身球的练习,然后增加到两组或更多	

续表

动作	动作要领	动作示范
反向波速球俯卧撑	在健身计划中增加平衡的另一个选择是在目前的健身计划中进行一次锻炼（比如俯卧撑），使用波速球锻炼两周	
健身球坐式头顶肱三头肌伸展	使用健身球进行头顶坐位伸展	

1. 单足站立的动态平衡训练（见图8－2）

图8－2 单足站立的动态平衡训练

（1）动作要领：
①准备阶段：双脚分开站立，与臀部同宽，收腹立腰，放松肩膀。
②运动阶段：
a. 呼气，慢慢向左倾斜，将身体重心移到左脚。
b. 让右脚离开地板，向身体一侧抬起。
c. 保持5 s（大约2次长时间的深呼吸）。
d. 吸气，慢慢回到起始位置。
e. 重复向右侧倾斜，将身体重心移至右脚。
（2）动作变化：
①增加到10 s（约4次长时间的深呼吸）。
②闭着眼睛进行该练习。

(3) 错误动作：

①躯干前倾。纠正：保持肩膀、臀部和膝盖在一条直线上。

②头和脖子向前拉。纠正：保持下巴与地板平行。

(4) 进阶动作1：将腿向前摆动45°，然后向后摆动45°，完成8~10次，见图8-3。

图8-3 进阶动作1

(5) 进阶动作2：使用波速球或平衡盘训练单腿平衡，见图8-4。

图8-4 进阶动作2

(6) 进阶动作3：在支撑腿附近放置一组椎体，另一只手臂依次接触椎体，见图8-5。

图8-5 进阶动作3

①准备阶段:

a. 在10点、11点、1点、2点的范围内放置4个小锥筒。

b. 左腿站在中间12点位置。

c. 把肚脐拉向脊柱。

②运动阶段:

a. 慢慢地吸气,用左手触摸每一个圆锥体。

b. 呼气,慢慢回到起始位置。

c. 重复以上步骤,用右手触摸每个锥形桶。

d. 重复这个动作,用右腿站立,用左手触摸。

e. 逐步加快速度。

(7) 进阶动作4:单足站立加头部转动训练,见图8-6。

 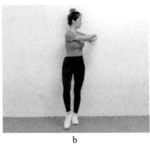 

图8-6 进阶动作4

①准备阶段:

a. 左腿离墙6英寸(15 cm),双臂交叉放在胸前。

b. 将肚脐拉向脊柱,放松肩膀。

②运动阶段:

a. 呼气,慢慢地将躯干转向左侧,保持支撑腿的臀部和脚趾面向前方。

b. 吸气,慢慢回到起始位置。

c. 保持30 s,然后向右侧转动。

(8) 进阶动作5:单腿站姿触脚,见图8-7。

图8-7 进阶动作5

①准备阶段：

a. 用右腿站立。

b. 收腹，保持脊柱骨盆的中立位，放松肩膀。

②运动阶段：

a. 呼气，慢慢地用右手接触躯干前面的左脚。

b. 吸气，慢慢回到起始位置。

c. 呼气，慢慢地用右手触摸躯干后面的左脚。

d. 吸气，慢慢回到起始位置。

e. 坚持30 s。

f. 用左手摸右脚，左腿站立，重复上述动作。

③动作变化：

a. 将时间增加到45 s。

b. 将时间增加到60 s。

④错误动作：躯干前倾太远。纠正：将腿抬高与手接触。

2. 泡沫轴辅助平衡训练（见表8-6）

表8-6　泡沫轴辅助平衡训练

动作名称	动作要领	动作示范
泡沫轴仰卧平衡	1. 仰卧，头部、脊椎和臀部与泡沫滚轴接触； 2. 双脚与肩同宽，双手放在腹部； 3. 将肚脐拉向脊柱，放松肩膀； 4. 双脚并拢，保持10~30 s	
泡沫轴仰卧平衡加手臂动作	1. 将右臂向上伸展，左臂向下伸展，使它们与地板平行； 2. 换手臂，保持10~30 s	
泡沫轴仰卧平衡药球上举	1. 双臂伸直，但不要抱紧，将一个药球举过胸部； 2. 双臂降低到头部后面，直到双臂与地面平行； 3. 坚持10~30 s； 4. 回到起始位置	

续表

动作名称	动作要领	动作示范
泡沫轴仰卧平衡抬腿练习	1. 双手放在腹部,左腿伸直,直到膝盖平齐; 2. 保持 10~30 s; 3. 抬起右腿重复	

3. 瑜伽球坐姿平衡训练（见表 8-7）

表 8-7　瑜伽球坐姿平衡训练

动作名称	动作要领	动作示范
健身球坐姿训练	1. 坐在健身球的顶部,双脚安全地放在与肩同宽的地板上; 2. 保持背部挺直,双手放在臀部; 3. 收腹立腰,放松肩膀; 进阶: 1. 通过双脚并拢来缩小支撑的基础; 2. 保持 5~10 s。	
健身球坐姿屈腿抬腿训练	1. 慢慢地将右脚抬离地面; 2. 保持 5~10 s; 3. 将右脚放回地面,左脚重复上述动作	
健身球坐姿抬腿训练	1. 慢慢地将右腿向前伸直; 2. 保持 5~10 s; 3. 将右脚放回地面,左脚重复上述动作	

动作名称	动作要领	动作示范
健身球坐姿抬腿抬手臂训练	增加手臂上下的运动，同时保持腿离地	

4. 波速球蹲训练（见表8-8）。

表8-8 波速球蹲平衡训练

动作名称	动作要领	动作示范
波速球下蹲训练	1. 双脚与肩同宽站立，背部平直，收腹； 2. 双肩放松； 3. 呼气，慢慢放下臀部，保持背部挺直。当蹲下时，双臂向前移动直到与地面平行； 4. 吸气，慢慢回到起始位置； 5. 重复5~8次	
波速球持药球下蹲	添加一个药球，动作同前	

续表

动作名称	动作要领	动作示范
反向波速球下蹲	利用反向波速球,动作同前	

5. 星形平衡（见表8-9）

表8-9 星形平衡

动作过程	动作要领	动作示范
1	1. 将4条胶带均匀地贴在地板上,形成8点星形; 2. 站在中间,左腿保持平衡,收腹立腰,双肩放松; 3. 将右脚尽量伸向前面的带子,轻拍地板,然后回到中间,保持左腿的平衡	
2	重复,伸出右脚。顺时针转到下一根带子上,然后回到中心	

续表

动作过程	动作要领	动作示范
3	继续，直到已经做完所有8条胶带	
4	重复同样的动作，将重心放在右腿上，用左脚顺时针方向移动。注意：确保膝盖不旋转，保持面朝前	

第九章 提高速度与灵敏性的理论与实践

速度和灵敏性是运动的基本组成部分,也是决定运动成绩的两个重要方面,往往在运动表现中综合体现。速度具有反应速度、动作速度和位移速度等基本的表现形式。在众多对抗性体育活动中(如羽毛球、乒乓球、曲棍球等),灵敏能力是非常重要的。良好的速度和灵敏性不但有助于更快、更多、更准确、更协调地掌握技术和练习手段,使已有的身体素质充分有效地运用到实践中去,而且可以防止伤害事故的发生。

第一节 速度的概述

一、速度的相关概念

速度素质是指人体或人体某部位快速运动的能力或最短时间完成某种运动的能力,也就是人体或人体某一部位快速作出运动反应、快速完成动作、快速移动的能力。按其在运动中的表现可以分为反应速度、动作速度和周期性运动的位移速度三种形式(见表9-1)。在大多数运动项目中所表现出来的速度素质,都是这三种表现形式的综合体现,但在不同项目中三者占的比重各有不同,速度与力量结合可构成速度力量,与耐力结合则构成速度耐力性。

反应速度是指人体对各种刺激产生反应的快慢。

动作速度是指完成单个动作时间的长短。

位移速度是指周期性运动(如跑步和游泳等)中人体通过一定距离的时间。

表9-1 速度素质分类

分类	表现	举例
反应速度	人体对各种信号刺激(声、光、触等)快速应答,并合理地改变身体动作的能力	如短跑、游泳等周期性竞速项目,运动员主要接受听觉信号作出反应,乒乓球运动员主要通过接受视觉信号作出技战术反应

续表

分类	表现	举例
动作速度	表现为人体完成某一技术动作时的挥摆速度、击打速度、蹬伸速度等；在单位时间里连续完成单个动作时重复的次数（即动作频率）	如排球运动员扣球时的挥臂速度等
位移速度	周期性运动（如跑步和游泳等）中人体通过一定距离的时间。位移速度主要取决于步长和步频两个变量。步长是迈出一步所覆盖的距离。步频是在一定时间（或距离）内迈步的次数	以跑为例，如男子 50 m 跑 6 s

二、影响速度提高的主要因素

遗传对速度有重要影响，一些专门的训练对运动者的变向、预判和决策能力等方面的表现有积极改善作用。影响速度提高的主要因素有：

（一）遗传因素

1. 反应时

反应时也叫反应潜伏期，是指训练者接受刺激与作出第一个肌肉动作之间的反应时间，它具有遗传性质。

2. 神经过程的灵活性

神经过程的灵活性主要是指训练者神经中枢兴奋与抑制间的快速转换程度。它在一定程度上与遗传因素有关。

（二）步频和步长

跑步速度与步频和步长密切相关。随着步频的提高，双脚停留在地面的时间就会减少，如果步频提高，而步长保持不变，则速度会提高，同理，如果步长增加，而步频保持不变，速度也会提高。通常，在短跑时，当步频和步幅都增加的时候，跑步速度就增加了。在开始的时候，速度主要取决于步幅，随着短跑速度的增加，步频开始变成比较重要的指标。在这两个成分中，步长很大程度上取决于身高和腿长，步频的可训练性更高一些，通过短跑辅助训练，通常能够增加步频。

（三）肌纤维的类型及肌肉用力的协调性

肌纤维分为红肌纤维、白肌纤维和中间型肌纤维。白肌纤维成分比例较多者速度能力强。在发展速度能力的过程中，安排一定的柔韧练习，特别是踝关节与髋关节的灵活性训练，对速度素质提高有积极意义。

(四)注意力的集中程度以及个性心理特征和技术

坚强的意志力与注意力的高度集中是获得高速度的重要保证,训练者的个性心理特征与情绪、时间知觉、心理定向能力有关,并且影响到速度水平。因此,在速度训练中采用专门的手段与方法来提高训练者的意志品质和心理定向能力是十分必要的。此外,良好的技术可以使拮抗肌之间更为协调和放松,从而保证完成动作,使其更省力、更协调。

(五)力量(特别是爆发力)发展水平

在大多数运动项目中,力量(特别是爆发力)的发展水平是制约和决定动作速度和移动速度的重要因素之一。在速度训练中,提高爆发力必须与提高肌肉耐力性同时进行,只有这样才有助于提高长时间快速工作的能力。

第二节 速度的训练方法

以短跑为例,主要介绍提高短跑速度的训练。力量是速度的基础,给地面产生的力越大,则跑得越快。拥有完美的姿势可以使短跑更有效率,改善跑步技术,通过训练可提高短跑成绩。

一、短跑的训练方法

(一)短跑技术(见表9-2)

增加短跑速度依赖最佳身体姿势、下肢动作和上肢动作的结合。短跑如50 m跑的技术训练集中在优化运动形式和改正错误上,形式和错误的改正重点是腿和臂的姿势和动作。

表9-2 短跑技术要点

项目	要点1	要点2	要点3
姿势	在保持放松、直立姿势的同时,头、躯干和腿应该始终在一条直线上	在起跑的加速过程中,身体应该向前倾斜45°,在加速后的高速跑中身体应该保持直立,前倾角度少于5°	头部应该放松,尽量减少动作,眼睛应该一直向前看
腿部动作	在支撑阶段,体重应该集中在身体正下方的脚踝上。在迈步的时候,脚应该放在臀部的正下方(也就是重心)。应该减小接触地面的时间,使腿产生爆发性动作	脚一旦离开地面,应该直接朝向臀部的方向运动。增加短跑速度应该增加脚向臀部运动的高度	膝关节伸展到接近90°的位置,然后脚下落并向前迈步,这个过程应该几乎在一条直线上

续表

项目	要点1	要点2	要点3
两臂动作	两臂放松，肘关节应该弯曲成90°，肩关节必须产生剧烈的前后摆动，同时减少额状面的动作	向前摆臂的时候，手应该升到鼻子的水平，向后摆的时候手应该能够通过臀部	臂的摆动和膝关节的冲击动作能够帮助提高腿的动作，从而有助于跑速的提升

（二）短跑训练指导原则

1. 运动形式

（1）发展身体一般力量素质，如下肢力量和核心力量。

（2）利用各种跳跃练习发展速度力量，如单腿跳、跨跳等。

（3）采用跑的辅助训练动作，如高抬腿、小步跑、摆臂。

（4）通过增加阻力或减少阻力的方式练习：如使用阻力跑、上坡跑、助力跑、下坡跑等。

（5）重复加速跑训练：如 30 m 加速跑、40 m 加速跑、20 m 折返跑等。

2. 强度建议

速度训练的强度指的是某种运动训练中身体所需的努力程度。强度受到运动方式和跑步距离的影响。速度训练的强度变化从低到高，如低速跑到短跑辅助训练，短跑阻力训练逐级增加。速度训练可以采用不同的强度，每个人的训练水平和身体状况不同，采用的训练强度安排也不同。

较低强度的速度训练内容可以在学习技术动作、准备活动中进行，也不需要专门的准备。为了获得满意的训练效果和保障安全，高强度的速度训练内容需要一段时间的过程，特别是需要健身者具有一定的技术水平和力量素质基础。所有的训练在进行时都应该保证精确的技术要领和动力链控制，将损伤风险降到最低。

速度训练必须遵守递增负荷原则——系统增加训练频率、训练量和训练强度。通常，当强度增加的时候，训练量较少，从小强度逐步增加（见表 9-3）。

表 9-3 速度训练的强度与量的建议

强度	量	举例
小强度	中低训练量	原地摆臂
中等强度	中低训练量	后踢腿
中高强度	中低训练量	30 m 加速跑

3. 速度训练的频率

有关速度训练最佳频率的研究有限，对于运动员来说，通常每周 2~4 次，非运动员每周 1~2 次。

4. 训练量

速度训练的训练量通常指的是每次训练的组数和每组的重复次数。一般 1~3 组，每组

3~6次。例如,开始进行速度训练的健身者,开始可能采用30 m短跑运动,而后来就可能增加到100 m。

5. 速度训练的注意事项

(1) 训练前要进行充分的热身,注重大腿后侧肌群的柔韧和力量,避免因准备活动不足而引起股后肌群拉伤、摔倒等情况发生。

(2) 关节有损伤、脊柱畸形或身体有损伤史的健身者,进行速度训练需谨慎。

(3) 训练应该在专业的跑道进行,避免训练场地太硬或太软。穿上宽底防滑的运动鞋,避免受伤。

(4) 速度训练应在机体精力充沛时进行。

(5) 训练后充分放松,恢复。因为速度训练中需要健身者最大努力去提高速度和无氧功率,所以需要充分的休息和恢复来保证每次运动中都能尽最大努力。训练强度越大,需要的休息时间就越多。

(三) 短跑训练方法(见表9-4)

通过做加速跑、行进间跑和各种起跑练习,提高动作速率和速度感,掌握和改进跑的技术。训练的时候要高强度地对一个动作进行反复多次的练习。虽然每组的练习次数可以根据练习者的个人状况的不同而有所差异,但是每组的次数不能少于6次,因为速度、力量练习是一个身体反复练习的结果,过于少的次数和较低的强度是达不到理想的练习效果的。如手臂摆动、"后踢腿"、高抬腿、脚踝、行进间练习,一般为1~3组,每组20~30 m。短跑(10~20 m)用于提高速度,中短跑(40~60 m)用于提高速度和最大速度,而长短跑(60 m)用于提高短跑的各个方面,特别是速度耐力。这些冲刺是用最大的努力来完成的。

表9-4 短跑训练方法

动作速度练习	动作要领	动作示范
原地摆臂	1. 准备:自然站立,两脚分开与肩同宽,肘关节弯曲90°; 2. 动作:将肘关节维持在90°,两手放松,以短跑的动作向前和向后摆动两臂。手的运动轨迹应该是向前时与鼻尖同高,向后时通过臀部; 3. 注意:两臂在矢状面移动,不要左右摇摆	
原地小步跑	1. 上体正直,肩放松,两臂前后自然摆动; 2. 髋、膝、踝关节放松,迈步时膝向前摆出,髋稍有转动; 3. 当摆腿的膝向前摆动的同时,另一条腿的大腿积极下压,足前掌扒地式着地,着地时膝关节伸直,足跟提起,踝关节有弹性	

续表

动作速度练习	动作要领	动作示范
原地高抬腿	1. 上体正直或稍前倾，两臂前后摆动； 2. 大腿积极向前上摆到水平，并稍稍带动同侧髋向前，大小腿尽量折叠，脚跟接近臀部； 3. 在抬腿的同时，另一条腿的大腿积极下压，直腿足前掌着地，重心要提起，用踝关节缓冲	

起跑练习动作	动作要领	动作示范
起动跑	身体处于站立起跑姿势，在听到出发信号后，快速起动并向前跑 1~2 s，大约 5 m 的距离。每次练习 2~5 组，每组 6~10 次，中间的间隔休息时间 30 s 左右，每组的间隔时间要大于每次的间隔时间	
原地高抬腿接起跑	可以选择不同姿势和信号，练习起跑，如转身起跑、高抬腿接起跑等	各种预备姿势和突发信号的起跑

行进间跑练习动作	动作要领	动作示范
行进间后踢跑	1. 准备：自然站立，两脚分开与肩同宽； 2. 动作：通过小腿向后摆动将脚踝向臀部的方向拉，让脚踝接触臀部并且弹回来，两腿交替慢跑 10~20 m； 3. 注意：脚踝朝向臀部方向提拉，而不是脚踝运动	
行进间高抬腿跑	1. 上体正直或稍前倾，两臂前后摆动； 2. 大腿积极向前上摆到水平，并稍稍带动同侧髋向前，大小腿尽量折叠，脚跟接近臀部； 3. 在抬腿的同时，另一条腿的大腿积极下压，直腿足前掌着地，重心要提起，用踝关节缓冲； 4. 行进间完成	
跨步跳接跑	1. 上体正直或稍前倾，两臂自然摆动； 2. 摆动腿积极向前上方摆出，由于躯干扭转，同侧髋带动大腿充分前送； 3. 在摆腿的同时，另一条腿的大腿积极下压，足前掌着地，膝、踝关节缓冲，迅速转入后蹬； 4. 后蹬时摆腿送髋动作在先，膝踝蹬伸在后，腾空阶段重心向前性好，腾空时要放松，两腿交替频率要快	

续表

行进间跑练习动作	动作要领	动作示范
慢跑接加速跑	从慢跑开始，逐渐加速，达到指定距离后达到最快速度	

加速跑练习	动作要领
定距冲刺跑	20 m、30 m、40 m、50 m
追逐跑	追逐跑动作要领：两名运动员或多名运动员为一组，根据每名运动员平时的短跑成绩确定不同的起跑线，跑距可以为小于或 60 m、80 m、100 m、200 m 等不同段落。根据运动员的训练水平来确定，终点为同一终点。
牵引跑	用于牵引时，可使用弹性管（蹦极绳、乳胶管）绕在练习者腰部，相反的一端可以连接到另一个运动员或固定的物体上。管子的力量（来自拉伸）推动练习者向前，从而允许练习者增加步幅和频率
阻力跑	阻力可能以风（逆风）、雪橇、速度槽、沙子、加重的背心、安全带、伙伴、楼梯和小山的形式出现。体重的10%（10~50 m 的短跑）通常用于速度训练

二、其他速度的训练方法（见表9-5）

一般每组练习2~3次，重复2~3组，组间休息3~5 min。

表9-5 其他速度的训练习方法

	动作要领
节奏练习	听口令、击掌或节拍器进行摆臂、小步跑、高抬腿练习；根据口令、击掌或节拍器节奏，做快速前后摆臂练习20 s 左右，节奏由慢至快，快慢结合。摆臂动作正确、有力。重复2~3组，组间休息2~3 min
信号刺激练习	动作要领
慢跑中起跑	听信号起动加速跑，慢跑中听信号后突然加速冲跑10 m。反复进行。
转身起跑	背对前进方向站立，听信号后迅速转体180°，起动加速跑10 m
选择动作练习	动作要领
听口令做对应的相反动作	听口令叫立正，练习者做稍息；叫向左转，练习者做向右转；等等
喊数抱团	练习者绕圈跑，听口令几人组合，练习者即几人成组，不符合组合人数者为失败，失败者罚做俯卧撑、高抬腿等练习或表演节目

第三节 灵敏性的训练

一、灵敏性的概述

（一）概念

灵敏性是指身体对刺激的反应，当速度或者方向改变时所产生的快速的全身性运动。它是人的运动技能、神经反应和各种身体素质的综合表现。灵敏性是复杂的，需要几个生理系统和健康组成部分的最佳整合。在保持正确姿势的情况下，机体快速启动（或加速）、制动（或减速和稳定）和改变方向，因此需要较高的神经肌肉效率，使人体以不同速度改变方向时，能将人体的重心稳定在支撑面上。应在身体机能状态较好时进行灵敏性训练。

（二）分类

从灵敏素质与专项运动的关系来看，其可分为一般灵敏素质和专项灵敏素质两类（见表 9-6）。

表 9-6 灵敏素质的分类

分类	定义	意义
一般灵敏	人在各种活动中完成各种复杂动作时所表现出来的适应变化着的外环境的能力	是专项灵敏素质发展的基础
专项灵敏	根据各专项所需要的，运动员在专项运动中，迅速、准确、协调自如地完成本专项各种技术动作的能力	是在一般灵敏素质的基础上，多年重复专项技术，提高专项技能的结果

（三）灵敏素质的意义

在大多数运动中，快速变向能力甚至要比直线速度更重要。例如足球、篮球、羽毛球等项目的运动或比赛中，都需要根据场上的情况进行迅速的加速、减速或者变向运动。

（1）灵敏素质是协调发挥各种身体素质的能力，也是提高技术动作质量和创造优异运动成绩的重要条件。

（2）灵敏素质能够保证人随心所欲地控制自己的运动器官，准确、熟练、协调地完成动作。

（3）在比赛对抗中，灵敏素质能够灵活、巧妙地战胜对手，取得比赛的胜利。

（4）离开其他素质和运动技能根本谈不上有灵敏素质，因此，单纯的灵敏素质是不存在的。

（四）影响灵敏素质的因素

影响灵敏素质的因素是多种多样的，其中主要有解剖、生理、运动经验及其他身体素质发展水平等。

1. 解剖因素

体型：不同的体育项目要求不同的体型，以有利于本专项技术的发挥，能在本专项中表现出高度的灵敏素质来。就一般人而言：过高而瘦长的，过胖的或梨形体型的人缺乏灵敏性，"O"型腿、"X"型腿的人缺乏灵敏性，肌肉发达的中等或中等以下身高的人，往往有高度的控制力而表现得非常灵活。

体重：灵敏素质要求运动者在运动中能迅速改变身体位置，因此体重是影响其变向能力的一个重要因素。由牛顿第一定律"惯性定律"可知，质量越大的物体惯性越大，那么体重越重的运动者，惯性就越大，所以，运动时突然停止变向时惯性阻力就越大，为了成功急停、变向、启动，运动者需要通过自身的力量来克服庞大的体重带来的惯性阻力。因此必须进行合理的训练增加肌肉比重，提高身体力量素质。

2. 生理因素

高度的灵敏素质是在其巩固的运动技能基础上表现出来的，也就是在大脑皮层分析综合能力高度发展的情况下体现的。基本动作、基本技术掌握得越多越熟练，不仅学习新的动作快，而且在战术运用中也更富有创造力，人也显得灵活，随机应变能力更强，从而表现的灵敏素质也更高。前庭分析器的机能，对转体及维持身体平衡、变换身体的方向位置的灵活性有很大作用。

3. 年龄、性别

从7岁到12岁，灵敏素质稳定提高，该年龄段有利于提高动作频率、反应速度及单个动作速度。13岁到15岁为青春期，身高增长较快，灵敏素质相对有所下降，以后随年龄增长又稳定提高，直至成人。在儿童期，男孩女孩灵敏素质差不多，在青春期，男孩比女孩稍灵敏些，在青春期以后，男子的灵敏素质高于女子。女子进入青春期，由于体重增加，有氧能力下降，内分泌系统变化，灵敏素质会一度出现明显的生理性下降趋势。根据这一变化规律，在青春期以前就应加强女子的灵敏素质练习，使之得到较好发展。

4. 其他

身体素质发展水平：灵敏素质是人体的力量、速度、耐力、柔韧以及协调性等能力的综合表现。上述在神经中枢调控下的肌肉活动能力与灵敏素质有密切关系，其中任何一种身体素质较差，对灵敏素质的提高都会造成不利影响。人在情绪高涨时显得特别灵敏，而情绪低落时，灵敏性也会降低。在兴奋性比较高，体力充沛的时候发展灵敏素质效果最好。

运动经验：实践证明，掌握基本技术越多、越熟练，不仅学习新的运动技能快，而且技术运用也显得更灵活，更富有创造力，表现出的灵敏素质也就越高。长期学习、运用各种技术动作和提高运动技能，可以丰富人的运动实践经验，增加身体素质和技术动作"储备"，从而促进灵敏素质水平不断提高。

二、灵敏性的训练方法

（一）指导原则及注意点

1. 指导原则

发展灵敏素质应尽可能采取逐渐增加复杂程度的练习方式，必须从培养人的各种能力入手，在训练中广泛采用发展其他身体素质的方法来发展灵敏素质，并培养掌握动作的能力、反应能力、平衡能力等。健身者可以根据自身核心、平衡和反应等体能素质水平，根据表

9-7 的指导原则进行灵敏性训练。

表 9-7　灵敏性训练指导原则

水平	训练重点	个数	组数	重复次数	休息
初级	结合有限的横向惯性和不可预测性，如"锥筒滑步"和"敏捷梯训练"	4~6	1~2	每个练习 2~3 次	0~60 s
中级	较大的横向惯性、有限的不可预测性，如"5-10-5 训练"和"T 形训练""方形训练""起立 8 字走"	6~8	3~4	每个练习 3~5 次	0~60 s
高级	较大的横向惯性和不可预测性，如"改版方形训练"和"同伴镜像训练""计时训练"	6~10	3~5	每个练习 3~5 次	0~90 s

2. 灵敏性训练注意事项

在敏捷的动作中，正确的姿势、脚与地面的接触、手臂的动作是必需的。

（1）适当的姿势对灵敏性训练来说至关重要。加速时避免身体过度前倾以及减速时减少前倾角度都是进行灵敏性训练时的姿势要点。头部应保持自然姿势，目光应该直视前方。运动员应该尽可能地在动力线上推进。姿势的提升是由于强健的核心区稳定力，所以核心区的训练相当重要。

（2）脚触地：脚与地面的接触对灵敏性来说是不可或缺的。运动员应在脚触地前维持足背屈（脚趾向上）。足背屈的足踝可以让运动员快速地对地面施加力。运动员以前脚掌着地（并非脚趾）可以获得最佳的地面反作用力。加速时脚只要稍微离开地面即可，这将缩短脚与地面接触间的循环周期。当运动员能正确落地与蹬地时，就会听到不同的脚步声。如果听不到清脆的脚步声可能代表用脚趾着地。

（3）手臂动作：与冲刺跑相似，强有力的手臂动作能帮助腿部增加动力，而且能在加速时增进灵敏性的表现。

（二）灵敏性训练的工具

灵敏性训练的工具能够辅助练习者进行更灵活多变的训练，常见的有锥形筒、绳梯、灵敏环、标记点、反应球、小型的跨栏和跳箱、跳绳，见表 9-8。

表 9-8　灵敏性训练的工具

名称	练习	图示
锥形筒	不同大小的锥形筒被用作标记，以引导动作和方向的改变	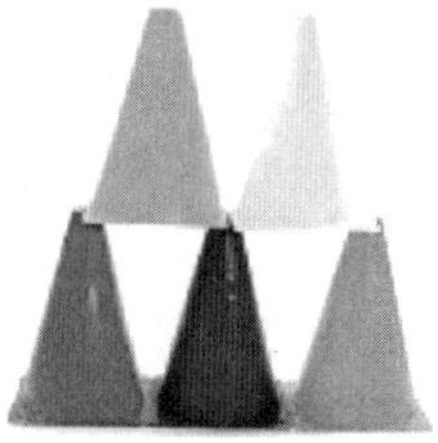

续表

名称	练习	图示
绳梯	能够进行许多快速脚步的训练,这些训练都有助于发展跨步速度、平衡的协调	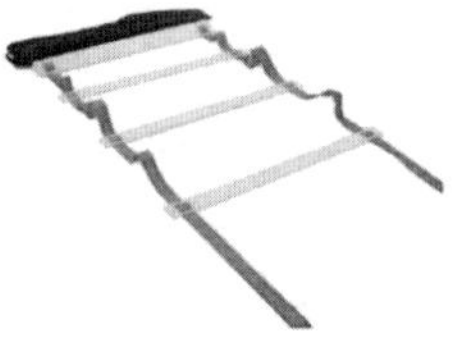
灵敏环、标记点	可以进行许多单脚和双脚的训练动作	
反应球	球上有多个凸起,使它在落地时形成不规则弹跳,以此训练运动员的手眼协调能力、反应能力和起步的迅捷度	
小型的跨栏和跳箱	可当作灵敏性训练的障碍物,把5~10个跨栏排成一排,平行于彼此。逐步跨越每一个栏,在这个过程中,可以设计不同的要求,比如高频跑、高抬腿跑、正向栏侧单腿下压跑、双腿跳、双腿垫步跳、侧向跳等	 
跳绳	在训练脚步速度时是极佳的工具	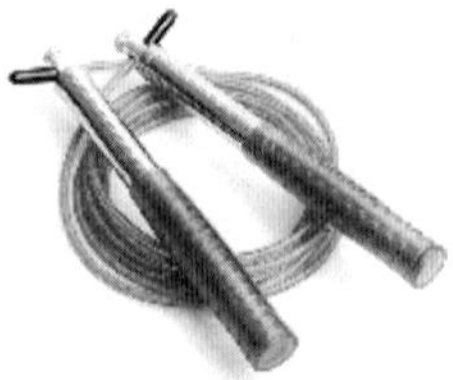

三、训练动作

灵敏性训练的关键部分主要是以下三个方面:

(1) 加速:快速启动加速能力;变换速度加速能力。

(2) 减速和急停制动能力:切入和身体移动方向的变换,如直线、斜线、弧线、角度、转身等。

(3) 步法和步速。

灵敏性训练有多种动作,包括直线冲刺、倒骑、侧移、下步、卡里奥卡、切入、旋转、跳跃和交叉,可以通过各种尺寸的圆锥、绳梯、灵敏环、标记点、反应球、轮胎、小跨栏、反应带、跳绳等工具来扩展训练。

(一) 绳梯练习

绳梯练习是锻炼变向速度的训练。如图9-1所示,可以从高提膝向前跨过每一个格子开始,也可以在这个过程中不断改变规则,比如先左脚进第1格,再换右脚进第2格,左脚进第3格,或者加速、突然地变向、减速急停、行进中转身等。这种训练模式可以极大锻炼练习者的脚步移动速度、灵敏性、身体协调性等。

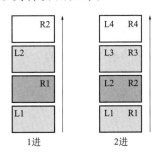

图9-1 绳梯练习

(二) 锥形筒练习

紧密的锥形筒 (5 m以下) 有助于训练灵敏性。

1. 5-10-5往返跑练习

3个锥形筒,每个相距5码 (约5 m),水平呈一条直线放置 (见图9-2)

图9-2 5-10-5往返跑练习

(1) 首先从1号锥形筒开始,用一只手触摸1号锥形筒,反身跑向2号锥形筒。
(2) 冲刺到2号锥形筒,并用右手触摸锥形筒。
(3) 反身冲刺到3号锥形筒。用左手触摸该锥形筒。
(4) 冲刺返回到首发的1号锥形筒。
(5) 反方向重复。

2. X形冲刺练习

X形冲刺练习利用方向的变化、不同角度的跑步以及快速的脚步移动,有助于提高练习者的快速转换能力和快速反应能力。

4个锥形筒,每个相距10码 (约10米),组成一个正方形放置 (见图9-3)。

(1) 首先从1号锥形筒开始,用一只手触摸1号锥形筒,跑向2号锥形筒。

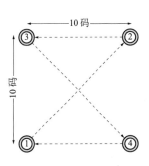

图9-3 X形冲刺练习

(2) 冲刺到 2 号锥形筒后,再横向移动到 3 号锥形筒。

(3) 转身 45°侧身跑到 4 号锥形筒。

(4) 冲刺返回到首发的 1 号锥形筒。

(5) 换个首发锥形筒,反方向重复一次。

3. 方形练习

将 4 个不同颜色的锥形筒摆成一个正方形,边长 10 码(见图 9-4)。站在起点,逆时针方向冲刺跑向下一个锥形筒,再依次以侧滑步、倒退步、前后交叉步跑向下一个锥形筒;也可以变换不同跑动方式,增加训练的趣味性。

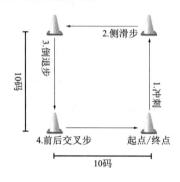

图 9-4 方形练习

锥形筒的训练形式多种多样,可以创造性设计多种图形,结合不同步伐。

第十章 提升核心稳定性的理论与实践

核心稳定性与核心力量训练是一种新兴的训练方法,最初用于医学康复领域,近些年应用到健身和运动训练中。随着新兴训练方法的日益流行,核心稳定性训练受到越来越多的关注,目前核心稳定性训练已经成为一般健身训练中必不可少的一个重要环节。本章介绍核心的概念和稳定性的评估方法,使同学们进一步了解核心稳定性的提高对于健康及健身的重要意义,并且能够自我评估核心稳定能力;同时,通过详细介绍核心稳定练习的方法,针对不同核心稳定水平设计了一些练习的示例和方案,为同学们进行自主练习提供指南。

第一节 核心稳定性内涵

一、核心区

核心区所处的位置是人体上下肢结合的部位,是连接上下肢的纽带,是肢体运动的重要"发力源",它的稳定影响着身体运动的整体性。根据核心区解剖结构特点及其与身体重心的位置关系,国内对核心区的界定是"腰椎—骨盆—髋关节"形成的一个整体,腰椎骨盆髋部复合体,其形状类似于一个圆柱,具体指膈肌以下盆底肌以上的中间区域,并包括附着在它周围的神经、肌肉、肌腱、韧带和骨骼系统,同时也受呼吸调节系统的影响和作用(见图10-1)。

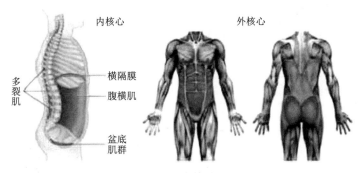

图10-1 人体核心区

在有些运动项目中，由于专项动作的特殊需求，核心区的范围有所扩展，如游泳必须把肩关节包括在内，因此出现了大核心区这个概念，具体指肩关节以下髋关节以上包括骨盆、胸廓、髋关节和整个脊柱在内的广大区域。

二、核心肌肉

胸腔里的膈肌和盆腔中的盆底肌以及腹壁的肌肉和脊柱深层的稳定肌共同组成了一个像气球一样的空间，这些肌肉共同作用维持了整个身体核心区域的稳定。肌群中任何一块肌肉出现了问题都会造成姿势不稳，最常见的就是出现腰酸背痛，或者在做各种动作时，身体产生新的不稳定，或者在需要稳定的时候出现各种代偿机制。许多人把注意力集中在可见的六块腹肌上，并误以为这是核心，但其实大多数核心肌肉是不可见的，因此往往被忽视。核心肌群包括肌肉的起止点（或起点或止点）位于核心区的肌肉群，主要分为两类：第一类为局部稳定肌，包括多裂肌、椎旁肌等，起于脊柱或分布于脊柱深层，它们里面均含有较多的Ⅰ型肌纤维，同时这些肌肉中的肌梭（存在于肌肉中的微小感受器，能够感受到肌肉长度的变换）具有较高的敏感性（很容易感受刺激而产生收缩），这些肌肉主要负责维持或微调脊柱的曲度以及维持腰椎的稳定性。第二类为整体原动肌，包括竖脊肌、臀大肌等，大多处于身体浅表位置，多为长肌，有的连接着胸廓和骨盆，负责脊柱运动和方向的控制。核心肌群负责产生人体核心部位的动作，这些肌肉转移身体的重量，传递能量，负责大范围的屈伸，并帮助控制运动。

这样整个核心区形成一个"核心柱"，"核心柱"的前壁是腹部肌群，后壁是背部和臀部肌群，顶部是横膈肌作为盖板，底部由盆底肌群和环绕髋部的肌群作为"底板"。不管正在进行的活动是坐着、深蹲还是打网球，核心都能稳定脊柱的正常S形曲线。所有的运动要么起源于核心，要么通过核心从上体运动到下体，反之亦然。核心部位主要肌肉介绍见表10-1。

表10-1 核心部位主要肌肉一览表

深层稳定肌	表层运动肌
腹横肌	背阔肌
腹内斜肌	髂腰肌
腰椎多裂肌	腹直肌
膈肌	竖脊肌
盆底肌	腘绳肌
横突棘肌	腹外斜肌
	股四头肌
	髋内收肌群
	髋外展肌群

（1）竖脊肌：位于脊柱两侧，由棘肌、最长肌和髂肋肌三部分组成，是一组沿着脊柱运动的肌肉（见图10-2），它们与腹部肌肉一起支撑上半身，使脊柱保持直立。无论是坐着、跑步还是站着，竖脊肌都可以使脊柱向两侧屈，使头和脊柱伸，还可以使骨盆前倾。竖脊肌对保持良好的姿势至关重要。

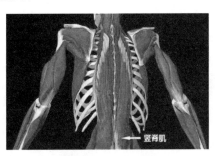

图10-2 竖脊肌

（2）腹横肌：位于腹部深层，肌纤维横向分布，是一层较深的腹肌，见图10-3。这些肌肉维持腹压，包围并帮助保护内部器官，稳定下背部，特别是在运动时，它的横向纤维在腹部脊柱周围直接形成了一条较宽广的"保护带"，能协助呼吸、控制脊柱运动。腹横肌是维持脊柱稳定的重要的深层肌肉之一，是支撑脊柱的最小但最有力的肌肉，通过将重量沿脊柱的S形曲线分布来帮助减轻椎间盘的压力。

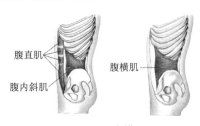

图10-3 腹横肌

（3）盆底肌：位于骨盆下方，从前面的耻骨延伸到后面的尾骨，并连接于骨盆两侧。盆底肌支撑膀胱和其他器官，是核心肌群的基底部（见图10-4）。当盆底肌、腹肌与膈共同收缩时，腹压升高，这在用力呼吸、咳嗽、呕吐、排便和分娩等活动中均起到重要的作用。有了盆底肌的承托，盆腔内的器官、膀胱、子宫、直肠维持一个相对稳定的构造，如果盆底肌功能不佳，那么容易在举重物、咳嗽、打喷嚏、大笑或锻炼时出现漏尿。

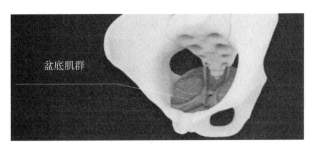

图10-4 盆底肌

(4) 横膈膜：位于胸腔与腹腔之间，是分隔胸腔与腹腔的穹隆状核心肌肉，是主要的呼吸肌，见图 10-5。当吸气时，横膈膜收缩，使胸腔扩张，容积增加，导致吸入空气进入肺部，降低了胸腔内的压力，这就解释了为什么在运动时需要配合适当的呼吸，例如肱二头肌上举或俯卧撑上举动作时要呼气。横膈膜与腹横肌共同收缩时拉紧胸腹筋膜，因而增加腹内压，促使脊椎趋于稳定。

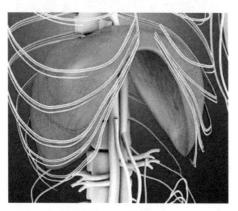

图 10-5　横膈膜

(5) 腹外斜肌：是最大的腹肌，在身体的前部呈对角向下向内运动，形成一个 V 形（见图 10-6）。它们左右移动躯干。内斜肌位于外斜肌之下，环绕脊柱至腹部中央，它们允许身体向一侧弯曲和旋转，并在运动时支撑脊柱。它们被称为同侧旋转器，因为它们的作用与外斜肌相反。例如，如果你向右转，右内斜肌和左外斜肌是合用的。

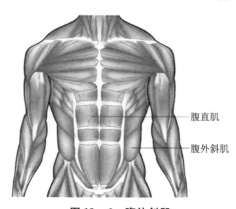

图 10-6　腹外斜肌

(6) 腹直肌：它能产生六块腹肌，见图 10-6。这两块细长的肌肉从身体的前部垂直向下延伸，从胸骨连接到骨盆。它们由纤维带（不是附件）水平连接。当负重时，这些肌肉让身体向前弯曲，稳定上半身。腹直肌在用力呼气时也有助于呼吸。

三、核心稳定性

核心稳定性的提出源于脊柱稳定性，最早始于人体脊柱解剖和生理学理论，其稳定性可以预防脊柱弯曲受伤，提高脊柱部位的平衡能力，主要应用在健身和医疗康复领域。

核心稳定性是指人体核心区的关节肌群有效产生、传递能量和保持身体姿势与重心的能力，是在神经、肌肉、骨骼和呼吸四大子系统的协同作用下，控制脊柱和骨盆的稳定姿态，使人体核心区（部位）保持中立位的稳定状态。

根据不同项目的运动特点，核心稳定性分为静态稳定性和动态稳定性两种。静态稳定性通常是指对身体姿势和平衡的保持；动态稳定性维护动作的产生和控制，包括灵活性和柔韧性、力量、协调能力、局部肌肉耐力和心血管机能等，更加强调与专项动作的结合。根据髋关节运动的特点可分为屈伸稳定性和旋转稳定性。屈伸稳定性是指能够对完成对称的上下肢运动所表现出来的躯干在矢状面中的稳定程度；旋转稳定性是指上肢和下肢进行不对称活动时，保持躯干在两个或三个解剖面上的稳定性。

四、影响核心的因素

影响核心的因素包括职业、活动和运动、久坐和整体健康。

不良姿势会导致身体姿态异常。如在电脑前或办公桌前坐几个小时，头一直处于前倾状态。长期低头使头部屈肌紧张，长时间坐着使腹肌变短，而竖脊肌变长、变弱，随着时间的推移，这种肌肉的不平衡会导致过度后凸，形成圆肩等不良姿态，影响健康。坐了较长时间时要休息一下，或者用健身球代替椅子。当使用健身球时，由于保持稳定而产生的微小运动会使核心肌肉处于运动状态。当你坐着的时候，可以遵循这些指导原则来确保你有正确的姿势：

坐直，双肩放松。保持骨盆后部靠在椅背上，防止驼背。用一个腰托或一个小枕头来支撑你腰部的自然曲线。椅子的高度应该使脚平放在地板上，膝盖弯曲90°（如果椅子太高，可以使用一个小的脚凳）。尽量不要跷二郎腿，因为那样会使骨盆向后旋转，抬高一个臀部，给另一个臀部带来压力，导致背部不协调。肘部弯曲90°，靠近身体。保持手、手腕和前臂与地面平行。确保电脑显示器的顶部与眼睛处于同一水平线上。每坐20～30 min站起来伸展1 min。

另一个影响核心的因素是活动和运动。虽然积极运动和参加体育活动是不可否认的鼓励，但有些可能会对你的核心有负面影响。例如，在赛车上骑几个小时，上半身低垂在车把上，会导致背部核心肌肉过度伸展，腹肌紧张。那些每天跑几个小时的人可能会形成头部向前的姿势和身体前倾，这可能会影响脊柱上的肌肉。脊柱和骨盆的肌肉姿势不当会导致腰痛。

最后一个影响核心的因素是整体健康。肌肉必须既强壮又灵活。核心肌肉必须是强壮的，以支持脊柱以及上半身和下半身的运动，但如果相反的核心肌肉是紧绷的，就很难保持这种支持。例如，你可能有非常强壮的下背部肌肉和虚弱的腹部肌肉，这种不平衡会导致疲劳、疼痛和受伤。过度训练腹肌，练出六块腹肌，而忽视腰部肌肉，会导致腰部疼痛和受伤。

五、良好核心稳定性的益处

（1）良好的核心稳定性能稳定脊柱的正常S形曲线，使施加在脊柱上的压力更均匀地分布在正常的S形脊柱上。因此，运动时诸如深蹲、俯撑、划船，或进行行走和坐下等基本动作时，强调要保持一个中立的脊柱。

（2）良好的核心稳定性能够避免下背部疼痛。研究发现，慢性下背部疼痛的人都存在腹横肌、腹内斜肌、盆底肌等核心稳定肌肉活跃性下降的情况。

（3）良好的核心稳定性能够改善协调与平衡能力，提高肢体协调工作的效率，降低能量消耗。强大的核心肌群，能够使运动中的身体得到稳固的支持，从而减小四肢的应力，使其高效地完成各种更为协调的技术动作，加快人体自上而下及自下而上的力量传导，提高整体运动效率，降低不必要的能量消耗。

（4）良好的核心稳定性能够避免在日常及运动中受到伤害。由于不良的生活习惯，如静坐少动及错误的训练观念（只注重核心动作产生，不注重核心稳定）导致人体核心稳定性下降，较弱的核心稳定性导致人体出现过多的代偿及协同支配等情况（上举手臂时腰部曲度增大是典型的代偿现象，由于臀大肌薄弱出现的臀部扁平现象则是腘绳肌协同支配的典型代表），使人体的部分环节压力增加或过度使用，这些将大大增加日常生活及运动中受伤的概率。

第二节 核心稳定性评估

国际上通常采用 8 级平板支撑来评价核心稳定性，能完成的级数越多，说明你的核心就越强。

测试方式：让测试者呈俯卧姿势，以肘部及双脚脚趾撑起整个身体，骨盆处于中立位，头、肩、髋、膝、踝呈一条直线，肘关节屈成 90°，前臂平行与肩同宽（见图 10 - 7），然后依次完成表 10 - 2 中所列出的动作。8 个动作并非孤立完成，而是从第 1 级一直完成到第 8 级，中途没有休息。到哪一级做不动了，测试就结束了，此时所对应的级别代表你的核心稳定性。

图 10 - 7 平板支撑

表 10 - 2 8 级平板支撑测试流程

级别	维持时间	总时间	动作要领	动作图示
1 级	30 s	30 s	普通平板支撑，维持 30 s	

续表

级别	得分	总时间	动作要领	动作图示
2级	15 s	45 s	左手抬起,用双脚和右侧肘关节支撑,维持15 s,还原	
3级	15 s	60 s	抬起右手,用双脚和左侧肘关节支撑,维持15 s,还原	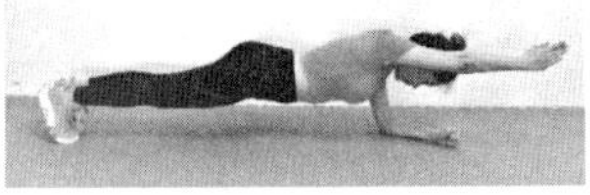
4级	15 s	1分15 s	抬起左脚,用双肘和右脚支撑,维持15 s,还原	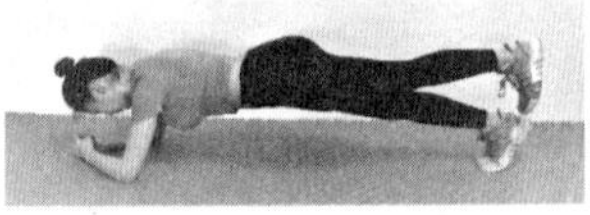
5级	15 s	1分30 s	抬起右脚,用双肘和左脚支撑,维持15 s,还原	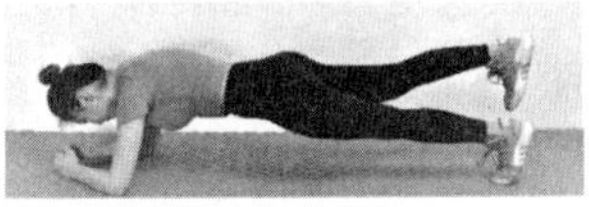
6级	15 s	1分45 s	左脚和右侧上肢悬空,仅用右脚和左侧肘关节支撑,维持15 s,还原	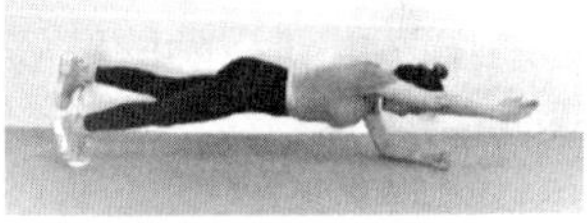
7级	15 s	2 min	右脚和左侧上肢悬空,仅用左脚和右侧肘关节支撑,维持15 s,还原	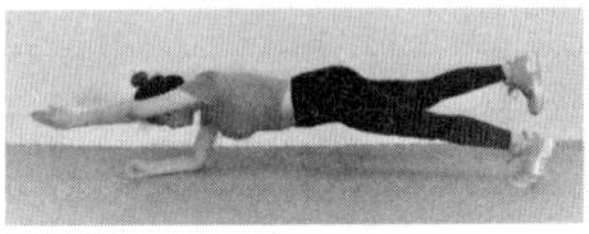
8级	30 s	2 min 30 s	普通平板支撑	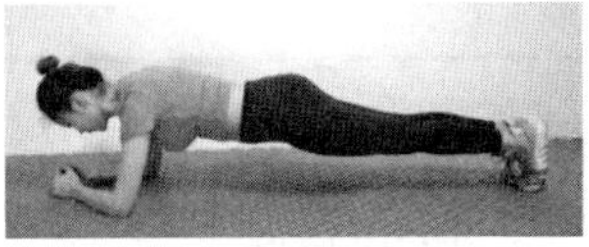

计分方法(见表10-3):根据测试者能够维持标准身体姿势(身体呈一条直线,骨盆处于中立位)的时间对照表格中的时间标准进行评分。测试中允许测试者有轻微偏差,一旦骨盆离开中立位置(髋抬起或腰部下沉)或身体任何部分接触地面,计时应立即结束。

表10-3 核心稳定性评价表

级别	动作	评价等级
1级	普通平板支撑	差
2级	左手平板支撑	
3级	右手平板支撑	
4级	左脚平板支撑	一般
5级	右脚平板支撑	

续表

级别	动作	评价等级
6级	对侧平板支撑	良好
7级	对侧平板支撑	
8级	普通平板支撑	优秀

第三节 核心稳定性训练

一、核心稳定性训练的分类

核心稳定性训练具体可分为三个部分，分别是肩部训练、脊柱腰段训练和髋部训练。每个部分还可以根据不同的身体姿势进行划分，如卧姿动作、跪姿动作、站姿动作等。每种姿势动作还可以根据对身体稳定性要求的高低来划分难度，根据支撑面的多少，从最基本的四点支撑、三点支撑、二点支撑到高难度的一点支撑。从身体姿势角度，从最基本的卧姿动作到跪姿动作，再到高阶的站姿动作。具体见表10-4。

表10-4 核心稳定性动作形式

姿势	全支撑	四点支撑	三点支撑	两点支撑	一点支撑
卧姿	俯卧、仰卧、侧卧			俯卧、仰卧、侧卧	
跪姿		俯卧、仰卧	仰卧、俯卧、侧卧	俯卧	
站姿				直立	直立

二、核心稳定性训练的原则

1. 核心稳定性训练的重点

通过调节神经—肌肉控制系统来加强机体局部和整体的稳定性、协调性，并有利于力量负荷的转移和相关肌肉纤维的激活、动员，从而使肌肉的力量得以恢复，耐力得以保持，重新获得姿势平衡，最终达到动态核心稳定的目的。

通过核心区局部稳定肌群和整体原动肌群以及本体感受性功能的训练，可以大大提高人体核心区的自稳能力，极大地增强核心稳定性，使肌肉动力链的功能改善、整体协调性提高、机体的运动能力增强。

2. 核心稳定性训练的动作顺序

先训练基础的静态动作，再进行属于中高级难度的动态动作的训练，先进行处于支撑面稳定的动作训练，再进行高难度的支撑面不稳定的动作训练。先进行髋部的训练动作，激活骨盆周围肌肉，增加骨盆稳定性；然后进行脊柱腰段的训练，增强躯干整体的稳定性，建立良好的身体姿势；最后，进行肩部稳定性训练，平衡发展肩部肌群。具体见表10-5。

表 10 – 5　核心稳定性训练的动作顺序及动作难度

核心稳定性	练习顺序	初级动作	中级动作	高级动作
髋部练习	1	全支撑	三点支撑	两点支撑
脊柱腰段练习	2	四点支撑	三点支撑	两点支撑
肩部练习	3	全支撑	两点支撑	器材支撑

3. 核心稳定性训练的强度

可根据自身核心稳定性的评价等级，合理选择不同难度的动作进行训练，侧重于薄弱环节的训练（见表 10 – 6）。通常而言，每部分练习按照难度等级选取 1 ~ 2 个动作，每个动作练习 5 ~ 10 次。涉及对称性动作，左右分别进行，练习 1 ~ 2 组，组间休息 30 ~ 60 s。对于一般健身者，一个核心稳定性的训练分为三个阶段：第一阶段为基础练习阶段，该阶段以基本动作为主，通过反复多次练习，促进动作要领的掌握，以静态动作为主、动态动作为辅，等长收缩为主，支撑面稳定；第二阶段为初级动作阶段，根据个人情况，持续时间不等，该阶段关注动作完成的质量，以动态动作为主，静态动作为辅，等张收缩为主，等长收缩为辅，支撑面不稳定；第三阶段为中高级动作阶段，该阶段适合核心稳定性能力较强者，以动态动作为主，静态动作为辅，等张收缩为主，等长收缩为辅，支撑面不稳定。

表 10 – 6　核心稳定性评价应用

评价等级	训练目标	训练方式	训练负荷
差	提高静态稳定性	基础动作：静态动作为主，动态动作为辅，等长收缩为主，支撑面稳定	低
一般	提高动态稳定性、力量	初级动作：动态动作为主，静态动作为辅，等张收缩为主，等长收缩为辅，支撑面不稳定	中低
良好	提高整合稳定性、力量	中级动作：动态动作为主，静态动作为辅，等张收缩为主，等长收缩为辅，支撑面不稳定	中
优秀	提高整合稳定性、爆发力	高级动作：动态动作为主，静态动作为辅，等张收缩为主，等长收缩为辅，支撑面不稳定，超等长训练	高

4. 呼吸调节系统

运动时呼吸与动作的配合对核心区的稳定和力量的产生与传递具有十分重要的作用，因为腹内压的增加可以提高腰椎和躯干的稳定性。呼吸时核心区主要呼吸肌的收缩，如膈肌、腹直肌、腹外斜肌、腹内斜肌、腹横肌、腰方肌和下后锯肌等，可以通过增加胸腰筋膜的张力和腹内压的升高达到加固腰椎的目的。同时人体每一个动作的完成都与呼吸运动密切相关。

三、核心稳定性训练动作

（一）臀部（见表 10-7）

表 10-7 臀部稳定性训练

臀桥		
	动作目的：募集腹横肌、臀大肌； 参与肌肉：腹横肌、臀大肌、腘绳肌、竖脊肌； 动作要点： 1. 膝关节屈 90°； 2. 骨盆中立位； 3. 臀大肌收紧向上抬起臀部，动作过程中肚脐拉向脊柱； 4. 膝、髋、肩呈一条直线时动作结束，还原重复动作； 5. 抬起时呼气，下放时吸气	
进阶 1：迷你带静态臀桥		双腿套上迷你带，置于膝关节上方
进阶 2：药球静态臀桥		双膝夹住药球，药球重量可根据自身能力选择使用
进阶 3：单腿臀桥	 	保持臀桥姿势的同时，右腿/左腿交替伸直抬起

续表

进阶4：健身球臀桥		双腿伸直，足跟放于健身球上，完成静态臀桥
进阶5：健身球单腿臀桥		双腿伸直，足跟放于健身球上，完成静态臀桥的同时，右腿/左腿交替伸直抬起
髋外展		
侧卧位直腿和（弹力带）髋外展		动作目的：提高臀中肌力量及核心部位额状面的稳定性； 参与肌肉：臀中肌、臀小肌、脊柱深层肌肉； 动作要点： 1. 侧卧于垫子上，踝、膝、髋伸直，抬起上面的一侧腿，或在两膝之间套上迷你弹力带，增加阻力，提高完成的难度。 2. 收紧腹部，维持动作，动作过程中保持正常呼吸
侧卧位屈腿和（弹力带）髋外展		动作目的：提高臀中肌力量及核心部位额状面的稳定性； 参与肌肉：臀中肌、臀小肌、脊柱深层肌肉； 动作要点： 1. 侧卧于垫子上，屈膝，抬起上面的腿； 2. 收紧腹部，维持动作，动作过程中保持正常呼吸

续表

四足俯撑和侧抬腿		动作目的：提高臀中肌力量及核心部位的稳定性； 参与肌肉：臀中肌、臀小肌、脊柱深层肌肉； 动作要点： 1. 四肢撑于垫子上，屈膝，向外侧抬起一侧的腿； 2. 收紧腹部，维持动作，动作过程中保持正常呼吸
髋后伸		
跪姿伸髋		动作目的：提高伸髋肌群力量及核心部位矢状面内稳定性； 参与肌肉：臀大肌、脊柱深层肌肉； 动作要点： 1. 跪撑姿势，屈小腿上抬使臀大肌收缩； 2. 收紧腹部，维持动作，动作过程中保持正常呼吸
健身球俯卧撑单腿伸髋		动作目的：提高伸髋肌群力量及核心部位矢状面内稳定性； 参与肌肉：臀大肌、脊柱深层肌肉； 动作要点： 1. 俯卧于健身球上，踝、膝、髋伸直； 2. 收紧腹部，两腿伸直交替上抬，动作过程中保持正常呼吸
健身球和俯卧撑伸髋		动作目的：提高伸髋肌群力量及核心部位矢状面内稳定性； 参与肌肉：臀大肌、脊柱深层肌肉； 动作要点： 1. 俯卧于健身球上，踝、膝、髋伸直； 2. 收紧腹部，维持动作，动作过程中保持正常呼吸

续表

蹲		
弓步蹲		动作目的：提高矢状面内核心稳定性及膝踝关节稳定性； 参与肌肉：臀大肌、腘绳肌、股四头肌等； 动作要点： 1. 向前迈出一条腿，膝关节屈 90°； 2. 收紧腹部，肚脐拉向脊柱； 3. 停留 2 s，还原，重复动作
迷你带蹲		动作目的：提高核心部位侧向及横向稳定性； 参与肌肉：臀大肌、髋外展肌群； 动作要点： 1. 双脚与肩同宽，脚踝处用橡皮带环绕，并使橡皮带拉紧； 2. 缓慢下蹲至膝关节接近 90°，腹部收紧，维持动作 2 s； 3. 还原动作，重复进行； 4. 动作过程中保持正常呼吸
健身球靠墙蹲		动作目的：提高核心部位在矢状面内稳定性及伸髋肌群力量； 参与肌肉：臀大肌、股四头肌等； 动作要点： 1. 背靠健身球，双脚打开与肩同宽； 2. 缓缓下蹲至膝关节屈成 90°； 3. 还原，动作过程中保持呼吸正常及腹部收紧

（二）脊柱腰段（见表 10-8）

表 10-8 脊柱腰段稳定性训练

四点支撑	动作目的：募集腹横肌； 参与肌肉：腹横肌； 动作要点： 1. 跪撑姿势，下颌微收；

续表

四点支撑		2. 正常呼吸，呼气同时提拉肚脐向脊柱； 3. 保持动作 2 s，还原，重复动作
猫式		准备：四肢着地（膝盖在臀部正下方，双手在肩膀正下方）； 运动： 1. 把背部围成一个猫的形状伸展一下； 2. 把背拱成牛的姿势； 3. 最后，将脊柱置于猫和牛的中间，这是中性脊柱； 4. 眼睛向地看，后脑勺、肩胛骨和下背部都在一条直线上
平板支撑		动作目的：提高核心部位在矢状面稳定性； 参与肌肉：腹横肌、臀大肌等； 动作要点： 1. 肘撑，肘关节屈 90°，前臂平行； 2. 头、肩、髋、踝呈一条直线，骨盆中立位； 3. 肚脐拉向脊柱，停留 2 s，放松俯卧地面，重复动作； 4. 随着水平提高逐渐延长时间
健身球收腿		动作目的：提高核心部位在矢状面内稳定性； 参与肌肉：腹直肌、腹横肌等； 动作要点： 1. 骨盆处于中立位，踝、膝、髋、肩位于同一直线； 2. 收紧腹部肌群，保持正常呼吸

续表

侧桥		动作目的：提高核心部位额状面内稳定性； 参与肌肉：髋外展肌群、腹部侧面肌群等； 动作要点： 1. 身体侧卧，肘撑； 2. 肩、髋、踝呈一条直线，保持2 s； 3. 放松还原，抬起时呼气并将肚脐拉向脊柱，下放髋关节时吸气； 4. 可随水平提高逐渐延长时间
卷腹		动作目的：提高核心部位斜向旋转稳定性； 参与肌肉：腹横肌、腹外斜肌等； 动作要点： 1. 仰卧，膝关节屈90°； 2. 双手相握，一侧肩部抬起，同时卷曲脊柱，手伸向对侧腿； 3. 肚脐拉向脊柱； 4. 维持动作2 s，还原，重复动作； 5. 随着水平提高，逐渐延长保持时间
健身球卷腹		动作目的：提高核心稳定性； 参与肌肉：臀大肌、脊柱深层肌群； 动作要点： 1. 仰卧于健身球上，膝关节屈90°； 2. 膝、髋、肩呈一条直线； 3. 腹部收紧，肚脐拉向脊柱； 4. 可在腹部上方放一小重物增加难度； 5. 动作过程中保持正常呼吸
健身球屈伸髋		动作目的：提高核心稳定性； 参与肌肉：腹横肌、臀大肌等； 动作要点： 1. 仰卧，骨盆中立位，膝、髋屈成90°； 2. 腹部收紧，肚脐拉向脊柱； 3. 交替屈髋、伸髋，动作过程中保持骨盆稳定

续表

健身球转体		动作目的：提高核心稳定性； 参与肌肉：臀大肌、腹部肌群等； 动作要点： 1. 仰卧于健身球上，肩胛骨触球，膝关节屈90°，两手臂伸直前平举； 2. 膝、髋、肩呈一条直线； 3. 腹部收紧，向左侧转体直至手臂与地面平行； 4. 回到起始位置，向右转体； 5. 动作过程中保持正常呼吸，腹部和臀部收紧
健身球坐姿平举药球		动作目的：提高核心部位在矢状面内稳定性及臀大肌力量； 参与肌肉：臀大肌等； 动作要点： 1. 双脚打开与肩同宽，手持实心球前平举； 2. 骨盆处于中立位，收紧腹部； 3. 加大难度，则可以手持实心球从中间位置向右侧旋转躯干，还原，向左侧旋转躯干，还原
健身球坐姿药球提拉		动作目的：提高核心部位旋转稳定性； 参与肌肉：腹部斜肌等； 动作要点： 1. 弓箭步方式坐于健身球上； 2. 健身球经身体一侧斜向上提拉至对侧； 3. 动作过程中保持骨盆稳定及正常呼吸
背肌		动作目的：募集臀大肌、脊柱深层稳定肌； 参与肌肉：臀大肌、脊柱深层肌肉、竖脊肌、腹横肌； 动作要点： 1. 臀大肌收紧； 2. 后背肌群收紧，脊柱伸幅度不要太大，以免超伸造成较大压力； 3. 抬起时，肚脐拉向脊柱，维持动作2 s，还原，重复动作； 4. 保持正常呼吸，抬起时呼气，还原时吸气

续表

		动作目的：强化核心部位矢状面及水平面内稳定性； 参与肌肉：臀大肌、脊柱深层肌群等； 动作要点： 1. 俯卧于健身球上，臀部收紧，腹部收紧，背部收紧； 2. 维持动作，保持正常呼吸
健身球背肌		

（三）肩部（见表10-9）

表10-9 肩部稳定性训练

I字		
俯卧I字		动作目的：激活肩带及上背部肌群； 参与肌肉：肩颈部肌群、上背部肌群、脊柱深层肌肉、腹肌； 动作要点： 1. 俯卧于垫上，双臂伸直贴近耳侧，与躯干成I字形，臀部收紧，腹部收紧，背部收紧； 2. 双臂抬起1~2 cm，保持3~5 s 3. 回到起始位置，重复动作，保持正常呼吸
俯卧泡沫轴I字		动作目的：激活肩带及上背部肌群； 参与肌肉：肩颈部肌群、上背部肌群、脊柱深层肌肉、腹肌； 动作要点： 1. 俯卧于垫上，一臂伸直放于泡沫轴上，贴近耳侧，与躯干成I字形，臀部收紧，腹部收紧，背部收紧； 2. 双臂抬起1~2 cm，保持3~5 s； 3. 回到起始位置，重复动作，保持正常呼吸
健身球I字		动作目的：激活肩带及上背部肌群； 参与肌肉：肩颈部肌群、上背部肌群、脊柱深层肌肉、腹肌； 动作要点： 1. 俯卧于健身球上，两手臂自然放于健身球两侧； 2. 双臂抬起伸直贴近耳侧，与躯干成I字形，臀部收紧，腹部收紧，背部收紧，保持3~5 s； 3. 回到起始位置，重复动作，保持正常呼吸

续表

站姿I字			动作目的：激活肩带及上背部肌群； 参与肌肉：肩颈部肌群、上背部肌群、脊柱深层肌肉、腹肌； 动作要点： 1. 自然分腿半屈膝站立，两手臂自然放于身体两侧； 2. 双臂抬起伸直，贴近耳侧，与躯干成I字形，臀部收紧，腹部收紧，背部伸直，保持3~5 s； 3. 回到起始位置，重复动作，保持正常呼吸
	Y字		
俯卧Y字			动作目的：激活肩带及上背部肌群； 参与肌肉：肩颈部肌群、上背部肌群、脊柱深层肌肉、腹肌； 动作要点： 1. 俯卧于垫上，双臂分别向耳的两侧打开，与躯干成Y字形，臀部收紧，腹部收紧，背部收紧； 2. 双臂抬起1~2 cm，保持3~5 s； 3. 回到起始位置，重复动作，保持正常呼吸
健身球Y字			动作目的：激活肩带及上背部肌群； 参与肌肉：肩颈部肌群、上背部肌群、脊柱深层肌肉、腹肌； 动作要点： 1. 俯卧于健身球上，两手臂自然放于健身球两侧； 2. 双臂抬起伸直，贴近耳侧，与躯干成Y字形，臀部收紧，腹部收紧，背部收紧，保持3~5 s； 3. 回到起始位置，重复动作，保持正常呼吸
站姿Y字			动作目的：激活肩带及上背部肌群； 参与肌肉：肩颈部肌群、上背部肌群、脊柱深层肌肉、腹肌； 动作要点： 1. 自然分腿半屈膝站立，两手臂自然放于身体两侧； 2. 双臂抬起伸直，贴近耳侧，与躯干成Y字形，臀部收紧，腹部收紧，背部伸直，保持3~5 s； 3. 回到起始位置，重复动作，保持正常呼吸

续表

T字		
俯卧T字		动作目的：激活肩带及上背部肌群； 参与肌肉：肩颈部肌群、上背部肌群、脊柱深层肌肉、腹肌； 动作要点： 1. 俯卧于垫上，双臂侧平举打开，与躯干成T字形，臀部收紧，腹部收紧，背部收紧； 2. 双臂抬起1~2 cm，保持3~5 s； 3. 回到起始位置，重复动作，保持正常呼吸
泡沫轴T字		动作目的：激活肩带及上背部肌群； 参与肌肉：肩颈部肌群、上背部肌群、脊柱深层肌肉、腹肌； 动作要点： 1. 俯卧于垫上，一臂侧平举伸直放于泡沫轴上，与躯干成T字形，臀部收紧，腹部收紧，背部收紧； 2. 一侧手臂抬起1~2 cm，保持3~5 s； 3. 回到起始位置，重复动作，保持正常呼吸
健身球T字		动作目的：激活肩带及上背部肌群； 参与肌肉：肩颈部肌群、上背部肌群、脊柱深层肌肉、腹肌； 动作要点： 1. 俯卧于健身球上，两手臂自然放于健身球两侧； 2. 双臂抬起伸直，贴近耳侧，与躯干成T字形，臀部收紧，腹部收紧，背部收紧，保持3~5 s； 3. 回到起始位置，重复动作，保持正常呼吸
站姿T字		动作目的：激活肩带及上背部肌群； 参与肌肉：肩颈部肌群、上背部肌群、脊柱深层肌肉、腹肌； 动作要点： 1. 自然分腿半屈膝站立，两手臂自然放于身体两侧； 2. 双臂抬起伸直，贴近耳侧，与躯干成T字形，臀部收紧，腹部收紧，背部伸直，保持3~5 s； 3. 回到起始位置，重复动作，保持正常呼吸

续表

W 字		
俯卧W字		俯卧于垫子上，双肘屈90°，上臂与躯干垂直，双侧肩胛骨向内向下收紧。然后双臂抬起2～3 cm，拇指向上，肩胛骨收紧，回到起始位置，直至完成规定的次数。注意保持腹部收紧
健身球W字		俯卧于健身球上，双臂向下自然伸直。双肘屈90°，同时双臂抬起，拇指向上，肩胛骨收紧，使上臂与躯干垂直，双侧肩胛骨向内向下收紧，然后回到起始位置，直至完成规定的次数。注意保持腹部收紧
站姿W字		站姿，双膝微屈，双臂向下自然伸直。双肘屈90°，同时双臂抬起，拇指向上，肩胛骨收紧，使上臂与躯干垂直，双侧肩胛骨向内向下收紧，然后回到起始位置，直至完成规定的次数。注意保持腹部收紧，后背挺直
肩袖		
肩内旋		站姿，在左腋下夹住一条毛巾，弹力带在身体左侧固定，左手持弹力带，上臂和前臂成90°，肩关节做肩内旋动作至最末端，左手拉动弹力带从身体左侧拉向右侧，之后回到初始位重复下一次动作

站姿肩外旋		站姿，弹力带固定于身体左侧高处，右手持弹力带，上臂和前臂成90°，前臂平行于地面，手持弹力带做肩关节的外旋动作，使前臂垂直于地面

第十一章　营养、运动与科学减脂

在中国，超重和肥胖的人越来越多。肥胖成为影响人类健康的危险因素，引发多种慢性病，如高血压、糖尿病、心血管疾病。肥胖产生的一个主要原因之一就是能量摄入过多，大于身体消耗的能力，导致热量转化为脂肪储存在体内，引起超重和肥胖。本章将介绍人体的营养素——三种宏量营养素和三种微量营养素。营养素为机体提供能量，构成机体组织，调节身体机能。通过学习，同学们进一步了解营养素的功能、食物来源以及每日所需量，调整个人饮食结构，使日常膳食合理平衡。书中还提供了膳食营养的评估问卷，同学们可以评估自己的膳食营养质量，尤其是在体重控制期间也要保持平衡膳食，均衡营养。最后还介绍了体重控制的原理，超重和肥胖人群体重控制的运动训练建议，为减脂人群提供了运动和营养方面的建议。

第一节　宏量营养素

营养物质是身体正常工作所需要的物质。营养素是指食物中可以给人体提供能量、构成机体和具有组织修复以及生理调节功能的化学成分，七大营养素包括蛋白质、碳水化合物、脂肪、维生素、矿物质、水和膳食纤维。其中，三种宏量营养素是蛋白质、碳水化合物和脂肪；三种微量营养素是维生素、矿物质和水。所有这些都是正常生长和功能所必需的。

一、蛋白质

蛋白质存在于人体的每个细胞中，是肌肉、器官、皮肤和腺体的主要组成部分。它维持细胞正常运转，增强免疫系统，修复和维持身体。蛋白质由氨基酸组成，身体可以产生11种非必需氨基酸，另外9种必需氨基酸身体不会合成，必须从饮食中摄取。

一天摄入多少蛋白质取决于活动水平、肌肉质量、健康和年龄。不经常运动的健康成人，每千克体重每日摄入0.8 g蛋白质，其中女性平均约为46 g，男性平均约为56 g。特殊人群，如孕妇（多10 g）和哺乳期妇女（多20 g）、运动员、健美运动员、举重运动员和非常活跃的人（多50%的蛋白质）对蛋白质的需求更大。蛋白质需求量随着运动强度而增加，有氧耐力运动员的蛋白质需求量达到1.4 g/kg体重，抗阻训练者达到1.8 g/kg体重。但是，过多的蛋白质摄入可能是高胆固醇和痛风的一个因素，并可能损害肾脏。摄入过多的蛋白质不会增加肌肉，会导致体重增加。健康均衡的饮食应该提供足够的蛋白质而不需要补充。表

11-1列出了一些蛋白质含量较高的食物。

表11-1 蛋白质含量较高的食物（荤肉及豆制品）

食物	常用分量	碳水化合物/g	蛋白质/g	脂肪/g	能量/kcal
卤牛肉	10片（150 g）	8.0	24.0	1.3	250
鸡胸肉	一小块（120 g）	3.0	23.3	6.0	160
牛排	一块（150 g）	1.5	21.5	17.7	254
虾仁	一份（200 g）	0	20.8	1.4	96
三文鱼	一份（100 g）	0	17.2	7.8	139
豆腐	一块（200 g）	7.6	16.2	7.6	162
千张	半张（50 g）	2.3	13.0	8.0	131
鸡蛋	一个（60 g）	1.7	8.0	5.3	86
卤鸭胗	一份（100 g）	3.4	16.7	1.3	92

注：1 kcal = 4 186 J。

二、碳水化合物

碳水化合物是人体主要的能量来源，是由碳、氢和氧原子组成的一种化合物，又称糖类化合物，在体内以糖原的形式主要储存于肝脏和肌肉及血液中。人类利用碳水化合物来完成很多重要的功能，生活中的每一件事都需要一定量的碳水化合物，如睡眠、学习、呼吸和训练等。不同组织中的碳水化合物具有以下重要的功能：

碳水化合物是肌肉的主要能量来源。过高的碳水化合物摄入量可能会引发肥胖、糖尿病等多种疾病；过低的碳水化合物摄入量可能会造成肌肉流失、新陈代谢下降、月经不调和疲劳等症状，从而影响运动水平。

碳水化合物能维持血糖，是神经细胞和红细胞的代谢能力燃料。低的碳水化合物摄入，会引起脑部营养不足，让人变得无精打采。血糖供应不足，还会引发低血糖症状，产生头晕，甚至昏迷。

碳水化合物保证脂肪酸代谢，防止酮病。在运动训练中，碳水化合物起到节省蛋白质的作用，有助于三磷酸腺苷的能量供给。在高强度的运动中，能量的提供以糖的无氧酵解为主，碳水化合物更成为首要的能源物质。碳水化合物在体内分解时产生的能量约为4 kcal/g，也可依此作为进食量的参考，例如，一个人进食10 g碳水化合物将在体内产生40 kcal的热量供机体利用或储存。

碳水化合物可分为好碳水化合物和坏碳水化合物，具体见表11-2。

表11-2 碳水化合物分类

项目	好碳水化合物	坏碳水化合物
分类	结构复杂、纤维、维生素和矿物质	结构简单、果糖、葡萄糖
定义	富含高纤维素、低热量、少糖、丰富的营养素	富含高热量、低纤维素、多糖、无营养素

续表

项目	好碳水化合物	坏碳水化合物
代谢机制	消化过程中缓慢分解、逐渐释放葡萄糖到循环系统，低升糖指数，对血糖影响较小，吸收缓慢，减少总热量	消化过程中迅速分解、迅速释放葡萄糖到循环系统，高升糖指数，导致血糖值尖峰，吸收快，快速转化为能量，消耗快，易饥饿，没有营养价值
食物来源	粗加工食物，如糙米、全麦面包、芹菜、苹果、黄豆、低脂牛奶、纯酸奶等	精加工食物，如白米饭、白面包、葡萄干、果汁饮料、糖果、蛋糕、炼乳、优酸乳等
健康影响	降低慢性病的风险	增加慢性病的风险

从能否消化吸收的角度划分，分为可消化碳水化合物和不可消化碳水化合物。

1. 可消化碳水化合物

这类碳水化合物包括糖、淀粉、加工过的谷物，如精制白米和精制糖、面包、意大利面、含糖谷物、果汁、软饮料、糖果、饼干和蛋糕。

每日的碳水化合物摄入量取决于多种因素，包括体重、饮食方式、运动类型和健身目标等。2018年发表在《柳叶刀公共卫生（The Lancet Public Health）》杂志上的一项研究表明：长期碳水化合物摄入量过低（小于总热量摄入的40%）或过高（大于总热量摄入的70%）都会增加死亡率。最适宜的碳水化合物摄入量应占全天总热量摄入的50%~55%。根据美国食品与营养委员会制定的推荐膳食摄入量，普通成年人每日至少应摄入130 g可消化碳水化合物，以保证葡萄糖作为大脑细胞和中枢神经细胞的主要能量来源，防止以上细胞通过酮体进行供能。这里的普通成年人是指：①年龄≥19岁；②身体健康；③非孕妇或哺乳期妇女；④非健身者或运动员；⑤现阶段没有增肌或减脂目标。为了达到特定的健身或运动目标，健身者或运动员的碳水化合物摄入量需要进行一定的调整。

根据美国营养和饮食学会和美国运动医学会的建议：运动员每日的碳水化合物摄入量应控制在每千克体重6~10 g。例如：一名体重70 kg的运动员，每天应摄入420-700 g碳水化合物。如果这名运动员的运动量较小，那么他的碳水化合物摄入量可以降低到每千克体重3~5 g（低强度训练）或5~7 g（中等强度训练，每天训练时间约为1 h）；如果这名运动员的运动量极大（运动时间≥4 h），那么他的碳水化合物摄入量应提高到每千克体重8~12 g。处于增肌期的健身者/运动员，每日碳水化合物摄入量通常为每千克体重4~6 g；处于减脂期的健身者/运动员，每日碳水化合物摄入量通常为每千克体重0.5~4.5 g。

一天中最重要的一餐是在锻炼后，此时肌肉有一个储存肌肉糖原的窗口，为下一个锻炼日做准备。此外在锻炼后的30 min内吃复杂的碳水化合物，锻炼后1 h内补充蛋白质，这样肌肉组织才能更快地恢复。表11-3提供了一些碳水化合物含量较高的食物。

表11-3 碳水化合物含量较高的食物（谷物、蔬菜、水果类）

食物	常用分量	碳水化合物/g	蛋白质/g	脂肪/g	能量/kcal
米饭	一碗（200 g）	51.2	5.2	0.6	232
红薯	一个（200 g）	46.1	2.2	0.2	204

续表

食物	常用分量	碳水化合物/g	蛋白质/g	脂肪/g	能量/kcal
玉米	一根（200 g）	39.8	8.0	2.4	224
意大利面	一小把（50 g）	38.0	6.0	0.1	175
紫薯	一个（200 g）	31.8	3.8	0.2	140
全麦吐司面包	一片（50 g）	25.4	4.3	0.5	123
燕麦片（生）	一份（30 g）	18.5	4.5	2.0	113
小米粥	一碗（200 g）	16.8	2.8	1.4	92
胡萝卜	一根（120 g）	8.9	1.3	0.2	45
南瓜	一块（150 g）	6.0	1.0	0.1	35

2. 不可消化碳水化合物

膳食纤维素是一种人体无法消化或吸收的碳水化合物，对健康有着重要的影响，帮助身体吸收钙，通过提供肠道营养来帮助有益菌消化，并调节血液中的糖含量，避免血糖峰值。某些类型的纤维素，如燕麦，有助于降低患慢性疾病的风险，可以降低胆固醇，通过饱腹感来帮助控制体重，还可以降低患心脏病和结肠癌的风险。含有纤维素的食物有全谷类、蔬菜、水果和豆类。

全谷类：糙米、玉米、小麦、大麦、燕麦。

蔬菜：胡萝卜、西葫芦、黄瓜、小萝卜、芦笋、洋葱、菠菜、西兰花、绿豆、山药、土豆。

水果：西红柿、苹果、梨、草莓、柚子、桃子、樱桃、香蕉、李子。

豆类：豌豆、芸豆、斑豆、黑豆、鹰嘴豆、豌豆、小扁豆。

根据美国食品与营养委员会制定的适宜摄入量，19~50 岁男性每日应摄入 38 g 膳食纤维，女性则为 25 g。当年龄超过 50 岁后，男性和女性的膳食纤维摄入量将分别降低到 30 g/天和 21 g/天。此标准可以满足绝大多数居民（97%~98%）的营养需求。

根据美国食品及药物管理局制定的每日营养摄入量，每摄入 1 000 kcal 能量，就需要补充 12.5 g 膳食纤维。例如：如果每日的总能量摄入为 2 000 kcal，那么就需要补充 25 g 膳食纤维。表 11-4 列举了一些纤维素含量较高的食物。

表 11-4 纤维素含量较高的食物（蔬菜类）

食物	常用分量	碳水化合物/g	蛋白质/g	纤维素/g	能量/kcal
秋葵	一份（200 g）	14.0	4.0	7.8	90
西兰花	一棵（250 g）	6.8	10.0	4.0	90
菠菜	一份（200 g）	5.6	5.2	3.4	56
香菇	一份（100 g）	2.0	2.2	3.3	26

续表

食物	常用分量	碳水化合物/g	蛋白质/g	纤维素/g	能量/kcal
木耳	一碟（100 g）	3.4	1.5	2.6	27
生菜	一把（200 g）	3.0	2.8	1.2	32
油麦菜	一把（200 g）	2.8	2.6	1.2	30
西红柿	一个（150 g）	5.9	1.5	0.9	34
黄瓜	一根（150 g）	3.1	1.0	0.6	21
海带	一碟（100 g）	1.6	1.2	0.5	13

三、脂肪

脂肪负责身体的许多重要功能，主要有以下方面：参与体温的调节、保护重要脏器、运载脂溶性维生素（A、D、E、K）、供应能量以及构成细胞的某些结构。脂肪负责大脑发育和神经功能的健康，控制炎症和血液凝固，也是荷尔蒙产生所必需的。甘油三酯是体内脂肪的主要储存形式，其分子结构来自甘油和脂肪酸的结合。甘油三酯主要储存在脂肪细胞中，在安静和低强度运动时，甘油三酯的有氧代谢满足了大部分能量需求，1 g脂肪完全代谢可以产生9 kcal的能量。

动物性和植物性的食物都可以提供脂肪。脂肪的三种类型是饱和脂肪、不饱和脂肪和反式脂肪。

饱和脂肪在室温下是固态的，会导致低密度脂蛋白（有害的）胆固醇水平升高。此外，过多的饱和脂肪会增加患心脏病的风险。饱和脂肪酸主要来源于动物性食品，植物性的饱和脂肪酸典型的有棕榈油、可可油等。

不饱和脂肪在室温下是液态的，更健康——它降低了患心脏病的风险，帮助控制情绪，对抗疲劳。玉米、花生、大豆和菜籽油都属于不饱和脂肪。不饱和脂肪分为两类：多不饱和脂肪和单不饱和脂肪。ω-3系脂肪是一种特殊类型的多不饱和脂肪，对人体特别有益，可以防止记忆丧失和痴呆，减少甚至预防抑郁，还可以缓解关节疼痛和关节炎。此外，这种特殊类型的脂肪不仅可以降低患心脏病的风险，还可以降低患中风和癌症的风险。

反式脂肪是通过向植物油中添加氢来产生的，这个过程叫作氢化。它能延长食物的保质期。含有氢化油和部分氢化油食品不仅会增加低密度脂蛋白胆固醇，还会降低高密度脂蛋白（有益的）胆固醇。

表11-5　脂肪的三种类型

脂肪类型	来源	作用
饱和脂肪	存在于动物（牛肉、猪肉）和全脂乳制品（奶酪、黄油、全脂牛奶、奶油）中，植物性的饱和脂肪酸典型的有棕榈油、可可油等	摄入过多会导致低密度脂蛋白胆固醇水平升高，增加患心脏病的风险

续表

脂肪类型	来源	作用
不饱和脂肪	存在于鱼和大多数植物油（橄榄、玉米、菜籽、向日葵、红花）中，也可以在牛油果、坚果、种子（葵花籽、芝麻、南瓜子、亚麻籽）、多脂鱼（鲑鱼、金枪鱼、鳟鱼、沙丁鱼）、豆奶和豆腐中找到	更健康，降低患心脏病的风险，还可以降低患中风和癌症的风险
反式脂肪	存在于加工食品（如饼干和薯条等包装食品）和商业烘焙食品（饼干、甜甜圈、糕点、油炸食品、糖果和人造奶油）中	不健康，增加低密度脂蛋白胆固醇，还会降低高密度脂蛋白胆固醇

根据建议，个人食谱当中每日脂肪含量不应超过30%，即每天30~40 g的脂肪。摄入的脂肪必须是有益的脂肪，其中的饱和脂肪不应超过所进食总脂肪含量的10%。表11-6列举了一些不饱和脂肪含量较高的食物。

表11-6　不饱和脂肪含量较高的食物

食物	常用分量	碳水化合物/g	蛋白质/g	脂肪/g	能量/kcal
巴旦木	一小把（10颗）	3.0	7.0	16.0	190
牛油果	一个（100 g）	5.3	2.0	15.3	161
腰果	一小把（10颗）	6.0	7.0	15.0	180
核桃	一小把（3颗）	1.0	5.8	14.0	150
花生	一小把（30颗）	2.0	2.0	5.2	60
椰子油	一勺（5 g）	0	0	5.0	45
奶酪	一片（10 g）	0.3	2.6	2.3	33

以下是用不饱和脂肪代替饱和脂肪的建议：
（1）不要炒菜。
（2）选择低脂奶酪和牛奶。把鸡肉去皮。
（3）避免食用带用面包屑的蔬菜和肉类。
（4）选择瘦牛肉。少吃红肉，多吃白肉和鱼。
（5）每天在饮食中摄入 ω-3 系脂肪：鱼、核桃、亚麻籽、菜籽油。
（6）用橄榄油烹饪。
（7）吃点坚果。
（8）从饮食中去除反式脂肪。

第二节 微量营养素

一、维生素和矿物质

维生素是机体维持正常机能所必需的物质,我们的身体需要 13 种维生素来维持生命。维生素分水溶性和脂溶性两大类。水溶性维生素在体内储存的时间不长,所以需要每天补充。维生素 C 和所有的 B 族维生素(称为 B 族复合维生素)都是水溶性的,维生素 C 具有抗氧化防衰老等功能,复合维生素 B(硫胺素、核黄素、烟酸、B6、叶酸、B12、生物素和泛酸)帮助身体从食物中获取能量,并对视力、食欲、皮肤、红细胞和神经系统有重要作用。脂溶性维生素是维生素 A、维生素 D、维生素 E 和维生素 K,人体需要少量的这些维生素,并不每天都需要。这些维生素在脂肪中溶解,在血液将它们输送到全身之前,在肝脏和脂肪组织中储存数日或数月。大量摄入这些维生素是有毒的,会导致健康问题。脂溶性维生素的作用:促进骨骼生长和牙齿发育;保持黏膜湿润(口、鼻、肺、喉);抗氧化;预防某些癌症;调节免疫系统;吸收钙;维持正常凝血。新鲜的水果和蔬菜、全谷物、低脂奶制品、家禽、鱼类和红肉是最好的选择,不仅可以获得需要的维生素和矿物质,还可以获得蛋白质、碳水化合物和脂肪。维生素补充剂是不推荐的。

矿物质是人体内具有广泛作用的一类无机分子,分为常量元素和微量元素两大类。人体内含量较多的矿物质称为常量元素,如钙、磷、钾、钠等;微量元素是体内含量很少的矿物质,如铁、碘、氟、锌、硒、铜等。

表 11-7 列出了常见维生素和矿物质的功能、食物来源和每日需要量。

表 11-7 常见维生素和矿物质的功能、食物来源和每日需要量

脂溶性维生素	食物来源	生理功能	缺乏症状	成人推荐摄入量(RNI)/ 适宜摄入量(AI)
维生素 A	动物肝脏、奶油、鸡蛋	促进视觉功能,维持皮肤黏膜完整性,维持和促进免疫功能,促进生长发育和维持生育功能	夜盲症、干眼症、毛囊增厚、胚胎生长和发育异常、免疫功能受损、感染性疾病的患病率和死亡率升高	18~65 岁男性:RNI 800 μg 视黄醇活性当量/天 18~65 岁女性:RNI 700 μg 视黄醇活性当量/天
维生素 D	海鱼、鱼卵、肝脏、蛋黄、奶酪	维持血液钙和磷的稳定,参与某些蛋白质转录的调节,参与机体免疫调节	儿童佝偻病、骨质软化症、骨质疏松	18~65 岁:AI 10 μg/天
维生素 E	植物油、坚果、谷物类、蛋类、绿叶蔬菜	抗氧化,维持生育功能,维持免疫功能	震颤和位感受损、平衡与协调改变、眼移动障碍、肌肉软弱和视野障碍	18~65 岁:AI 14 μg/天

续表

脂溶性维生素	食物来源	生理功能	缺乏症状	成人推荐摄入量（RNI）/适宜摄入量（AI）
维生素 K	豆类、麦麸、绿色蔬菜、动物肝脏、鱼类	参与血凝过程，参与骨代谢，利于心血管健康	容易出血、皮肤淤青、牙龈出血、鼻出血等	18~65 岁：AI 80 μg/天
水溶性维生素	食物来源	生理功能	缺乏症状	成人推荐摄入量（RNI）
维生素 B_1	谷类、豆类、干果类	能量代谢，维持神经、肌肉特别是心脏的正常功能，维持正常食欲、肠胃蠕动	脚气病、食欲不佳、便秘、恶心、抑郁、易兴奋及疲劳等	18~65 岁男性：1.4 mg/天 18~65 岁女性：1.2 mg/天
维生素 B_2	奶类、蛋类、肉类、内脏、谷物、蔬果	参与体内生物与能量生成，改善抗氧化防御系统功能，参与药物代谢	疲劳乏力，口腔疼痛，眼睛出现瘙痒、烧灼感、舌炎、皮炎及角膜血管增生	18~65 岁男性：1.4 mg/天 18~65 岁女性：1.2 mg/天
维生素 B_6	干果、鱼肉、禽肉、豆类、肝脏	参与氨基酸代谢，参与糖原与脂肪酸代谢，参与某些营养素的转化与吸收，参与造血	脂溢性皮炎、神经精神症状、抑郁、易激怒、免疫功能受损、消化系统紊乱	18~50 岁：1.4 mg/天 50~65 岁：1.6 mg/天
维生素 B_{12}	肉类、动物内脏、鱼、禽、贝壳类、蛋类	促进红细胞发育成熟，维持神经系统正常功能	巨幼红细胞贫血、神经系统受损、高同型半胱氨酸血症	18~65 岁：2.4 μg/天
维生素 C	蔬菜、水果	抗氧化，提高机体免疫力，解毒	出血、牙龈炎、骨骼病变与骨质疏松	18~65 岁：100 mg/天
常量元素	食物来源	生理功能	缺乏症状	成人推荐摄入量（RNI）/适宜摄入量（AI）
钙	牛奶、大豆及其制品、深绿色叶菜和菜花、贝类、鱼类	构成骨骼和牙齿，参与凝血，调节肌肉收缩	生长迟缓、骨质疏松、抽筋	18~50 岁：RNI 800 mg/天 50~65 岁：RNI 1 000 mg/天
磷	瘦肉、蛋、乳、动物肝脏、海产品、紫菜、花生、坚果、粗粮	构成骨骼和牙齿，参与能量代谢，参与糖、脂代谢，调节体内酸碱平衡	肌肉无力、缺乏食欲、骨骼疼痛、佝偻病、软骨病	18~65 岁：RNI 720 mg/天

续表

常量元素	食物来源	生理功能	缺乏症状	成人推荐摄入量（RNI）/适宜摄入量（AI）
钾	蔬菜、水果、豆类	参与糖、蛋白质代谢，维持细胞正常的渗透压和酸碱平衡，维持神经肌肉的应激性，维持心肌的正常功能	肌肉无力及瘫痪、心律失常、横纹肌肉裂解症、肾功能障碍	18~65岁：AI 2 000 mg/天
钠	谷类、薯类、干豆类、蔬果类	调节细胞外液的容量与渗透压，维持酸碱平衡，维持正常血压	倦怠、无神、呕吐、血压降低、昏迷、外周循环衰竭	18~50岁：AI 1 500 mg/天 50~65岁：AI 1 400 mg/天
镁	绿叶蔬菜、粗粮、坚果	激活多种酶的活性，对钾钙离子通道的抑制作用，对激素的调节作用，促进骨骼生长，调节肠胃道功能	肌肉震颤、手足抽搐、反射亢进、共济失调、有时出现幻觉及精神错乱	18~65岁：RNI 330 mg/天
氯	酱油、腌制或烟熏食品等	维持细胞外液的容量和渗透压，维持体液酸碱平衡，参与血液CO_2运输，参与胃酸形成	掉发和牙齿脱落、肌肉收缩不良、生长发育不良	18~50岁：AI 2 300 mg/天 50~65岁：AI 2 200 mg/天

微量元素	食物来源	生理功能	缺乏症状	成人推荐摄入量（RNI）
铁	红肉、肝脏、蛋黄、豆类、干果	参与体内氧的运送和组织呼吸的过程，维持正常的造血功能，调节酶活性，催化β-胡萝卜素转化为维生素A	缺铁性贫血、抵抗力低下	18~65岁男性：12 mg/天 18~50岁女性：20 mg/天 50~65岁女性：12 mg/天
碘	海产品、动物性食物	促进生长发育，参与脑发育，调节新陈代谢	甲状腺肿大及其并发症、甲状腺功能减退、智力障碍	18~65岁：120 μg/天
锌	贝壳类、红肉、内脏、干果、奶酪、花生	酶的组成部分，促进生长发育，增加食欲，参与免疫力	味觉障碍、偏食、厌食、生长发育不全、矮小、瘦弱、皮肤干燥、皮疹、反复性口腔溃疡、免疫力减退、反复感染	18~65岁男性：12.5 mg/天 18~65岁女性：7.5 mg/天

二、水

水是生命所必需的营养物质，存在于身体的每个细胞中。人的身体是由60%的水组成的。对于久坐不动的人群，每天的水分平均摄入量，男性和女性应该分别为 3 L 和 2.2 L；参加减脂计划的人，还应每超出理想体重 11 kg 多喝 30 mL 水；如果运动强度较大或居住在炎热的环境中，也应该增加水分摄入。

摄入足够水分对人体有很多益处：内分泌腺功能改善，体液潴留减轻，肝功能改善，提高使用脂肪功能的比例，代谢功能改善，体温调节能力提升，维持血量。水可以起到缓冲、润滑关节、保护脊髓的作用；水帮助消化食物，携带营养物质到细胞，将营养分配到全身；水是吸收某些激素所必需的，并赋予肌肉收缩和保持肌肉张力的自然能力；水对保持皮肤健康很重要，它有助于防止极端减肥后皮肤下垂，能软化皮肤，减少皱纹。

人体不能适应脱水状态，脱水会损害所有生理功能，即使只有相当于体重的2%的体液流失，也会对循环功能产生负面影响，并降低运动能力。

白开水是补充身体水分的最佳方式。运动期间的补水建议：运动前 2 h，饮用 500~600 mL；运动期间，每隔 10~20 min 饮用 200~300 mL，或者根据出汗量进行补充；运动后，体重每减轻 0.5 kg 饮用 450~675 mL。对于一名耐力运动员，锻炼几小时后大量出汗，需要补充的不仅仅是水，而且需要补充电解质（钙、钠、镁和钾），这些电解质对调节神经和肌肉至关重要。需要多少水取决于几个因素，包括年龄、活动和环境。如果等到口渴的时候，身体已经脱水了。

为了保持水分，需要喝足够的水来补充流失的水分。除了每天通过呼吸、排汗、排尿和排便失去水分，在炎热的天气和潮湿的环境中也会失去水分。最简单的判断是否缺水的方法是通过观看自己的尿液是否变黄。

远离含咖啡因的饮料，这些会使身体脱水。这里有一些建议可以帮助你增加水的摄入量：随身携带一个水瓶；外出就餐时，选择水而不是苏打水、茶或果汁；饭前喝水；在水中加入柠檬、酸橙或几片黄瓜。

第三节 平衡膳食与膳食营养评估

一、平衡膳食

（一）平衡膳食的含义

近年来，我国社会经济快速发展，居民的膳食结构和生活方式发生了重要变化。我国最新的肥胖和代谢综合征调查结果显示，我国成人超重和肥胖的患病率男性分别为 33.7% 和 13.7%，女性分别为 29.2% 和 10.7%。超重和肥胖人员的剧增，导致营养相关的慢性非传染性疾病患病率明显增加，给社会和个人及其家庭带来沉重的经济负担。正因如此，"平衡膳食"这个概念也逐渐被人们重视起来。

平衡膳食又称合理膳食，是指全面达到营养供给量标准的膳食，要求采用多种食物构成,不仅要提供足够数量的热能和各种营养素,满足人体的正常生理需要,而且还要保持各种营养素之间比例的平衡。膳食宝塔利用各层位置和面积的不同,反映了各类食物在膳食中的地位和应占的比重。这里同时建议轻体力活动成年人每日饮水1 200 mL(约6杯),成年人每天进行累计相当于6 000步以上的身体活动。

在最新版《中国居民膳食指南(2016)》一书中对我国居民的"平衡膳食"作出了更为全面的阐释(见图11-1),同时提出了"国6条"便于人们记忆和实施。这6条分别是:1. 食物多样,谷类为主;2. 吃动平衡,健康体重;3. 多吃蔬果、奶类、大豆;4. 适量吃鱼、禽、蛋、瘦肉;5. 少盐少油,控糖限酒;6. 杜绝浪费,兴新食尚。不论是食物适宜摄入量和种类的推荐,还是"国6条",都是一个泛泛的指导,其意义在于推广的是"均衡"的饮食理念,提倡的是长期坚持的态度。对于不同人群最合理的还是在大原则下的个体化指导,每个个体根据身高、体重、年龄、性别、工作种类和强度等所面对的"平衡"是不完全一样的。

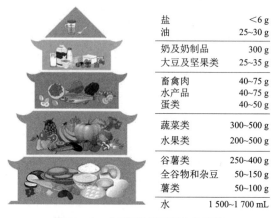

图11-1 中国居民平衡膳食宝塔

1. 膳食中产热营养素的平衡

在一般情况下,糖类、脂肪、蛋白质三大产热营养素提供的热能占总热能的比例分别是55%~65%、20%~30%、10%~15%。

2. 膳食中氨基酸的平衡

为保证必需氨基酸的适宜比例,每天摄入的优质蛋白质(动物性和豆类)应占总量的1/3以上,每天摄入的蛋白质约50%来源于谷类。一般认为,理想的膳食蛋白质构成,必需氨基酸与非必需氨基酸的比例为4∶6,若它们中的一种或两种在膳食中大量出现,都会引起氨基酸平衡失调,出现不良后果。

3. 膳食中脂肪酸的平衡

膳食中脂肪酸不均衡,容易造成血脂异常,诱发各种心脑血管疾病。膳食"脂肪酸平衡"包含两个方面:一是饱和脂肪酸、单不饱和脂肪酸和多不饱和脂肪酸三者之间的平衡。脂肪酸平衡主要是指膳食中这三种脂肪酸应保持合理的比例。饱和脂肪酸有很强的升高血胆固醇和低密度脂蛋白的作用;单不饱和脂肪酸已被证明不仅能降胆固醇和低密度脂蛋白、抗血小板凝集,而且不影响高密度脂蛋白;多不饱和脂肪酸中的ω-6系亚油酸可促进人体内多余胆固醇变成胆汁酸盐,阻止胆固醇在动脉壁沉积,有降低血胆固醇含量、防治动脉粥样硬化的作用。ω-3系α-亚麻酸有降低血胆固醇的作用，还能降低甘油三酯，降低血小板凝集率和降血压，预防和治疗动脉粥样硬化。三者比例不当就会损害人体健康。目前中国营养学会建议，脂肪所供能量应不超过总供能量的30%，其中饱和脂肪酸、单不饱和脂肪酸及多不饱和脂肪酸所供能量各占10%左右（1∶1∶1）。二是必需脂肪酸中的ω-6系脂肪酸与ω-3系脂肪酸之间也要保持平衡。人体生长和健康必需而又不能自身合成的多不饱和脂肪酸被称为必需脂肪酸，包括ω-6系列亚油酸和ω-3系α-亚麻酸两种。必需脂肪酸是人体细胞膜的主要组成部分，是调控人体细胞和每个组织系统的类激素二十烷的前体材料，所以它们影响和支配了人体的新陈代谢、免疫系统。保证膳食中足够的ω-6系及ω-3系必需脂肪酸，并保持这两种脂肪酸之间的平衡（4∶1）是我们的生命之本、健康之源。

4. 膳食中维生素的平衡

蛋白质、脂肪和糖类在人体内的代谢过程，均需要特定的维生素参加。维生素B_1、维生素B_2、维生素B_6和烟酸等的需要量均随热能需要量的增高而增加。动物实验证明，高脂肪膳食将大大提高维生素B_2的需要量，而高蛋白膳食则有利于维生素B_2的利用和贮存。另外，维生素B_{12}有节约蛋白质消耗的作用。维生素之间的相互关系也很密切。膳食中维生素C含量较多时，可阻止维生素B_2及维生素A缺乏症，并可使人体内维生素B_2存量增加。如果人体内缺乏维生素A、维生素B_1或维生素B_2，可使维生素C含量剧烈下降。膳食中缺乏维生素B_1会影响维生素B_2在体内的利用。维生素E能促进维生素A在肝脏内的贮存，防止维生素C的氧化。可见，膳食中除几种提供热能的营养物质之间要有一定比例外，各种维生素之间也应保持平衡。过量摄入一种维生素，可导致或加剧其他维生素的缺乏。如曾有报道，膳食中缺乏多种B族维生素时，若只给予大量维生素B_1，可加剧烟酸缺乏症的发展。为保持膳食中维生素之间的平衡，建议按各维生素的供给量标准配膳，有特殊需要者另外增加。一般维生素B_1、维生素B_2、维生素B_6和烟酸之间的比例为1∶1∶1∶10较为合理。

5. 食物的酸碱平衡

食物的酸碱并不是凭口感，而是食物经过消化吸收之后在体内代谢后的结果。凡食物中所含的硫、磷、氯元素的总量较多，在体内的最终代谢产物呈酸性的即为酸性食物。这类食物主要包括畜禽肉类、鱼虾类、蛋类、谷类，以及硬果中的花生、核桃、榛子，等等，它们从味道上都是不带酸味的。凡食物中所含的钙、钾、镁等元素的总量较多，在体内的最终代谢产物呈碱性的即为碱性食物。这类食物包括各种蔬菜、水果、豆类、奶类，以及硬果中的杏仁、栗子，等等。山楂、西红柿、柑橘等也是碱性食物，甚至醋等酸味食物都是典型的碱性食物。也有部分食物既非酸性又非碱性，如烹调油、食盐、淀粉等，被称为中性食物。多吃碱性食品，身材苗条、皮肤好，还能提高智商；而酸性食物摄入过多会产生消化不良、口臭、长色斑、肥胖等症状。食用酸性食物，在体内可产生乳酸、尿酸等酸性代谢产物，致使血液pH值下降，即酸度增高，长此以往，就会形成酸性体质。酸性体质者常会感到身体疲乏、记忆力衰退、注意力不集中、腰酸腿痛，继而发展成疾病。医学证明，如果人体倾向酸性，人体细胞的功能就会变差，废物就不易排出，肾脏、肝脏的负担就会加大，新陈代谢缓慢，各种器官的功能减弱，容易得病。酸性体质的人很容易疲倦，老化也加快。癌症患者几乎是酸性体质，更重要的是酸性体质会影响人的智力。由于我们的主食大多是酸性食品，因此，必须注意主副食的搭配调剂，注意酸性与碱性食品的平衡，尤其应该控制酸性食品的比例。换言之，日常生活中应注意多食蔬菜、水果等碱性食品，适当增加其比例，以防止酸中毒。

（二）平衡膳食与减重

1. 平衡膳食对人体的影响

合理营养是健康的基石，不合理的营养是疾病的温床。平衡膳食保证了机体的正常代谢需要，同时将对机体不利的饮食因素尽可能降到最低。人的智力、体力、学习能力、运动能力、防病能力、康复能力、生殖能力、寿命、身高、体重都与营养饮食有着不可分割的联系。虽然有些疾病是由遗传、生活方式、环境等多种因素作用所致，但膳食结构不合理、肥胖、营养不均衡是其中特别重要的因素。

2. 体重与膳食因素

与体重最相关的营养因素应是热量，其中作为膳食因素的三大产能营养物糖类、脂肪和蛋白质提供了人体一天所需的热量，由于产能营养素之间可以在体内相互转换，因此当这三大类基本的营养素摄入不均衡，如绝对摄入量过低、过高或相对比例失调，都会引起体重的改变。

3. 用于减重的饮食手段

目前减重的饮食方法很多，如极低热量饮食、低脂饮食、高蛋白饮食、低碳水化合物饮食等。这些都是在限定总热量的基础上，通过改变三大产能营养素的比例来降低体重，原则上讲，都不属于平衡膳食。

综上所述，平衡膳食是一种均衡的膳食模式，应该是从小培养的科学的饮食习惯，是机体健康的基石。单纯的平衡膳食不是预防和治疗疾病的唯一处方，但结合健康的生活方式，保持适宜体重，对于预防和辅助治疗营养相关疾病有着重要意义。对一般人群而言，平衡膳食的目的不是减重，而是有利于保持健康体重；对于超重和肥胖等特殊人群，平衡膳食不一定能减重，但可以辅助他们科学、健康地减重。体重的问题是复杂的，涉及基因、生活方式、社会文化、个体认知等多方面因素，可能需要内科、外科、营养科、心理科等专业的医生建立多学科合作模式才能更好地达到减重的目的。以上所述均是平衡饮食减重的大原则，减重需要个体化指导，制定减重方案，建议咨询专业人员。

二、膳食营养评估

通过问卷对超重或肥胖患者膳食中的全谷类、蔬菜、水果、优质蛋白奶制品、加工肉制品、脂肪、盐、糖、酒精的摄入进行调查，得出膳食营养质量评估问卷。该问卷总分为100分，小于60分，为膳食营养有风险；60~75分，为膳食营养风险一般；大于75分，为膳食营养无风险。

1. 您早餐吃粗粮类食物的频率是多少（如燕麦片或糙米、玉米、小米、高粱、荞麦、薯类等）？

  A. 从不   0分
  B. 每周少于1次   1分
  C. 每周1~2次   3分

D. 每周 3~5 次　　　　　　　　　　4 分

E. 每天或几乎每天　　　　　　　　5 分

2. 您中晚餐吃粗粮类食物的频率是多少（如燕麦片或糙米、玉米、小米、高粱、荞麦、薯类等）？

　　A. 从不或每周不到 1 次　　　　　0 分

　　B. 每周 1~2 次　　　　　　　　　3 分

　　C. 每周 3 次及以上　　　　　　　5 分

3. 三餐之外您吃其他各类粗粮制品的频率是多少（如粗粮饼干、燕麦、麦麸片、玉米、豌豆、蚕豆、全麦面包等）

　　A. 从不或每周不到 1 次　　　　　0 分

　　B. 每周 1~2 次　　　　　　　　　3 分

　　C. 每周 3 次及以上　　　　　　　5 分

4. 您早餐喝纯果汁的频率为（鲜榨果汁或 100% 纯果汁）？

　　A. 从不或每周不到一次　　　　　0 分

　　B. 每周 1~2 次　　　　　　　　　2 分

　　C. 每周 3~5 次　　　　　　　　　4 分

　　D. 每天或几乎每天　　　　　　　5 分

5. 三餐之中，您食用水果的频率是？

　　A. 从不或每周不到 1 次　　　　　0 分

　　B. 每周 1~2 次　　　　　　　　　2 分

　　C. 每周 3~5 次　　　　　　　　　4 分

　　D. 每天或几乎每天　　　　　　　5 分

6. 三餐之外，您食用水果作为零食的频率？

　　A. 从不　　　　　　　　　　　　0 分

　　B. 每周少于 1 次　　　　　　　　2 分

　　C. 每周 1~2 次　　　　　　　　　4 分

　　D. 每周 3 次及以上　　　　　　　5 分

7. 您多久吃一次含糖速冲糊粉（如芝麻糊、核桃粉、豆浆粉、藕粉、魔芋粉等）？

　　A. 从不　　　　　　　　　　　　4 分

　　B. 每周少于 1 次　　　　　　　　3 分

　　C. 每周 1~2 次　　　　　　　　　2 分

　　D. 每周 3 次及以上　　　　　　　0 分

8. 您多久吃一次糖果或甜巧克力？

　　A. 从不　　　　　　　　　　　　4 分

　　B. 每周少于 1 次　　　　　　　　3 分

　　C. 每周 1~2 次　　　　　　　　　2 分

　　D. 每周 3 次及以上　　　　　　　0 分

9. 您多久吃一次饼干、薯条或爆米花？

　　A. 从不　　　　　　　　　　　　4 分

B. 每周少于 1 次　　　　　　　　3 分
C. 每周 1~2 次　　　　　　　　　2 分
D. 每周 3 次及以上　　　　　　　0 分

10. 您多久吃一次蛋糕、冰淇淋、派等甜品？
A. 从不　　　　　　　　　　　　4 分
B. 每周少于 1 次　　　　　　　　3 分
C. 每周 1~2 次　　　　　　　　　2 分
D. 每周 3 次及以上　　　　　　　0 分

11. 您多久吃一次果脯或蜜饯（果脯蜜饯指的是经加工过的水果，未经加工的水果干不算在内）？
A. 从不　　　　　　　　　　　　4 分
B. 每周少于 1 次　　　　　　　　3 分
C. 每周 1~2 次　　　　　　　　　2 分
D. 每周 3 次及以上　　　　　　　0 分

12. 您多久吃一次洋快餐（麦当劳、肯德基、德克士等）？
A. 从不或每周不到 1 次　　　　　5 分
B. 每周 1~2 次　　　　　　　　　3 分
C. 每周 3 次及以上　　　　　　　0 分

13. 您多久吃一次腌肉、火腿、培根、香肠？
A. 从不或每周不到 1 次　　　　　5 分
B. 每周 1~2 次　　　　　　　　　3 分
C. 每周 3 次及以上　　　　　　　0 分

14. 您多久吃一次胡萝卜、西兰花、菠菜或其他深色叶类蔬菜？
A. 从不　　　　　　　　　　　　0 分
B. 每周少于 1 次　　　　　　　　2 分
C. 每周 1~2 次　　　　　　　　　6 分
D. 每周 3 次及以上　　　　　　　8 分

15. 您多久吃一次鸡鸭等家禽肉类？
A. 从不或每周不到 1 次　　　　　0 分
B. 每周 1~2 次　　　　　　　　　3 分
C. 每周 3 次及以上　　　　　　　5 分

16. 您多久喝一杯牛奶？
A. 从不或每周不到 1 次　　　　　0 分
B. 每周 1~2 次　　　　　　　　　1 分
C. 每周 3~5 次　　　　　　　　　3 分
D. 每天或几乎每天　　　　　　　4 分
E. 每天 1 次以上　　　　　　　　5 分

17. 您经常食用油炸食物，包括方便面、炸薯片/条等食品吗？
A. 是　　　　　　　　　　　　　0 分

B. 否 1分

18. 您常吃动物油（猪油、鸡油、鸭油等）炒的蔬菜吗？
A. 是 0分
B. 否 1分

19. 您常吃肥肉或动物内脏吗？
A. 是 0分
B. 否 1分

20. 您是否经常喝含糖饮料，如碳酸饮料、果汁饮料等（或者喝水、咖啡等时加糖或蜂蜜）？
A. 是 0分
B. 否 1分

21. 您是否经常喝葡萄酒啤酒或其他酒精饮料？
A. 是 0分
B. 否 1分

22. 您多久吃一次鱼或海鲜（非油炸）？
A. 从不 0分
B. 每周少于1次 1分
C. 每周1次 3分
D. 每周1次以上 5分

23. 您通常每天吃多少份牛奶/酸奶或奶酪（1份＝200 mL 牛奶/酸奶，25 g 奶酪）？
A. 无 0分
B. 1份 3分
C. 2份及以上 5分

24. 您在一天的主食中，通常吃多少种不同的蔬菜？
A. 无 0分
B. 1种 1分
C. 2种 5分
D. 2种及以上 7分

第四节 科学减脂

一、体重控制原理

（一）能量平衡

一个人会变胖还是变瘦，原理并不复杂。简单来讲，当一个人能量摄入大于能量消耗时，多余的能量便会形成脂肪。人体每天通过三餐将能量输入体内，并通过基础代谢、日常活动、身体锻炼等方式，将能量输出。能量的输出一方面受到年龄、性别、体重的影响，另一方面还受到体育活动的影响。人体的体重控制就是能量摄入与支出之间的关系,当输出能量与摄入能量平衡时,体重保持不变;当能量摄入大于能量输出时,多余的能量将会转变成脂肪储存在体内,体重增加;当能量摄入小于能量输出时,体重就会下降。

对于普通的成年人,一天的能量摄入量大约为 2 000 kcal,这些摄入的能量 70% 用于基础代谢,10% 用于食物消化,20% 用于日常的活动。对于运动员来说,一天的能量消耗要显著高于普通人。比如游泳运动员,除了日常的能量消耗,还要进行大量的游泳训练,每天游泳 10 000 m 消耗的能量相当于 5 000 多大卡(kcal),为了保持体重,维持正常的训练量,他们每天摄入的能量要在 8 000 kcal,是我们常人的 3 倍之多。人的体内每天都在进行着这样的运算。例如,一个鸡腿的能量大约 300 kcal,可能要快走 40 min 才能消耗掉。因此要管住嘴迈开腿,才能保持能量平衡。0.5 kg 脂肪含有 3 500 cal,因此,如果在给定的时间内比平时少吃 3 500 cal,或者在体育活动中多消耗 3 500 cal 的能量,就可以减掉约 0.5 kg 的脂肪。而如果在给定的时间内摄入比平时多 3 500 cal 的能量,或者在给定的时间内进行比平时少 3 500 cal 能量的体育活动,就能增加 0.5 kg 的脂肪。

(二)能量消耗

1. 能量消耗的组成

卡路里是常用的能量的表示方法。卡路里(calories,缩写为 cal)是能量单位,1 cal 是使 1 g 水升高 1℃ 所需的能量。在实际应用中,常使用千卡路里(kcal)这个单位,1 kcal = 1 000 cal,日常生活中也可称为大卡。科学地评估能量的摄入量和消耗量是体重控制过程中的重要环节。个人在制订减轻或增加体重的计划之前,首先应明确维持其当前体重每日所需能量。每日能量需要包括三部分:食物热效应、静息状态下的新陈代谢率(也就是基础代谢率)、体力活动时的能量消耗。一般情况下,其各自在总能量需要中所占的比例为:静息代谢率为 60%~70%,食物热效应约为 10%,体力活动为 20%~30%。

食物热效应是指消化、吸收和进一步加工产能的营养素时所需要消耗的大量能量,通常来说一天内食物热效应占总能量消耗的 5%~10%。

一般来说,食物热效应对每日的能量消耗影响并不大。一方面是由于不同的饮食结构并不会明显地改变食物的热效应,也就是说,尽管吃的是低能量食物,但消耗系统分解吸收能量的过程是一样的,消耗的能量也就相差不大;另一方面,食物热效应所占日常能量消耗比例较低,即使每天少吃一半的食物,也只能降低百分之几。

静息代谢率(RMR)是指机体在静息状况下为维持基本生命活动所消耗的能量,RMR 一般要通过间接的能量测定。为了结果的准确,对测量过程有很多特殊的要求,例如受试者必须在测量前数小时内禁食、12 h 内禁止剧烈运动、静卧休息 30 min 以上等。由于这些原因,RMR 的测量并不经常进行,往往是通过一些公式来推算。

RMR 的推算公式基于以下原理:

(1)RMR 与身体体积成正比例关系;

(2)RMR 随年龄的增加而减小;

(3)肌肉比脂肪的新陈代谢更活跃。

Mifflin – St. Jeor 公式是一种比较准确的估算静息代谢率的公式:

男性:RMR(kcal) = 9.99 × 体重(kg) + 6.25 × 身高(cm) – 4.92 × 年龄(岁数) + 5

女性：RMR(kcal) = 9.99×体重（kg）+ 6.25×身高（cm）- 4.92×年龄（岁数）- 161

每日所需能量的另一个组成部分是体力活动消耗量，对这一部分的估算应包括工作活动和余暇时间的活动两部分的信息。其常用的一个计量方法是受试者自行记录一个活动日志，通过查对各种活动的能量消耗表来估计每日活动的能量消耗。

2. 估算每日能量需求

通过计算每日能量总消耗，来估算每日能量需求。每日能量总消耗可以根据 RMR 值乘以适当的运动校正因子（运动校正因子随运动频率和强度增大，具体见表 11 - 8）。计算公式如下：

$$能量消耗 = 静息代谢率 \times 运动校正因子$$

表 11 - 8 运动校正因子

体力活动类型	校正因子
久坐不动（很少或不运动）	1.200
少量运动（每周有 1~3 天进行少量运动）	1.375
中度运动（每周有 6~7 天进行中等强度运动）	1.550
大量运动（每周有 6~7 天进行大强度运动）	1.725
极大量运动（每周有 6~7 天进行极大强度运动）	1.900

例如，计算一位 50 岁的男性办公室工作人员的每日能量消耗。他身高 182.9 cm，体重 97.7 kg，每周 6~7 次快速地步行 3 000 m，其他时间基本不活动。首先根据 RMR 公式计算出 RMR 等于 1 991 kcal。由于他每天进行有规律的中等强度运动，能量消耗为 RMR × 1.550，所以每日能量消耗为 3 086 kcal。如果想减脂，则建议每日能量摄入应该保持在 3 086 - 500 = 2 586（kcal）。

对于在校大学生来说，以每天的能量摄取和能量消耗来估算能量平衡的确是不容易做到的事情。因为我们每天的生活内容都不尽相同，我们吃的东西和吃的时间以及运动方式和时间都有很大的变化。但是，如果要减轻体重就要改变一下生活方式，多进行一些体育锻炼，即多消耗一些能量；如果要增加体重，就请多吃一些食物，即增加一些能量的摄入。总之，能量就是增加或减轻体重的关键所在。

在了解了体重控制的原理后，同学们应该明确减脂不等于减体重，同时要学会甄别一些虚假减肥广告，比如通过穿不透气的衣服来增加出汗量而减肥，还有一些是通过吃减肥药排掉体内水分来减肥，那么这时，降低的体重主要是我们身体内的水分，并不是脂肪。长期如此会导致体内平衡失调，影响健康。身体内脂肪比例女性 10%~13%，男性 2%~5%，低于这个比例将会对健康产生不利影响。因此，不是体内脂肪越低越好。

二、科学减脂途径

根据前面章节的测试和评估，24.0 kg/m² ≤ BMI < 28.0 kg/m² 为超重，BMI ≥ 28.0 kg/m² 为肥胖。或者对照体脂百分比分级标准，查看自己的胖瘦程度。如果体脂正常，则不需要盲目减脂，尤其是女生过度追求偏瘦的体型，对身体健康不利。体脂超过正常标准的同学，则

需要减脂,减少肥胖对身体健康的危害。

科学的减脂方法有三种途径:一是保持每日能量摄入不变,增加每日体育活动的能量消耗;二是减少每日能量消耗即限制饮食,保持现有体育活动水平不变;三适当运动+健康饮食。很显然,第三种途径是最有效、可行和安全的方法,也就是管住嘴,迈开腿。若一个人通过运动从每天摄入能量中多消耗 100 kcal 的能量,坚持一年,他将减少约 5 kg 的脂肪。

(一)适量运动和健康饮食

1. 减少能量摄入,形成能量负平衡

管住嘴,并不是不吃,有些同学通过不吃晚饭、奶昔代餐、果蔬汁轻断食,甚至辟谷(断食)等极端低能量饮食法减少能量摄入,长期会有损健康的。管住嘴是要三餐营养搭配合理,保证人体三大营养素和微量元素的摄取,少吃零食、汉堡、油炸食品,以及饮料等高能量食品。健康饮食的比例:碳水化合物摄入量:蛋白质摄入量:脂肪摄入量 = 5:2:3。在减脂过程中,管住嘴是关键。举个例子,一个汉堡的能量相当于 450 kcal,假设是一位体重 75 kg 的成人,需要慢跑 1 h 才能消耗 450 kcal,如果不消耗这些能量,就会转化成 48 g 脂肪存在体内。根据美国运动医学会的建议,每周体重减轻的量不应该超过 1 kg。一般的做法是每周能量负平衡为 3 500~7 000 kcal,差不多每日 500~1 000 kcal,这样从理论上会出现每周减少脂肪 0.5~1 kg 的效果,大多数健康成年人可以每日摄入能量 1 000~1 500 kcal,而不至于出现不良后果,如果每日能量摄入严格控制在 800 kcal 以下,那么这一过程必须处于医生监督之下进行,节食减肥法将会出现 RMR 和瘦体重的下降。

表 11-9 是一份简单减脂的能量摄入建议,同学们可以根据前面的营养素和食物来源等,再根据自己的膳食营养评估结果和每日能量消耗,参照这份简单的减脂能量建议进行微调。

表 11-9 一份简单减脂的能量摄入建议

项目	总能量建议/kcal	碳水化合物/g	蛋白质/g	脂肪/g
女性减脂餐	1 800	180	180	40
男性减脂餐	2 400	270	210	60

2. 增加基础代谢率,增加瘦体重

迈开腿,就是尽量减少静态生活方式,尽量多动,能站着就别坐着,能走楼梯就别坐电梯,增加非运动性能量消耗。同学们可以先调整饮食习惯,减少重油食物,均衡荤素比例,糖:脂肪:蛋白质 = 6:3:1。适量增加运动能量消耗,等坚持一段时间后,身体机能适应了,再减少能量摄入,每天大约减少 200~300 kcal 比较合适。减脂运动计划,需要我们掌握科学的运动方法,关键是掌握好减脂的运动强度。这个强度因人而异,每个人都不一样。因此,很多手机 App 上的一些减脂训练并不适合你,甚至有些计划并不科学,大家在使用时要学会选择。

对于超重和肥胖者,运动和营养专家制定了相关的干预和治疗建议,这些干预和治疗的建议均围绕生活方式、膳食结构、运动等方面提出,具体见表 11-10~表 11-12。

表 11-10 超重或肥胖的分期及治疗建议

分期		治疗建议
0 期	超重，无超重或肥胖相关疾病前期或相关疾病	建议通过减少膳食能量、增加体力活动、改变行为习惯等生活方式干预，将体重控制到正常范围
1 期	超重，伴有一种或多种超重或肥胖相关疾病前期；或肥胖，无或伴有一种或多种超重或肥胖相关疾病前期	通过减少膳食能量、增加体力活动、改变行为习惯等生活方式干预，将体重控制到正常范围；肥胖者经过3~6个月的单纯控制饮食和增加运动量处理仍不能减重5%，甚至体重仍有上升趋势者可考虑配合使用减重药物
2 期	超重或肥胖，伴有一种或多种超重或肥胖相关疾病	建议通过减少膳食能量、增加体力活动、改变行为习惯等生活方式干预，将体重控制到正常范围；经过3~6个月的单纯控制饮食和增加运动量处理仍不能减重5%，甚至体重仍有上升趋势者可考虑配合使用减重药物，或在开始生活方式干预同时配合减重药物治疗
3 期	超重或肥胖，伴有一种或多种超重或肥胖相关疾病重度并发症	建议通过减少膳食能量、增加体力活动、改变行为习惯等生活方式干预，将体重控制到正常范围；生活方式干预同时配合减重药物治疗；重度肥胖患者（BMI≥35.0kg/m²或BMI≥32.5kg/m²合并2型糖尿病）可考虑手术减重

表 11-11 超重或肥胖的生活方式干预建议

膳食指导建议	饮食调整的原则是在控制总能量基础上的平衡膳食。一般情况下，建议能量摄入每天减少300~500 kcal，严格控制食用油和脂肪的摄入，适量控制精白米面和肉类，保证蔬菜水果和牛奶的摄入充足
运动指导建议	①有氧运动：建议超重或肥胖者每天累计达到60~90 min中等强度有氧运动，每周5~7天。②抗阻运动：抗阻肌肉力量锻炼隔天进行，每次10~20 min。③个性化建议：根据自身健康状况及个人偏好，合理选择运动方式并循序渐进
行为习惯改变建议	①每天记录体重、饮食和运动情况，定期测量腰臀围。②避免久坐、三餐规律、控制进食速度、不熬夜、足量饮水、避免暴饮暴食、减少在外就餐、减少高糖/高脂肪/高盐食物。③积极寻求家庭成员及社交圈的鼓励和支持。④必要时接受专业减重教育和指导

表 11-12 超重或肥胖的饮食与体育活动建议

项目	饮食	体育活动
频率	每天吃三顿饭或四到五顿饭。有规律、有节制的饮食是减肥的最佳方法。不吃饭和吃零食通常是没有效果的	每天参加体育活动。有规律的体育活动对减肥最有效。短暂或不规律的体育活动对控制体内脂肪起不了多大作用

续表

项目	饮食	体育活动
强度	要减掉约 0.5 kg 的脂肪,必须在给定的时间内摄入比正常情况下少 3 500 cal 的能量。要增加约 0.5 kg 的脂肪,必须在给定的时间内比正常情况下多摄入 3 500 cal。为了保持体重,必须在一定的时间内摄入相同数量的能量	要减掉约 0.5 kg 的脂肪,必须在给定的时间内比正常情况下多消耗 3 500 cal。要增加约 0.5 kg 的脂肪,必须在给定的时间内比正常情况下少消耗 3 500 cal。为了保持体重,必须在一定的时间内保持身体活动水平不变
时间	饮食的改变和体育活动都不会导致脂肪的快速流失。医学专家建议,在没有医疗监督的情况下,一个人每周减重不超过 1 kg	饮食和体育活动可以安全地每周减轻 0.5 ~ 1.0 kg

(二) 减脂运动处方

人体运动的能源物质是糖和脂肪,人体的肌肉分为快肌和慢肌,快肌纤维含糖多,含脂肪很少,慢肌纤维含脂肪多。快速运动如短跑,直接动用快肌纤维,消耗的是糖,而低强度有氧运动时慢肌纤维动员多,消耗的是脂肪,可见运动强度增大时消耗的是糖而不是脂肪。因此,要想动员脂肪作为供能物质,我们就应该选择强度小、时间长、慢肌纤维参与多的有氧运动。最大脂肪氧化强度范围是最大心率强度的 40% ~ 60%,主观感觉是运动时轻松,能正常交流,呼吸频率接近 20 次/min,建议每周 3 次以上,每次 40 min 以上,过高或低,减脂效果都将大打折扣。同学们可以参照表 11-13 肥胖超重者运动处方合理安排自己的运动项目、强度和频率。

对于肥胖者,建议应该从低强度的有氧运动开始,持续时间应达到足以消耗 200 ~ 300 kcal 的能量。随着锻炼计划的进展、体质的增强就可以增加运动能量消耗。肥胖者的体重较重给关节带来额外的压力,应选择低冲撞的运动形式,如游泳、步行等,减少对关节可能带来的不利作用。此外,进行适当的抗阻练习也是非常有益的,可以帮助维持瘦体重。当一个人建立了能量负平衡,并进行规律的有氧运动,脂肪减少将在全身范围内发生,而不仅仅是身体的某一部分。减脂应该建立在科学的运动和饮食的基础上合理地进行,并且也是一个长期的过程。1 ~ 3 周后,机体会逐步适应当前的运动负荷,之后就可以适当延长每次运动时间 5 ~ 10 min,直到可以完成 40 ~ 60 min;4 ~ 6 周后,运动能力会明显提高,此时应重新评估测试,对训练计划进行调整,部分训练动作可以适当进阶,可以有效提高运动减脂的效果。

表 11-13 肥胖超重者运动处方

方式	强度建议	频率建议	建议时间	注意事项
有氧运动	40% ~ 60% 最大心率	5 天/周,最好每天	开始阶段:20 ~ 30 min/天 最终目标:40 ~ 60 min/天	疾走或低撞击性运动,骨质疏松、心脏病、高血压患者适当谨慎,逐步增加强度、时间

续表

方式	强度建议	频率建议	建议时间	注意事项
抗阻运动	1~3组，重复10~15次/组；8~10次训练，负荷逐渐增强	2~3天/周，隔天进行	20~30 min	从自重训练开始，强调核心训练与有氧训练间歇根据需要进行器械和力量训练，重点进行核心训练，加强腹部和背部肌肉力量
柔韧训练		5天/周，最好每天	保持静态伸展10~30 s	加强髋部屈肌、肩部内旋肌、胸部肌肉的拉伸和放松

（三）超重肥胖人群减脂前的评估与准备

如果体重指数超过正常范围，这部分人群需要减重。我国BMI的正常范围是18.5~24，24~28为超重，28及以上为肥胖。由于体重负荷过大，其对关节的损伤、呼吸系统的压力都是增加的，而且肥胖容易加重胰岛素抵抗，这部分人群患高血压、高脂血症、糖尿病等慢性代谢异常疾病的概率明显增高。肥胖和超重人群腰臀比超出正常范围，普遍存在腹背肌比较薄弱、核心稳定性差、核心力量差的情况，并且伴随着骨盆前倾的体态、脊柱灵活性缺失等问题。因此在运动训练中的风险也较正常人增加。

训练前先进行功能动作筛查，选择主动直腿上抬、深蹲、单足平衡等动作（参见第二、三章评估测试内容）进行测试和评估。如果测试动作的得分在2分以下，则需要进行改善后再进行有氧训练和力量训练。因此，在训练的初期，应该先进行灵活性的改善，尤其是改善脊柱的灵活性，通过呼吸训练、泡沫轴筋膜松解髋部肌群、静态拉伸背部肌群等动作进行改善和训练，参照柔韧性训练章节的内容选择性进行。然后进行核心的训练，关注呼吸与稳定的训练，找到核心发力的正确方法，然后再进行基本核心动作的训练，如平板支撑、侧桥、臀桥等动作。最后，可以开始有氧训练和力量的训练，如果在关节功能和肌肉力量没有得到增强的情况下直接进行跑步，很有可能造成骨关节的损伤，因为肥胖人群的体重较大，本身就会对关节造成较大的压力。有氧运动可以先从快走开始，选择一些游泳、椭圆机等对骨关节冲击力较小的运动。力量训练方面，应着重进行上背部和核心肌群的训练，大体重会使髋屈肌群强壮，从而使腹部和背部的肌肉变弱，而使胸部的肌肉紧张。加强髋屈肌群的柔韧性训练，还要重视上下肢肌群力量的协调均衡发展，这样可以优化大体重人群的不良体态。

第五节 减脂运动计划示例

循环练习有助于在短时间内快速增加体内能量消耗，形成能量的负平衡，适量的力量练习有助于脂肪的消耗。有研究表明，循环训练方法增加的肌肉量与脂肪消耗程度是单纯有氧训练减脂法的 3 倍。30 min 的循环训练效果与 1.5 h 的有氧训练效果基本相当。以下女性和男性减脂运动计划均基于循环训练，将有氧和力量训练相结合，进行不同的配比，应用于减脂训练的不同阶段。

一、女性 4 周减脂运动计划示例

有氧运动与力量训练合理配比组成的间歇循环训练法可燃烧体内脂肪，增强基础体力。每组循环练习由 10 个动作组成，按照一定的顺序完成规定的组数和次数，有氧练习和力量练习穿插进行，完成一套循环练习需要 30~40 min，见图 11-2。

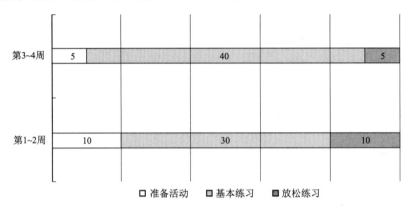

图 11-2　4 周减脂计划

（一）第 1~2 周运动计划

第 1~2 周，以减少脂肪为目标，循环训练中的有氧运动与力量训练的比例为 6∶4，大部分人均可在家或办公室里完成该练习，不需要特别的健身设备和场地要求。练习的动作也比较简单易学，很容易坚持下来。表 11-14 是第 1~2 周运动计划示例，要求每个动作完成规定的次数，每个动作之间休息 10~20 s。连续完成所有动作后，休息 2~3 min，然后再进行循环练习，一共进行 3 组循环。隔天完成一次，每周完成 3~4 次。

表 11-14　第 1~2 周运动计划示例

练习部位	动作名称	动作图示	练习次数
全身	开合跳		10

续表

练习部位	动作名称	动作图示	练习次数
腹部	屈腿半程仰卧起坐		10
腹臀部	单腿臀桥		10
全身	前踢腿跳		左右各 10
胸部	屈膝俯卧撑		6
背部	俯卧背伸		10
全身	肘膝交替抬腿		10

续表

练习部位	动作名称	动作图示	练习次数
腿部	侧弓步		左右各10
全身	高抬腿		50
腿部	仰卧抬腿		左右各10

（二）第 3~4 周运动计划

第 3~4 周，以减少脂肪和增强肌肉为目标，循环训练中的有氧运动与力量训练的比例为 4∶6，循环动作主要由自身体重和哑铃或弹力带负重的动作组成。力量部分的练习——轻器械轻重量，主要是增强肌肉弹性和塑形，并不是增大肌肉，通过重复多次的动作来达到塑形的目的。选择的哑铃重量根据自身体重，见表 11-15。表 11-16 是减脂计划第 3~4 周示例，要求每个动作完成规定的次数，每个动作之间休息 10~20 s。连续完成所有动作后，休息 2~3 min，然后再进行循环练习，一共进行 3 组循环。隔天完成一次，每周完成 3~4 次。

表 11-15 哑铃选择建议

体重/kg	哑铃选择重量/kg
40~50	1
50~60	1.5~2
60 以上	2~2.5

表 11-16 第 3~4 周运动计划示例

练习部位	动作名称	动作图示	练习次数
全身	后踢腿跳		40
臀腿	原地深蹲		15
腹部	仰卧骑车		左右各 12
背部	哑铃硬拉		8
胸部	跪姿俯卧撑		6

续表

练习部位	动作名称	动作图示	练习次数
全身	高抬腿		50
肩部	哑铃前平举		165
手臂	站姿哑铃弯举		左右各 15
臀部	跪姿后踢腿		15
全身	俯身撑地站起		8

进行 4 周的训练后身体基本适应了运动的强度,运动会进入一个停滞期,此时需要通过变化运动的组数或次数,以及运动的形式来改变运动负荷量,如可以增加不平衡的因素,在瑜伽球上做腹部训练。

二、男性 7 周减脂运动计划示例(见表 11-17)

表 11-17　男性 7 周减脂运动计划示例

时间	10 min	20 min	30 min	40 min	50 min	60 min	70 min	80 min	90 min	100 min	110 min	120 min
第 1 周	跑步机时速 5 km 走		热身运动		跑步机间歇训练(时速 5 km 走 5 min、8 km 慢跑 5 min 交替进行)					放松		
第 2~4 周	跑步机时速 5 km 走		热身运动	循环训练 1 重复 2 组			跑步机间歇训练(时速 5 km 走 5 min、时速 8 km 慢跑 5 min 交替进行)				放松	
第 5~7 周	跑步机时速 5 km 走		热身运动	循环训练 1 重复 2 组			跑步机间歇训练(时速 5 km 走 5 min、时速 8 km 慢跑 5 min 交替进行)					放松

(一)第 1 周运动计划

体重超重的人大都缺乏锻炼,身体的柔韧性也较差。简单的有氧运动可使体温升高,身体放松,然后再配以适当的热身运动,就会使身体处于一个良好的准备状态。热身运动要充分,每个动作用时 20 s 左右,使身体慢慢放松舒展。比如坐在地上压腿的时候,上身要一点儿一点儿往下压,不要一下子就去够脚,应逐渐增加力度。另外注意不要屏住呼吸,做动作时呼气,放松时吸气。通过控制间歇训练提高有氧运动的效果。时速 5 km 的慢走和时速 8 km 的慢跑每 5 min 交替进行,可以减少运动的枯燥感,坚持 40~50 min 也不难做到。放松运动与热身运动同样重要,放松运动可分解运动时体内产生的乳酸和其他导致疲劳的物质,帮助身体快速恢复,为下一个练习打下好的基础。

(二)第 2~4 周运动计划

此阶段有氧运动与力量训练 2:1,组成循环动作,力量以自重训练为主(见表 11-18)。

表 11-18　第 2~4 周运动计划示例

部位	动作	图示	练习次数
全身	开合跳		20

续表

部位	动作	图示	练习次数
胸部	俯卧撑		8
胸部	站姿拉伸		10 s
全身	滑雪步		20
全身	俯身撑地登山		15
背部	俯卧背伸		10
背部	拉伸		10 s

续表

部位	动作	图示	练习次数
全身	俯身撑地站起		15

(三) 第 5~7 周运动计划（见表 11-19）

此阶段，有氧运动与力量训练 1∶1，组成循环动作，可使用哑铃或拉力器等负重，重量以个人能举起 20 次，再多举 1 次都费力的重量为准。

表 11-19　第 5~7 周运动计划示例

部位	动作	图示	练习次数
全身	开合跳		20
胸部	哑铃上推	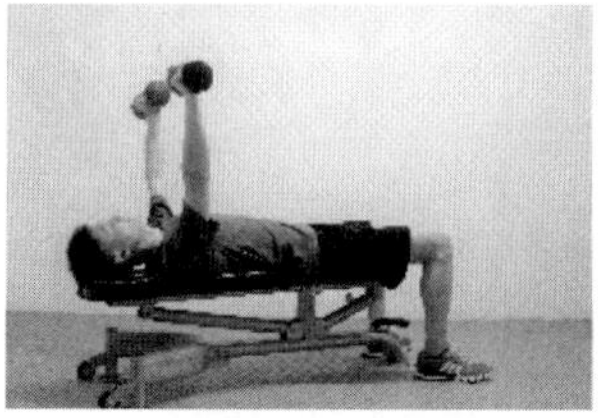	12
胸部	站姿拉伸		10 s

续表

部位	动作	图示	练习次数
全身	俯身撑地登山		15
腿部	负重弓步蹲		10 次左右
腿部	大腿拉伸		10 s
背部	拉伸		10 s
背部	弹力带划船		15
侧腰	站姿侧抬腿		15

续表

部位	动作	图示	练习次数
腹部	健身球屈腿仰卧起		15
腹部	平板支撑		30 s
腹部	腹部拉伸		10 s
全身	滑雪步		20
下背部	健身球后抬腿		15
全身	俯身撑地登山		15

参 考 文 献

[1] 健全学生体质健康监测评价机制 全面推动各地学校体育工作——教育部体卫艺司王登峰司长谈《国家学生体质健康标准（2014年修订）》[J]. 体育教学，2014，34（9）：4+2.

[2] 陈长洲，王红英，项贤林，任书堂，赵亚杰. 改革开放40年我国青少年体质健康政策的回顾、反思与展望[J]. 体育科学，2019，39（3）：38-47+97.

[3] 黄叔怀. 体育保健学[M]. 苏州：苏州大学出版社，1996.

[4]《国家学生体质健康标准解读》编委会编. 国家学生体质健康标准解读[M]. 北京：人民教育出版社，2007.

[5] 陈培友，邹玉玲. 青少年体质健康标准构建方法研究[J]. 体育科学，2013，33（11）：84-88.

[6] 张宗国. 影响《国家学生体质健康标准》测试结果的主客观因素分析[J]. 体育科学，2009，29（9）：86-91.

[7] 郑殷珏，方爱莲，蔡金明，邓蜀李.《国家学生体质健康标准》与《学生体质健康标准（试行方案）》的比较研究[J]. 体育科学，2009，29（7）：92-96.

[8] 赖炳森，杜光宁，丘远胜，刘小俊. 我国学生体质健康评价标准的嬗变[J]. 体育科学研究，2017，21（3）：64-68.

[9] 陈华卫，窦丽，侍崇艳. 中美青少年体质健康监测与后续干预比较[J]. 中国学校卫生，2018，39（10）：1443-1448.

[10] 窦丽，陈华卫.《国家学生体质健康标准》50分以下学生体质特征与教学对策研究[J]. 体育世界（学术版），2012（8）：14-16.

[11] 窦丽，陈华卫. 大学体质监测后续工作的创新途径[J]. 湖北体育科技，2017，36（11）：1011-1013+949.

[12] 窦丽，陈华卫. 对弱势群体大学生体育活动的调研——以南京市部分高校为例[J]. 体育研究与教育，2012，27（5）：51-53.

[13] 应一帆，张锋. 美国与日本学生体质健康测试研究[J]. 南京体育学院学报（自然科学版），2017，16（2）：28-33.

[14] 陈华卫，窦丽，蒋晔. 美国"综合学校体力活动计划"解读及启示[J]. 体育学刊，2018（2）：81-86.

［15］窦丽，陈华卫．大学体质监测后续工作的创新途径［J］．湖北体育科技，2017（11）：1011–1013．

［16］陈华卫．美国《残疾青少年健康体适能测试标准》研究及启示［J］．上海体育学院学报，2017（3）：23–24．

［17］陈华卫．美国"总统青少年体适能项目"解读及启示［J］．山东体育科技，2016（2）：87–90．

［18］陈华卫，窦丽．美国智障青少年健康体适能测评标准解读［J］．首都体育学院学报，2017，29（2）：188–192．

［19］Charles B C，Guy C. Fitness for Life［M］．Sixth Edition. Human Kinetics，2014．

［20］科瓦克斯．动态拉伸训练：创新热身方法提高肌肉力量 强化动作技术 增加动作幅度［M］．张长念，译．北京：北京体育大学出版社，2015．

［21］国家队体能训练中心．身体功能训练动作手册［M］．北京：人民体育出版社，2014．

［22］美国国家运动医学会．NASM-CES 美国国家运动医学会纠正训练指南［M］．王雄，等译．北京：人民邮电出版社，2019．

［23］博格．精准拉伸：疼痛消除和损伤预防的针对性练习［M］．王雄，等译．北京：人民邮电出版社，2016．

［24］曹青军．运动训练理论与实践．［M］．北京：北京理工大学出版社，2010．

［25］曾强，杨月欣，贾伟平，等．超重或肥胖人群体重管理专家共识及团体标准［J］．中华健康管理学杂志，2018，12（3）：200–207．

［26］中华医学会内分泌学分会肥胖学组．中国成人肥胖症防治专家共识［J］．中华内分泌代谢杂志，2011（9）：711–717．

［27］刘阳．人体平衡能力测试方法及平衡能力训练的研究进展［J］．沈阳体育学院学报，2007（4）：75–77．

［28］美国国家体能协会．美国国家体能协会运动营养指南［M］．黎涌明，邱俊强，译．北京：人民邮电出版社，2018．

［29］张艺宏，何仲涛，徐俊华，等．国民体质监测与评价［M］．北京：科学出版社，2017．

［30］埃里克．赫尔姆斯，安迪．摩根，安德莉亚．瓦尔迪兹．肌肉与力量全书［M］．RUKI，译．北京：人民邮电出版社，2020．

［31］美国运动医学会．ACSM 运动测试与运动处方指南［M］．10 版．王正珍，等译．北京：北京体育大学出版社，2019．

［32］美国运动医学会．美国国家体能协会体能测试与评估指南［M］．高炳宏，杨涛，译．北京：人民邮电出版社，2019．

［33］Naternicola, Nancy L. Fitness：Steps to Success［M］．Champaign：Human Kinetics，2014．